지역통합의
국제정치경제

지역통합의
국제정치경제

미네르바정치학회 편
유호근 외

인간사랑

REGIONAL INTEGRATION

INTERNATIONALPOLITICALECONOMY

지역통합의 **국제정치경제**

CONTENTS

| 목 차 |

서문

오늘날 지구촌화 시대 속에서 지역통합의 움직임은 전 세계적인 흐름으로 발현되고 있다. 비록 그 정도와 양상의 차이는 현저하지만 유럽, 미주, 아시아, 아프리카 등 모든 대륙에 걸친 통합 내지 협력을 향한 새로운 진화가 가시화되고 있음은 분명한 사실일 것이다. 하지만 이같이 보편화된 현상으로 나타나고 있는 지역통합의 동력화에 대한 이론적 · 실제적 설명은 유럽을 제외하고는 매우 미흡한 수준에 머물고 있음이 현실이다.

이와 관련하여 기존의 연구와 논의들은 유럽통합으로 상징되는 유럽의 지역주의 문제에 집중함으로써 세계화 이후 본격적으로 발화되기 시작한 새로운 지역주의 문제에 대하여 별로 관심을 기울이지 못하였음을 알 수 있다. 그 이유는 우리 학계 특유의 유행하는 이슈에 대한 학문적 '쏠림현상' 과 더불어 연구자들이 연구 테마를 주로 정책적 · 사회적 수요에 부응하는 데 치중한 측면이 컸기 때문이라고 할 수 있다. 그에 따라 유럽 이외의 지역현상 연구는 최근 수년 간의 역내 정치경제적 흐름을 반영하여 논의되어 온 동아시아 지역통합 문제와 같은 주제를 제외하고는 학문적 관심의 사각지대에 놓이게 되었다. 뿐만 아니라 전문적 식견을 바탕으로 다양한 지역을 학술적으로 조명할 수 있는 전문 연구자들의 통합화도 쉽게 이룰 수 없는 작업이었기 때문일 것이다.

이러한 문제의식을 가지고 본 단행본에서는 세계 각처의 지역문제를 전공으로 다루고 있는 저자들을 결집하여 글로벌화의 경향성 속에서 나타나는 세계 각 지역의 지역통합화 현상 및 이론에 천착함으로써 지역주의의 이론과 실제에 대한 학문적 지평의 확장을 모색하고, 더 나아가 이로부터 정책적 함의를 얻으려고 하였다. 또한 유럽 이외 지역통합의 문제를 아우를 수 있는 관련 연구 및 저작이 미흡한 데 따른 학술적 필요성도 덧붙여졌다. 따라서 본 연구물에서는 지역주의에 따른 통합적 흐름이 이미 상당 수준 진행된 유럽뿐만 아니라 미주, 아프리카, 아시아 등 세계 여러 지역에서 진행되고 있는 지역적 통합화 현상에 대하여 총체적으로 조망함을 그 목표로 설정하였다.

물론 현재화한 모든 지역주의를 '유럽의 지역통합화 현상'과 동일선상에서 분석하고 설명할 수는 없을 것이다. 이미 많은 연구자들이, 지역통합의 질적 · 양적 진전을 이룬 오늘날의 유럽과 아직 변화와 진화의 상이한 발전 단계에 있는 특정 지역의 진행중인 지역주의화를 유사한 척도와 분석 논리로 재단한다면 큰 오류를 범할 가능성이 있음을 지적해 왔다. 그럼에도 불구하고 지금의 지역주의 현상이 일어나고 있는 특정 지역의 고유한 상황에 주목하면서 유럽의 어제와 오늘을 염두에 둔다면 그 독특성 및 이론적 적실성을 탐색함과 동시에 이를 통하여 일정한 함의를 도출할 수 있을 것으로 기대된다. 이러한 기본적 관점을 유지하면서 본 공동 연구저작의 집필과 연구가 진행되었다.

이에 따라 본 저작은 지역통합의 현실 변화를 반영한 이론과 실제의 분석틀 및 현상을 다루고 있다. 또한 양적으로나 질적으로, 혹은 시간적 선·후 등의 서로 다른 격차를 노정하고 있는 세계 여러 지역의 지역주의화 현상을 공동 연구를 통해 심도 있게 섭렵하고 있다. 물론 이러한 공동 연구가 가지는 특징은 그 안에 다양한 쟁점을 부각시킬 수 있는 지적 성찰이라는 긍정적 요소와 함께 맥락과 이해의 상호 중첩이라는 한계도 병존하고 있다는 것이다. 따라서 향후 현실 변화에 대한 지속적인 관찰 및 추적과 함께 이론화 작업 등을 통한 학문적 수렴 노력이 수반되어야 할 것이다.

이 책이 출간되어 세상의 빛을 보기까지는 많은 분들의 보이지 않는 소중한 노고가 그 밑바탕이 되었다. 연구과제 학술회의 등 지난한 일들이 산적해 있음에도 뜻을 모아주신 정상률 선생님, 학문 연구뿐만 아니라 소통에도 힘써주신 금상문 선생님, 현대일본학회 회장을 역임하시면서 촌음을 나누어 쓸 정도로 다망하셨지만 공동 저작에 기꺼이 동참해 주신 김기석 선생님, 학교의 보직을 수행하시는 어려운 여건 속에서도 정성을 아끼지 않으신 강경희 선생님, 학문적 통섭에 대한 관심을 실천에 옮기느라 줄어든 시간 속에서도 고통을 분담해 주신 양오석 선생님, 매사에 '진인사대천명'의 실천적 자세를 견지하면서 항상 밝은 얼굴로 성심껏 좋은 연구를 산출해 주신 이지영 선생님, 산적한 연구과제 등 어렵고 시간이 필요한 일의 늪 속에서도 기꺼이 노고를 다해주신 하상섭 선생님, 새로 부임한 학교 업무뿐만 아니라 강의와 연구 등에 여념이 없으셨지만 선뜻 정성을 나누어 주신 황규득 선생님, 그리고 특히 자신의 연구 분야뿐만 아니라 본 저작의 조율과 교정 등에 세심하게 조력을 아끼지 않으신 설규상 선생님은 이 책이 출판되는 데 진심어린 공헌을 해 주신 주인공들이시다.

이분들은 마음과 정을 나누는 학문적 만남의 공동체이며 너와 나의 별개가 아닌 '우리 함께' 의 공유 공간으로서 15년여 성상 동안 튼실하게 자리매김한 미네르바정치학회의 회원들로서 본 단행본 발간에 선뜻 자신의 시간과 땀을 아낌없이 나누어 참여해 주셨다. 이 자리를 빌려 아홉 분의 공동 저자 선생님들께 심심한 감사의 마음을 전해드린다. 마지막으로 출판시장이 한계에 다다를 정도로 어려운 환경 속에서도 홍원표 선생님과의 오랜 신뢰의 교분으로 이 단행본의 출간에 흔쾌히 도움을 주신 인간사랑 여국동 사장님과 편집과 교정의 어려운 작업들을 정갈하게 마무리해 주신 편집진들께도 고마움의 뜻을 전해드린다.

저자들을 대신하여
유 호 근

지역주의의 새로운 경향성*

유호근(청주대학교)

Ⅰ. 들어가는 말

세계화(globalization)에 대하여 누구나 동의하는 개념적 일치를 이룰 수는 없겠지만 인간들의 상호작용과 상호 의존이 기존의 지역, 국가, 지방의 장벽을 넘어 통합되어 가는 현상으로 이해할 수 있다. 글로벌한 차원에서 세계 자본주의 체제, 다시 말해서 세계 경제(world economy)가 외연적으로 확장되고 있는 현상으로도 비쳐진다(이철호 2001, 59). 세계화는 이제 경제뿐만 아니라 테크놀로지, 문화, 정보 등이 국경을 넘어 자유롭게 이동하여 세계가 하나의 지구촌화해 가는 현상으로 나타난다. 시장과 자본, 그리고 기술이 통합됨으로써 세계는 점점 축소되고 인류 역사상 그 어느 때보다도 더 멀리, 더 빠르게, 그리고 더 싼 비용으로 세계 어디든 갈 수 있게 된 것이다.

세계화는 단순히 경제 분야에서만 진행되는 조류가 아니다. 금방 사라지고 마는 일시적인 유행 또한 아니다. 지금까지 등장했다가 사라졌던 모든 국제체제가 그랬듯이 세계화는 모든 나라의 국내 정치·경제 정책과 대외 정치·경제 관계에 직·간접적으로 영향을 미친다. 나이(J. Nye)에 따르면 세계화는 사람, 정보, 아이디어, 자본과 상품 등의 다양한 거래를 통해 중계됨으로써 여러 대륙 간 다양한 행위자들 사이의 연결망을 창출하는 과정으로 정의된다. 세계화로 인해 국가 간의 경계가 무너지면서 국가 경제, 문화, 기술, 거버넌스 등이 통합되고 상호 의존된 복잡한 관계가 산출된다는 것이다(Nye and Donahue 2000).

경제의 세계화를 촉진시킨 이유는 다양하나 운송혁명과 정보통신기술의 발달, 무역장벽의 철폐, 자본시장의 개방이 중요한 동인이 되었다. 운송혁명과 정보통신기술의 발달이 자본의 활발한 이동을 저해하는 기술적 장벽을 제거하고 있다면, 국가 간 무역장벽의 철폐와 자본시장의 개방은 자본의 이동을 제약하는 제도적 장벽을 제거하는 역할을 한다. 특히 무역과 자본의 자유화는 세계무역기구(WTO : World Trade Organization) 등과 같은 국가 사이에서 체결된 다자간 무역협정의 틀을 통해 촉진되고 있다.

세계 경제는 국가 간 무역을 통해 발전해 왔는데, 어찌 보면 개방과 반개방의 줄타기를 해왔다고 볼 수 있다.[1] 오늘날 세계 경제는 다자주의의 큰 틀 속에서 지역주의[2]가 공존하는 이중구조의 상황이다. 특히 21세기 들어 WTO를 중심으로 한 자유무역 가속화에 대한 일종의 반대급부로 지역별 자유무역협정(FTA : Free Trade Agreement)과 같은 지역주의가 확산되는 추세이다. WTO 출범 당시 지역통합 움직임이 줄어들 것이란 기대와 달리 출범 이후 지역통합은 오히려 더 활발해졌다.

현상적으로 보면 세계화의 진행과 지역주의화의 심화가 동반해 나타나고 있다. 글로벌리제이션과 지역주의는 서로 모순적 측면을 내포하고 있다. 이를테면 글로벌리제이션은 세계화 · 지구촌화 등으로 이행하면서 국가 간의 경계를 낮추고 세계를 단일화된 시장통합의 방향으로 이끄는 움직임이다. 한편, 지역주의는 세계적 차원이 아니라 설정된 지역의 경계에 기반한 협력관계의 설정이다. 이러한 지역주의가 지리적 인접성에 바탕을 두기도 하지만, 정치 · 경제적 이익의 공유[3]를 토대로 공간적 인근성의 경계를 넘어 상상된 지역(Benedict Anderson 2002)[4] 개념 속에서 선별적 국가들이 중심이 된 지역협력으로 진행되기도 한다. 이렇게 보면 세계화와 지역주의는 동시에 병존하기 어려운 측면이 있다. 그럼에도 불구하고 세계화의 가속화 속에서 지역주의는 더욱 빠르게 진행되고 있다. 따라서 다음에서는 이러한 새로운 경향성의 양상 등을 분석해 본다.

이를 위해 우선 다자주의에 입각하여 현재화한 세계화의 모습과 지역주의의 다양한 유형을 살펴본다. 둘째로, 지역주의의 역사적 맥락을 반추하면서 지역협정 체결의 정치 · 경제적 동인을 탐색한다. 즉 정치 · 경제적 동태성에 기인하여 새로운 지역주의화 과정을 살펴본다. 또한 세계 무역 자유화보다 지역 차원의 무역 자유화가 급증하는 등 지역주의화의 원인과 그 결과에 주목한다. 셋째로, 다자주의에 입각한 세계화와 지역주의 간의 관계에 대한 맥락적 성찰을 통해 세계화와 지역주의의 모순적 동거현상에 대한 이론적 · 실제적 탐색을 한다.

Ⅱ. 세계화와 지역주의 병존 : 현상적 변화

세계화와 다자주의는 표리의 관계처럼 동시적으로 진행되었다. 1929년 세계 경제 대공황에 이은 제2차 세계대전의 발발이 주요 강대국의 보호무역주의에서 기인했다는 인식에 따라 제2차 세계대전 종결 이후의 전후질서를 태동시키는 과정에서 보호무역주의 정책의 전환에 관해서는 국제적 공감대를 이루었다. 이러한 흐름 속에서 범세계적 자유무역 차원에서 상품교역을 관장하는 관세 및 무역에 관한 일반협정(GATT : General Agreement on Tariffs and Trade)을 탄생시켰고, 다자주의는 GATT 체제의 주요 원칙으로 적용되었다.

GATT는 다자간 무역 자유화를 촉진시키기 위해 출범 이후부터 여러 차례 협상을 진행시켰다. 1964년부터 시작된 케네디라운드에서 GATT는 처음으로 반덤핑 문제를 주요 이슈로 다루어 반덤핑 협정을 도출했다. 1973년부터 1979년까지 102개국이 참여하여 진행된 도쿄라운드는 관세형식이 아닌 무역 저해요인에 대해 최초로 본격적인 협상을 한 다자간 협상이다.[5)]

그러나 도쿄라운드는 농산물 무역에 영향을 미치는 일부 문제들을 다루는 데 실패했고, 세이프가드(safeguard)와 관련해서도 새로운 협의결과를 창출하지 못하였다. 그러나 비관세장벽에 대한 협정들이 마련되었고, 제한된 선진국들이 이러한 협정에 동의했다. 이 협의내용은 다자주의를 통해 성안된 것이 아니었으므로 비공식적으로 코드(code)로 지칭되었다. 이 사항들은 우루과이라운드 협상을 통해 WTO 회원국 전체가 수용하는 다자적 협정으로 발전할 수 있었다.

WTO 체제 출범의 초석을 마련한 우루과이라운드[6]는 1986년부터 시작되어 1994년에 이르러서야 비로소 타결되었다. 123개국이 참여했고, 포괄하는 범위가 15개항의 분야에 이르는 새로운 무역협상이었다. 그러나 우루과이라운드는 처음의 예상보다 훨씬 많은 시간이 소요되었다. 미국과 EU(Europen Union)가 주요 의제를 둘러싸고 서로 다른 입장을 견지하고 있었다. 말하자면 농산물, 서비스 등 최초의 협상의제로 등장했던 일부 새로운 안건에 대해 합의점을 도출하지 못했기 때문이다.

우루과이라운드의 타결은 획기적인 것이었다. 우루과이라운드의 포괄범위는 공산품의 관세인하에 그치지 않고 농업이나 서비스, 지적 소유권 등 과거 상품무역과 관계없는 분야까지 그 범위를 확대했다. 협상의 타결로 기존의 틀에서보다는 획기적인 관세인하가 이루어지게 되었다. 이와 함께 GATT 체제를 대신하는 WTO를 설립함으로써 무역의 다자주의에 신기원이 될 만한 새로운 경제교역의 규범이 어느 정도 완성되었다고 할 수 있다.

WTO의 출범으로 세계화의 주요 추진체의 수립과 함께 다자주의의 규범적 틀이 마련되었다. 그러나 동시에 지역별 무역협정(regional trade agreement)[7]의 양적 · 질적 확대현상이 나타났다. 지역협정은 통상적으로 소수 회원국 간에 관세철폐를 중심으로 하여 무역에 있어서 상호 특혜를 준다. 이는 GATT나 WTO 체제로 상징되는 다자주의와는 서로 상충되는 맥락의 개념이라고 볼 수 있다. 그러나 역설적으로 지역무역협정의 수는 WTO의 탄생 이후 오히려 급속히 늘어났다. 이에 따라 세계무역의 40% 이상이 최혜국 무역협정의 틀 안에서 이루어지고 있다. 이는 세계화의 틀을 지향하는 WTO의 비차별 원칙(non-discrimination)의 가장 주요한 예외가 되고 있다.

〈표 1〉 GATT 체제의 다자간 무역협상 과정

연도	협상분야	장소 (명칭)	참여국	주요 내용
1947	관세	제네바	23	• 최초 다자협상으로 45,000건의 관세양허 교환
1949	관세	안시	13	• 1949–1951년 열린 두 차례의 다자협상 • 신규가입 신청국 처리 위한 다자협상 9개국 추가 가입
1951	관세	토르퀘이	38	• 4개국 추가 가입
1956	관세	제네바	26	• GATT 운영방식 개선 및 GATT 조문 검토 • '체약국은 때로 관세인하 협상을 주최한다'는 계획을 처음으로 GATT 조문에 명시
1960 – 1961	관세	제네바 (딜론 라운드)	26	• 유럽경제공동체(EC) 출범을 계기로 무역차별 및 무역전환 효과를 상쇄하기 위해 개최 • 미국과 EC 평균 10% 관세인하
1964 – 1967	관세, 반덤핑	제네바 (케네디 라운드)	62	• 품목별 협상, 선진국의 관세율을 평균적으로 35% 인하 • 반덤핑 및 관세인하에 대한 합의 도출
1973 – 1979	관세, 비관세, 기본협정	제네바 (도쿄 라운드	102	• 선진국 대부분 30% 이상으로 관세율 인하 • 정부조달, 기술장벽, 보조금 및 상계관세, 관세평가, 수입허가, 반덤핑 등 6개 분야에 대한 협정(code) 수립 • 개도국 특별 대우 제도화
1986 – 1994	관세, 비관세, 규범, 서비스, 지재권, 분쟁해결, 섬유, 농업, WTO 창설	제네바 (우루과 이라운 드)	123	• WTO 설립 • 공산품 관세인하 및 비관세장벽 완화 • 농산물 및 섬유류 무역의 포함 • 기존 GATT 규범의 강화(반덤핑, 보조금, 상계관세, 세이프가드 등) • 서비스 무역에 관한 기본규범 설정 • 지적재산권 보호 및 투자 관련 조치에 규범 마련 • 무역분쟁 해결절차 및 규칙 합의

출처 : 외교통상부 2005.

<표 1>에서 보는 바와 같이 WTO에 따르면 1948–1994년 동안에 124개 정도의 지역무역협정이 체결되었다. 그런데 1994년 우루과이라운드가 타결되고 1995년 1월 1일 WTO가 공식 출범한 이후인 1995년부터 2003년 초 사이에 130개 이상의 지역협정이 새롭게 맺어졌다.[8] 현상적으로 보면 WTO의 등장이 세계적 차원의 다자주의를 더욱 견인했다기보다는 지역협정이 빠르게 증가하는 추세를 보여주고 있다. 또한 지역협정 안에서 이루어지는 무역의 비중이 2000년도에는 세계의 총무역에서 43%를 차지했으나 2005년을 넘어서면서 그 비중이 50%를 넘어서고 있는 것이다.

〈표 2〉 지역무역협정의 변화과정 1948–2009

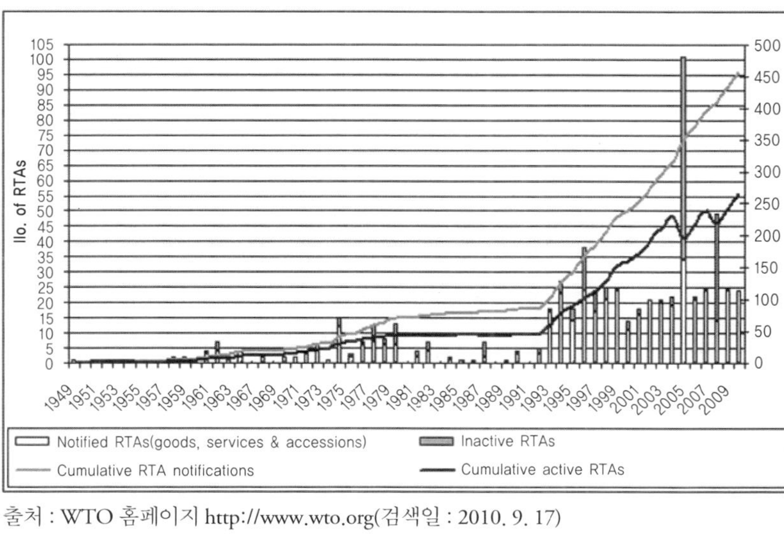

출처 : WTO 홈페이지 http://www.wto.org(검색일 : 2010. 9. 17)

지역주의는 둘 이상 국가 간 협력의 공식화 과정이다. 과거 지역경제협력은 3개국 이상이 국가들의 지리적 인접성을 기초로 국가 간 합의에 따라 협력체를 구성했다. 예를 들면 동아프리카연합, 안데스협약 등을 꼽을 수 있지만, 최근에는 지리적 인접성보다는 이익의 공유 등 상호간의 필요성에 따라 특혜조항을 포함한 무역협정을 통해 구성원 당사자 간의 양자협정 혹은 소규모 다자간(minilateral relationship) 협정에 의해 성립된다. 한국－칠레, 한국－EU 등의 FTA 협정은 양자협정에 속하고 북미자유무역협정(NAFTA : North America Free Trade Agreement), 아세안자유무역협정(AFTA : ASEAN Free Trade Area) 등은 소규모 다자협정에 포함시킬 수 있을 것이다.

다음의 <표 3>은 오늘날 무역 자유화 전략을 통해 지역적 협정이 맺어지는 다양한 조합을 보여주고 있다(Ravenhill 2008, 119). 지역주의는 두 국가 이상이 지리적으로 집중된 형태로 소규모 다자적 관계를 설정한 것으로 인식된다. 예를 들면 NAFTA나 AFTA를 꼽을 수 있다. 그러나 소규모 집합형태로서의 지역주의가 두 가지 다른 유형으로 나누어지고 있다. 지리적으로 분산된 지역주의의 양태가 나타났다. 지리적 인접성을 넘어서서 세계 여러 곳에 있는 각국들이 초지역적 집합(trans－regional grouping)을 이룬 것이다.

예를 들면 아시아, 오세아니아, 유럽 등을 포괄하는 아시아 · 태평양경제협력체(APEC)의 부상을 지적할 수 있다. 또한 협의되고 있는 근자의 지역협정들은 지리적으로 동떨어진 지역 국가들 사이의 양자적 결합도 현실화되고 있다. 미국－요르단, 싱가포르－뉴질랜드 등을 예로 들 수 있다. 또한 유럽연합(EU)과 남미공동시장(MERCOSUR : Southern Common Market)[9)]의 결합 혹은 AFTA와 CER(Australia－New Zealand Closer Economic Relation Agreement) 사이의 협력관계처럼 지역단위 간 상호 연계협정이 마련되기도 했다.

<표 3> 무역 자유화 전략의 지리적 범주

일방적	양자적		다자적			세계적
	지리적 집중	지리적 분산	지리적 집중	지리적 분산		
1980–1990년대의 동남아시아, 호주, 뉴질랜드 무역 자유화	지리적 양자 • 호주–뉴질랜드 경제협력체	초지역적 양자 • 싱가포르–미국	지역주의 • NAFTA (북미자유무역협정)	범지역주의 • APEC (아시아·태평양 경제협력체)	상호 지역주의 • EU–MERCOSUR, AFTA–CER	GATT/WTO

출처 : Ravenhill 2008, 120.

Ⅲ. 지역주의 확장과 심화 : 맥락과 동인

1. 역사적 맥락

제2차 세계대전 이후 지역무역협정의 주요한 흐름은 우선 첫째로, 1960년대 초 시작된 유럽에서의 경제적 통합체의 등장이다. 1950년 슈망플랜(Schuman Plan)에 의해 이듬해 유럽 6개국을 회원국으로 하는 유럽석탄철강공동체(ECSC : European Coal and Steel Community)가 결성되었다. ECSC가 발전하여 1957년 로마조약에 따라 유럽경제공동체(EEC : European Economic Community)와 유럽원자력공동체(EURATOM : European Atomic Energy Community)가 출범했고, 이후 기능적 차원의 경제통합[10)]의 흐름이 진전되었다.

이를 계기로 지역적 경제통합은 점차 확산의 과정을 밟게 되었다. 말하자면 유럽자유무역연합(EFTA), 중앙아메리카공동시장(CACM : Central Aamerican Common Market),[11] 동남아시아연합(ASA : Association of Southest Asia) 등이 그 예이다. 특히 1960년대 맺어진 많은 지역적 차원의 협정들은 개발도상국가들과 관련되었다. 아프리카의 경우 1950년대 후반에서부터 1960년대 초반에 이르기까지 유럽 국가들의 식민지에서 독립을 얻은 후에 지역주의가 성장했다. 라틴아메리카의에서는 지역협력의 주요한 목적으로서 수입대체산업화 전략에 따라 지역 간 무역 자유화를 촉진시켰다. 물론 지역 외 국가행위자들과의 관계에서 협상능력을 강화시키기 위한 전략적인 측면도 내재되어 있었다.

1960년대 형성된 많은 지역주의의 실천과정에서 수반되는 이익을 분배하는 것에 대한 논란이 벌어지고 협력국들 사이에 존재하는 불평등을 악화시키는 등 새로운 문제들이 불거졌다. 지역주의 심화에 따른 협력적 상황이 도래하지 않게 됨에 따라 약속된 계획들이 집행되지 못하고 관련된 지역 협력국들 사이에 갈등을 노정시켰다. 지역주의가 해당 국가들 간의 정치 · 경제적 협력을 증진시킬 것이라는 기대와는 반대로 혜택의 분배를 둘러싼 갈등은 지역협력 국가들 간 대립의 격화로 확대되었다. 일례로 중앙아메리카공동시장의 호혜적 구성원들이었던 온두라스와 엘살바도르 사이에 일어난 축구전쟁(soccer war)[12]과 1979년 이전 동아프리카공동체의 회원국들이었던 우간다와 탄자니아 사이에 생긴 적대적 관계를 꼽을 수 있다.

둘째로, 1970년대 이후부터 1980년대까지는 기존 지역주의 조류의 순응적 전개보다는 또 다른 환경 속에서 지역주의 진행의 지체현상이 나타났다. 1960년대에 걸쳐서 이루어진 개발도상국가 간 지역무역협정의 궤도 진입 실패와 함께 유럽공동체(EC : European Community) 역시 통합의 진전에 대한 비관적인 전망에 휩싸이게 되었다. 유럽통합의 진전은 예정된 틀에서 더 이상의 진척이 이루어지지 않았고, 회원국 간의 입장 차이가 더욱 부각되면서 지지부진한 상태에서 벗어나지 못하였다.

유럽통합에 대한 기능주의 입장의 주요 이론가인 하스(E. Haas) 조차도 기능적 맥락의 유럽통합의 진전에 관한 자신의 이론적 주장을 철회할 정도로 유럽통합의 더 이상의 진행은 부정적으로 비쳐졌다. 특히 1970년대 초중반을 강타한 석유위기(oil crisis)는 세계의 경제상황을 더욱 악화시켰고, 지역주의의 진전에 커다란 암초로 작용했다. 1980년대 들어서면서 신냉전이라고 지칭될 정도로 미국과 소련은 새로운 갈등구조를 잉태하였고, 지역주의 역시 이러한 국제정치적 상황의 한계 속에서 협력의 진전을 이루지 못하였다.

셋째로, 1990년대 냉전의 종식과 세계적 차원의 상호 의존의 증대는 지역주의를 더욱 확장시키는 요인으로 작용했다. 특히 신자유주의의 관점에서 진행된 글로벌리제이션에 따라 시장 메커니즘의 확산과 각국 경제의 개방성이 훨씬 높아졌다. 또한 1960년대, 1970년대의 지역주의와는 달리 새로운 지역주의의 흐름이 나타났다.

이러한 양상은 산업화된 선진국들과 개발도상국 경제 사이의 협력으로 발현되었다. 이른바 남–남 협력이나 북–북 협력보다는 소위 남–북 간의 협력이 나타났다. 이러한 새로운 흐름에 대하여 세계은행(World Bank)은 긍정적 평가를 내놓고 있다(World Bank 2006, 90). 남북 간 지역협력이 필요한 기술이전을 더 쉽게 할 수 있으며, 또한 통합의 심화에 따른 상호 이익도 더욱 확대될 수 있다는 것이다. 또한 남북 국가들 사이에 부존자원의 차이가 크다면 남쪽의 개도국은 지역협력을 통해 비교우위를 더욱 잘 활용할 기회를 얻게 된다는 것이다. 또한 한 국가의 단위에서는 오늘날 세계에서 등장하고 있는 새로운 문제나 과제를 해결할 수 없지만, 그렇다고 세계화를 통해서도 아직까지는 초국가적 이슈에 대한 대처가 용이하지 않으므로 지구 규모로 대처하기에 어려운 이슈들이 제기된다는 공통인식이 자리 잡고 있다(野林健外 2003, 221). 이러한 인식이 지역주의의 흐름으로 나타났다.

2. 새로운 지역주의의 정치 · 경제적 동인

새로운 지역주의화 추세와 함께 통합이 진전된 이유로는 다양한 요인들을 지적할 수 있다. 우선 정치적 차원의 요인들을 꼽자면 다음과 같다. 첫째, 국가들 사이의 관계 증진, 지역의 안보적 필요 등 정치적 목적을 들 수 있다. 이러한 정치적 목적에 부응하는 지역주의는 과거 국제관계 속에서 전쟁 경험을 가지고 있거나 협력 경험이 전혀 없는 지역이 여기에 해당될 수 있다. 또한 다른 과제보다도 경제적 사안에 대한 협력이 신뢰 증대 과정의 핵심적 요소가 되는 경우도 이에 포함될 것이다.

예컨대 1951년 파리조약을 통해 탄생한 유럽석탄철강공동체(ECSC)가 유럽통합 전개과정에서 매우 중요한 단초를 제공했고, 이후의 통합과정에서 결정적 역할을 한 중요한 사례로 인식되었다. 또한 1967년 결성된 동남아국가연합(ASEAN : Association of South-East Asian Nations)도 냉전시대 안전보장의 필요에 따른 요구가 지역협력체 형성에 기여했다. 또한 1989년 캄보디아로부터 베트남의 철수가 이루어졌고, 이후 브루나이, 베트남, 라오스, 미얀마 그리고 1999년에 캄보디아가 ASEAN에 가입함에 따라 동남아 10개국 전체가 하나의 지역협력의 틀로 묶여지게 되면서 새로운 집단안보장치로서의 메커니즘도 내장되었다고 볼 수 있다(유호근 2009, 240). 이 외에도 1980년에 창설된 남아프리카발전협의회(SADC : Southern African Development Community)는 남아프리카공화국의 인종차별정책에 대항해 이에 동조하는 인접국가들이 남아공에 대한 의존을 줄이려는 정치적 동기에서 시작되었다.

둘째로는 새로운 안보 의제에 대한 공동 대응의 필요성이라는 요인도 있다.[13] 환경위협, 불법이민, 조직범죄, 마약밀수, 국제 테러 등 신안보 어젠다로 부각되고 있는 소위 비전통적 안보위협에 직면하여 선진국들을 포함한 여러 나라들이 지역적 협력을 확장하고 있음은 주목할 만하다. 이와 같은 지역협력이 진전됨으로써 현존하는 위협에 상호 협력의 메커니즘을 통하여 공동 대응할 수 있는 기제를 만들어낼 수 있을 것이다.

셋째로는 다양한 거래수단을 통한 협상력을 제고시키기 위하여 지역주의를 활용하는 경우도 지적될 수 있다. 개도국들이 1950-1970년대까지 맺은 지역협정은 초국적기업과 무역 상대국과의 관계에서 협상력을 증진시키기 위해 시작되었다고 보아도 과언이 아니다. 특히 종속론적 논리에 기초를 제공했던 프레비쉬(Raul Prebisch)는 이러한 지역통합 움직임에 대한 이론적 바탕을 마련했다(Prebisch 1992, 291-299). 즉 지역통합은 수입대체상품을 생산하는 데 효율적인 제도적 장치로 기능할 수 있게끔 충분한 시장을 제공하는 데 유효하다고 주장했다.

지역주의를 통해 협력하게 된 파트너가 특정한 이슈에 대하여 한 목소리를 낼 수 있다면 지역주의에 참여하지 않은 역외 행위자에 대하여 협상력을 제고할 수 있다는 것이다. 안데스협정(Andean Pact)[14]에 참가한 참여국들은 이 협정을 통해 지역단위의 산업허가 시스템을 도입했다.

이를 통해 지역 내에서 특정 국가에 대한 압력을 통해 이권을 확장하려는 초국적기업으로부터 지역 내 산업을 보호하고, 나아가서 잠재적인 투자자로부터 더 큰 시장에 대한 접근 동기를 제공해 줄 수 있는 당근으로 활용되었다.

넷째로, 지역주의는 국내적 개혁을 실행하기 위한 메커니즘으로 활용될 수 있다. 지역협정이 타결되면 합의의 이행을 명분으로 국내적 경제개혁의 실행을 좀 더 용이하게 할 수 있다. 이렇게 되면 국가 신용의 증대와 국외 투자자들에게 매력적인 투자의 유인을 제공할 수 있는 측면이 있다. 또한 지역협정 내 국가들 사이의 반복적인 상호관계는 신뢰의 토대를 구축하게 된다. 일례로 멕시코가 NAFTA에 가입함으로써 개도국과 선진국과의 집합체가 형성됨으로써 협정 참여국인 멕시코의 신뢰증진 효과를 창출할 수 있다.

이 외에도 다자주의에 비해 지역주의가 합의 도출을 위한 협상과 시행의 어려움을 상당 부분 해소할 수 있는 측면이 있다. 통상적으로 협상에 참여하는 국가의 수가 많으면 많을수록 복잡성이 증대하고 이익의 다양성도 훨씬 커짐으로써 합의를 이루기가 어렵고, 합의 이후에도 안정적 집행을 담보하기가 용이하지 않다고 볼 수 있다. 물론 협상에 참가하는 참여자의 수와 협상 타결 및 협약 이행 간의 관계를 단정적으로 결론지을 수는 없지만, 1999년 시애틀이나 2003년 칸쿤에서의 WTO 각료회담의 실패는 이러한 믿음을 더욱 강화시켜 주고 있다.

지역주의 진전에 따른 실질적인 경제적 유인들로서 다양한 요인들이 지적되고 있다. 첫째로는 보다 큰 시장에 대한 접근성이나 외국의 직접투자를 유치할 가능성이 좀 더 증대된다고 볼 수 있다. 국내 산업계의 입장에서 볼 때는 진출할 수 있는 확장된 시장이 제공됨에 따라 규모의 경제(economies of scale)[15]효과를 실현할 수 있다는 것이다. 또한 지역통합이 이루어짐에 따라 잠재적 투자자에 대한 투자가치가 증대된다는 점이다. 1994년 NAFTA에 가입한 멕시코에 대한 외국인 직접투자는 상당한 정도로 증가되었다. 1990–1995년 기간 동안 연평균 80억 달러 수준에서 NAFTA 가입 이듬해인 1997년에는 140억 달러로 증가되었으며, 2001년에는 240억 달러에 달하게 되었다(UNCTAD 2002, 304). 비슷한 사례가 ASEAN의 경우에도 나타나 자유무역지대가 타결된 후 ASEAN으로의 해외직접투자자의 유입이 증가되었다(UNCTAD 2002, 47).

둘째로는 지역무역협정을 적극적으로 활용하여 관련국들이 자국의 경제를 지역적 허브로 만들기 위한 전략을 구사할 수 있다. 싱가포르의 경우 다른 개도국 경제에 비해 많은 초국적기업들의 지역적 거점 역할을 하는 중심지사(headquarter)를 다수 가지고 있다. 이러한 지역적 허브는 선진국의 초국적기업들에게는 매력적인 유인을 제공한다. 예를 들면 싱가포르 지사를 통해 미국의 초국적기업이 일본 시장에 진출하는 데 관세면제의 혜택을 누릴 수 있다. 왜냐하면 싱가포르가 일본과 지역협력협정을 맺어놓고 있기 때문이다.

셋째로는 좀 더 심화된 지역통합의 단계로 진입할 가능성이 증대되고, 그러한 기회를 통해 정치적으로 민감하지만 세계적으로는 경쟁적이지 않은 산업을 보호하려는 경제적 차원의 정책의지를 구현할 수 있다.

넷째로는 국가 간 경제협력의 효과를 증대시킬 수 있다. 지역협력은 세계적 수준의 협력과 비교해서 우선 대상국가가 한정되기 때문에 국가 간의 협력을 위한 협상이 용이하고 협력을 위한 약속을 일탈하는 행위의 유혹을 덜 느끼게 된다. 따라서 세계적 차원의 협력에 비해서 높은 수준의 협력을 가능하게 한다.

다섯째로는 국가의 활동이 분산되는 것의 한 부문으로서 국가 바깥과의 협력 필요성이 점증하는 것이다. 세계화 시대 정부 활동의 분산형태는 국가의 안과 밖에서 동시적으로 이루어지고 있다. 중앙정부의 역할이 지방으로 이전되고, 또 정부 간 국제협력의 필요성이 더욱 증대되고 있다(J. Nye 2002, 86). 다시 말하면 횡국가적 공간은 영토에 바탕을 둔 전통적 이분법, 즉 공적 부문과 사적 부문, 안과 바깥의 구분을 무색하게 만들고, 정치단위나 영토 및 공간에 대한 기존의 관념을 크게 변화시키고 있다. 예컨대 유럽연합의 공간운동에서 포착되는 국지적 지역주의로서의 초국가적 공간과 이의 제도화에 바탕을 둔 새로운 지역주의가 중요한 의미를 가지게 되었다.

마지막으로는, 자유무역협정의 전 세계적 확산이 가져다 준 구조적 압력은 지역 수준에서 경험한 미증유의 경제위기 등에 기인한 바 크다. 즉 동아시아 금융위기와 중첩되어 더욱 큰 지역무역협정의 추동력으로 작동하게 된다. 1997년 외환위기로 인해 동아시아 국가들은 달러 부족을 해소하기 위해 더 많은 수출과 더 많은 해외투자를 유치해야 했다. 특히 외환위기로 동아시아 시장이 침체되면서 개별국가들은 역외시장이 FTA에 의해 차별적으로 구획되고 있다는 사실, 그리고 동아시아 국가들이 그 어느 FTA 지대에도 속해 있지 못하다는 사실은 이들로 하여금 적극적으로 FTA를 결정하게 하는 주요한 동인이 되었다. 즉 금융위기 영향을 받지 않은 주요 시장과의 관계를 강화할 수 있는 수단으로서 FTA는 경제위기 극복의 주요한 관건이었던 것이다(손열 2006, 96-97).

Ⅳ. 새로운 지역주의를 바라보는 관점

1. 관계적 맥락에 대한 입장

세계화와 지역주의의 병존현상을 어떻게 볼 것인가에 관해서는 우선 양자간의 관계적 맥락에서 몇 가지 시각을 제시할 수 있다. 우선 지역주의가 다자주의의 세계화에 부정적 효과를 준다는 입장이다. 이러한 맥락에서 지역화된 블록은 배타적 시장지배력을 수반하므로 내부지향적이고, 역외권에 대하여 상대적으로 높은 관세율을 유지할 가능성이 농후하며, 역외 국가에 지역적 블록을 개방할 가능성 또한 줄어들 것이다. 이런 경우의 지역주의는 세계화로의 진척으로 연결되는 데 제한적 요인으로 작용할 수 있을 것이다.

둘째로는 특정 이익집단의 행위로 인해 지역주의가 세계화로의 길에 장애요인으로 작용할 수도 있다. EU의 농업보호정책 등과 같이 특정 산업을 보호하기 위해 지역협정을 체결하면서 예외조항을 두는 경우가 있다. GATT 24조에 규정된 지역적 자유무역협정을 용인하는 경우에는 협정국 간에 실질적으로 모든 품목의 교역에서 자유무역을 보장하게 하고 있다. 그러나 과도기간을 설정하여 예외조항을 통해 이 규정을 피해 갈 수 있다.

셋째로는 지역협정에 너무 매몰되어 있으면 세계화에 여력을 가질 수 없는 문제가 있다. 정치적 에너지가 지역주의에 집중되어 있으면 세계화를 추진할 수 있는 동력을 갖기가 어려울 수 있다. 또한 일단 지역적 차원의 레짐이 정착되면 이러한 상태를 유지하려는 보수세력이 강화될 수 있을 것이다. 이와 같은 행태가 지역주의에서 염두에 두어야 할 경로의존성(path dependence)의 경우일 것이다. 즉 특정 방향으로 설정된 경로가 같은 방향을 지속하려는 경향을 가지며, 시간이 지남에 따라 방향을 변경하는 것이 어렵거나 불가능해지는 자기 강화적 속성을 가진다는 것이다.[16)]

다음으로는 지역주의가 다자주의적 세계화로 가는 과도기적 단계라는 시각에 입각한 논의들을 제시할 수 있다. 이러한 관점에 따르면 우선 첫째로는 지역적 상호 무역협정은 자유무역이라는 거시적 흐름의 방향성을 갖고 있으므로 긍정적인 변화로 인식하는 것이다. 또한 일단 수립된 자유화는 불가역성을 가지며 되돌리기가 용이하지 않다는 것이다. 한 국가 안에 존재하는 반세계화의 집단적 세력들도 일방적인 무역 자유화나 전 세계를 대상으로 한 다자주의적 자유무역협상에 대해서는 강력히 반대하지만 소규모의 지역적 FTA는 수용할 가능성이 크다는 것이다.

둘째로는 자유무역으로 진전되는 협상과정에서 지역주의가 효율성을 가진다. 지역협정을 체결하는 경우에는 협상 당사국의 수가 적으므로 신속한 협상이 가능하고 협상 타결도 용이하다는 것이다. 세계적 차원의 다자주의 협상을 통해서는 쉽게 합의에 이를 수 없는 쟁점들도 좀 더 탄력적으로 대응할 수 있다는 것이다. 지적재산권, 해외직접투자나 다국적기업의 행위에 대한 규제, 공동 표준 설정, 서비스 교역 등 새로운 현안들에 대한 신축적인 대응이 가능하다는 점이다.

셋째로는 경쟁적 자유화를 통해 무역 자유화의 영역이 팽창해 나간다는 점이다. 지역통합에 참여한 나라들은 불참한 나라들에 비해 큰 시장에 대한 접근성이 용이해질 수 있으므로 외국의 직접투자를 유인하기가 용이하다는 것이다(Either 1998, 26-28). 이렇게 되면 국제자본을 위한 경쟁이 촉매제가 되어 지역협정의 광역화가 활성화될 수 있다는 것이다. 또한 지역통합이 개방적 지역주의를 지향하면 지역적 자유무역 블록에 참여하려는 유인이 상존할 것이며, 자유무역지역은 경쟁적으로 팽창할 수 있다[17]는 점을 지적하고 있다.

2. 쟁점에 대한 입장

세계화를 추동하는 다자주의와 지역주의와 관련된 쟁점을 통해 다자주의적 세계화와 지역주의를 조망해 본다면, 첫째로는 지역주의를 지지하는 사람들은 지역주의가 다자주의보다 신속성을 보장할 수 있다는 사실에 주목한다. 즉 미국의 패권이 쇠퇴하고 회원국들이 지속적으로 증가되는 상황 하에서 WTO와 같은 다자적 협상방식은 무임승차 문제를 해소할 수 없고, 이 때문에 의미 있는 합의와 실천에 도달하기가 매우 어렵다는 것이다.

이에 대하여는 비판적 입장이 상존하고 있다. 지역주의의 성공 사례로 꼽히는 EU의 경우도 1957년에 시작되어 거의 40여 년이 지나서 비교적 성공적 지역주의의 모습을 보이게 되었다. 또한 115개국이 참여한 우루과이라운드 협상은 7년여 만에 타결된 반면 NAFTA는 10년씩이나 걸렸고,[18] 무역장벽을 낮추는 속도 면에서도 지역협정이 GATT 협상보다 반드시 신속성이 확보된 것은 아니라고 할 수 있다.

또한 지역주의가 항상 신속성을 보장해 주지 못하는 이유는 지역주의를 형성하는 과정에서 정치적 압력이 더욱 강하게 작용할 수 있기 때문이라는 것이다(Bhagwait 외 1996). 세계화 과정에 있어서 다자간 협상의 경우 수많은 국가들이 참여하여 다양한 의제들을 논의하게 된다. 이러한 다자현상 과정에서 이슈의 분산이 이루어지기 때문에 특정한 쟁점에 이해관계를 가지고 있는 국내의 이익집단들이 협상과정에 영향력을 행사할 가능성이 적지만, 지역주의를 위한 협상의 경우에는 이익집단들의 압력행사로 인하여 오히려 협정이 지지부진해질 가능성이 크다고 볼 수 있다.

둘째로는 지역주의의 옹호자들은 지역주의가 다자주의보다 효율적이라는 점을 지적한다. NAFTA 협상과정에서 미국과 멕시코는 지적재산권과 관련된 조항을 쉽게 타결하여 집행했다는 사실을 꼽는다. 그러나 미국과 멕시코의 지적재산권 협상과정을 보면 국제무역체제의 경제적 효율성과는 상관없이 강대국의 특정 요구를 그대로 수용하는 양태로 나타났다고 볼 수 있다. 또한 미국과 멕시코 간의 협상과정에서 이 문제를 다룸으로써 다자주의의 협상에서도 이 이슈를 주요 의제 중 하나로 채택하는 계기를 마련했다. 지역협력의 과정에서 패권국이 약소국에게 무역과 직접 관련이 없는 특정한 요구를 관철시키는 유효한 수단으로서 지역주의적 접근방식을 선호한다는 것을 알 수 있다. 어찌 보면 무역장벽을 높이려는 의도를 감추고 있는 무관한 요구(extraneous demand)에 의해 특혜협정 과정이 포획된다. 이는 다자주의적 세계화 과정의 장애로 작용한다고 볼 수 있다.

V. 맺는 말

탈냉전 이후 나타나는 주요한 변화의 추세 속에서 서로 상충되는 현상으로 비쳐지는 두 가지 거시적 조류가 병존하고 있다. 말하자면 세계적 차원에서는 WTO로 상징되는 범지구적 단일시장화를 위한 노력이 진행되는 한편, 지역적 차원에서는 국가들 간의 소단위 집합화를 이루려는 움직임이 나타나고 있다. 전자는 다자주의로 지칭되는 세계화의 진전으로 이해할 수 있고, 후자는 지역주의로 불리워지는 그보다는 작은 단위 수준인 지역적 차원에서의 협력의 진행으로 볼 수 있다. 이를테면 확산과 집중의 패러독스적 상황이 동시에 나타나고 있는 것이다.

이러한 흐름은 EU의 출범과 더불어 더욱 가속화되면서 지역주의가 유럽과 같은 특정 지역에서 친화성을 갖는 독특한 현상이 아니라 세계적인 흐름으로 현재화하고 있다. 북미지역에서는 기 체결된 미국과 캐나다의 자유무역협정에 멕시코를 포함시켜 NAFTA로 확장되었고, 아시아 지역에서는 ASEAN의 경제통합화로의 변신과 더불어 APEC이 등장했으며, 남미에서는 MERCOSUR 등이 형성되었다. 이러한 것들이 전 세계적으로 지역주의가 확산되고 있는 사례들이라고 볼 수 있다.

세계화의 조류 속에서 새롭게 나타나고 있는 지역주의의 심화요인들은 새로운 안보의제에 대한 공통 대처, 협상력 제고 등과 같은 정치적 요인뿐만 아니라 시장에 대한 접근성 증대, 자국의 지역 허브화 전략 등과 같은 경제적 동인들을 꼽을 수 있다. 세계화 현상과 지역주의 병존의 역설을 조망하는 관점을 정리해 보면 우선, WTO와 같은 다자주의적 자유무역질서의 창출이라는 틀 속에서 지역주의는 거대한 변화에 대한 대응으로 나타났다고 보는 관점이다. 즉 지역주의화는 결국 다자간 자유무역질서에 대한 반작용으로서 세계화에 부정적 요소로 작용한다는 입장이다.

그러나 GATT의 원칙에 대한 예외로서 지역 블록을 인정했고(Jackson 외 2002, GATT 24조), WTO에 와서도 이러한 지역주의의 예외는 그대로 유지되고 있다. 또 한편의 시각으로는 지역주의화를 세계주의화 전략의 하나로 보는 시각이다. 이러한 입장은 지역주의를 세계화가 궁극적으로 추구하는 전 세계적 차원의 자유시장에 도달하기 위한 중간단계로 파악하는 것이다.

결국 세계화의 다자주의적 맥락의 거시적 경향성 속에서 지역주의의 지속적 강화 현상은 경제적 평가 이외에도 정치적인 고려가 동시에 작용하는 정치경제적인 현상이다. 이와 같은 상황전개에 대하여 한국과 연관된 정치적 함의를 추출해 본다. 즉 지역주의의 정치적 호소력과 확장성을 감안한다면 다자적 세계 무역질서 속에서의 지역주의가 지니는 정치경제적 차원의 내포적 의미를 냉철히 인식하고 변화된 국제경제질서에 대한 적응력을 높이기 위한 국내적 조정과 정책변화, 그리고 대외적 협상전략의 모색 등에 관한 진지한 내적 성찰이 필요하다. 대외지향적인 속성을 지닌 한국이 지역주의에 기초한 무역 블록화에 치중하는 것이 유익한 것인가, 혹은 WTO의 다자적 규범을 뒷받침함으로써 국제무역정책에서의 리더십 행사를 모색하는 것이 바람직한 것인가? 지금까지의 논의에 기초해 본다면 세계화와 지역화에 대한 결정론적 지향성보다는 두 조류의 흐름에 따른 적절한 선택적 절충방식의 정책적 좌표에 대한 심도 있는 천착이 필요할 것이다.

주석

*_ 이 글은 『세계지역연구논총』 제28집, 3호에 실린 "세계화의 패러독스 : 지역주의의 병존과 심화"를 수정한 것이다.

1_ 세계화의 역사적 추이를 추적하면서 몇 번의 분기점을 포함해서 새로운 경향성을 탐색하고 있다(Stearns 2010).

2_ 지역화(regionalization)와 지역주의(regionalism)를 구별한다면 지역화는 국가를 넘어 이동하는 인적 교류를 포괄하면서 지역주민이 함께 결부되어 있는 사회와 시장 주도화 과정에 속하는 것이며, 다양한 사회적 · 경제적 네트워크 형식을 가질 수 있다. 반면 지역주의는 국가 대 국가의 의도적 협력이다. 지역화와 비교하면 지역주의는 특정 목적을 염두에 두고 지역을 만든다는 생각에 기초하고 있다(Alice 2009, 345−347).

3_ 예를 들면 동아시아 지역주의의 경우에서도 주요 국가들이 서로 간의 이익의 공유와 이해관계의 상충에 따라 다양한 형식의 지역주의화가 논의되고 있다. 즉 미국을 중심으로 하는 '아시아−태평양주의', 아세안이 추진하고 있는 '아세안주의', 일본 그리고 중국의 방식 등이 제안되고 있다(이승주 2010, 133).

4_ 앤더슨은 상상의 공동체는 특정한 시기에 사람들의 경험을 통해서 구성되고 의미가 부여된 역사적 집합체라고 규정한다. 이러한 맥락에 따라 의미가 부여된 지역의 의미로 이해한다.

5_ 도쿄라운드도 관세인하를 위한 공동 노력을 통하여 9개의 주요 선진국들이 관세를 1/3 인하하여 공산품에 대한 평균 관세율을 4.7%로 낮추었다.

6_ 우루과이라운드는 1982년 11월 GATT 각료회담에서 새로운 라운드의 출범 필요성에 합의했다. 이에 따라 1986년 9월 우루과이의 푼타델에스테(Punta del Estede)에서 새로운 라운드가 시작되었다. 우루과이라운드의 최초 15개 협상분야는 관세, 비관세장벽, 천연자원 제품, 섬유 및 의복, 농산물, 열대제품, GATT 조문, 도쿄라운드 코드, 반덤핑, 보조금, 지적재산권, 투자조치, 분쟁해결, GATT 시스템, 서비스 등이었다.

7_ 지역통합의 단계적 진전 형태는 자유무역협정(FTA), 관세동맹(Customs Union), 공동시장(Common Market), 완전 경제통합 형태의 단일시장(Single Market) 등

으로 유형화할 수 있다(Balassa 1961).

8_ WTO는 70여 개 이상의 지역무역협정이 협의 중인 것으로 공표하고 있다.

9_ 브라질, 아르헨티나, 우루과이, 파라과이 등 남미 4개국이 1995년 1월 1일부터 무역장벽을 전면 철폐함에 따라 출범한 공동시장이다. 자유무역협정에서 경제적 결합 정도가 한 단계 진전된 관세동맹(CU : Customs Union)에 해당한다. 역내 국가들 간에는 무역 자유화가 이루어지고 있으며, 역외 국가들인 비회원국에 대해서는 공통 관세율을 적용한다. 창설 당시 회원국 간 역내 교역액은 연간 70억 달러 수준이었으나 1995년에는 158억 달러로 급증했다. 1994년부터 발효된 북미자유무역협정(NAFTA)과 함께 아메리카 대륙을 대표하는 경제공동체로 꼽히고 있다. 현재 회원국으로서 브라질, 아르헨티나, 파라과이, 우루과이와 준회원국으로 칠레와 볼리비아가 포함되어 있다.

10_ 경제통합이란 지리적으로 인접한 2국 이상의 국가가 동맹을 결성하여 경제적 이익을 확대하고자 비가입국에 대하여 무역제한을 가하고, 가입국 상호간에 무역 자유화를 꾀하며, 나아가 경제 전반에 걸친 상호 협력을 도모하는 지역적 경제협력 조직을 말한다. 시장확대에 의한 대규모 생산의 이익과 생산성의 제고를 도모하기 위한 특정 산업 부문의 통합, 역내 관세의 철폐, 역외 공통관세 설정 등의 조치뿐만 아니라, 나아가서는 자본이나 노동의 이동 자유화 등이 이에 해당한다.

11_ http://100.naver.com/100.nhn?docid=141543(검색일 : 2011. 9. 30).

12_ 1969년 엘살바도르와 온두라스 간에 벌어진 5일 간의 전쟁이다. 엘살바도르와 온두라스는 이듬해 열릴 제9회 멕시코 월드컵대회 본선출전 티켓을 놓고 북중미 최종예선에서 맞붙으면서 벌어진 양국 관중들 간의 집단충돌 사건이 계기가 되었지만 이민자 문제, 경제문제, 영토문제 등 이전부터 내연된 양국 간 정치·경제적 갈등이 그 근본 원인이었다(http://www. sportnest.kr/278(검색일 : 2010. 10. 29).

13_ 탈냉전과 세계화 과정을 통하여 위협의 분석단위는 기존의 전통적인 국가 대 국가에서 점차로 국가 대 초국가적 단위체로 바뀌어 가고 있다(조성권 2010, 324).

14_ 1969년 중남미의 콜롬비아, 에콰도르, 볼리비아, 페루, 칠레(1969년 탈퇴) 등이 참여한 경제협력체로 창설되었다.

15_ 생산규모의 확대에 따른 장기 평균비용이 줄어듦에 따라 생산비 절약 또는 수익 향상이 나타나는 현상을 의미한다.

16_ 이와 같은 의미의 경로 의존성은 몇 가지 특징을 가진다. 첫째로 초기에 일어난 사건이 나중에 일어난 사건보다 경로의 진행에 미치는 영향이 더욱 크다는 것이

다. 둘째로 경로 의존적 연속선상에서 일어난 역사적 초기 사건과 초기 조건과는 인과관계를 설명할 수 없는 우연성을 가진다. 셋째로 역사적 사건이 일단 발생하면 일종의 관성(inertia)이 작용하여 일정한 경로를 지속하려는 성향을 갖게 된다는 것이다(Mahoney 외 2006).

17_ 지역협정에 참여하는 회원국들이 계속 늘어나게 되어 전 세계 차원으로 초광역화된 단일한 자유무역지역이 성립되는 극단적인 경우도 생각해 볼 수 있을 것이다.

18_ 미국은 캐나다와 지리적 인접성과 상호 의존성 때문에 역사적으로 다양한 형태의 경제협력을 추구해 왔다. 1960년대 자동차 부문의 자유무역 확대를 위하여 미국-캐나다 간 자동차협정을 체결한 바 있고, 1985년부터 3년 간의 협상을 거쳐 1988년 전 산업을 대상화하는 미국-캐나다 자유무역협정이 출범했다. 이와 함께 미국과 멕시코 간 FTA 추진을 위한 협상은 1990년에 개시하여 그 후 캐나다도 협상에 참여하여 3국 간 협상으로 진행되어 1992년 12월에 NAFTA가 정식으로 조인하기에 이르렀고, 1993년 11월 미 의회에서 비준됨에 따라 1994년 1월 정식으로 출범했다.

참고문헌

손열. 2006. "한국의 FTA 추진의 국제정치경제 : FTA 경쟁과 따라잡기의 동학." 서울대학교 국제문제연구소 편. 『세계정치 6 : 자유무역협정의 정치경제』. 고양 : 인간사랑.

유현석. 2009. 『국제정세의 이해』. 서울 : 한울.

유호근. 2009. "국제레짐의 변환 : 아세안을 중심으로." 『동남아 연구』. 제19권 3호.

외교통상부. 2005. 『WTO 개황』. 서울 : 외교통상부.

이승주. 2010. "FTA의 확산과 동아시아 지역주의의 중층화." 『한국정치외교사논총』. 제32집 제1호.

이철호. 2001. "지역의 등장과 새로운 아시아." 『국제정치논총』. 제41집 4호.

조성권. 2010. "초국가적 위협 : 테러, 마약, 범죄조직의 상호 연계와 새로운 대응시각." 『세계지역연구논총』. 제28집 1호.

주장환. 2010. "한 · 중 FTA : 지역주의 맥락에서." 『유라시아연구』. 제7권 제1호.

조지프 나이. 홍수원 역. 2002. 『제국의 패러독스』. 서울 : 세종연구원.

WTO 사무국 엮음. 김의수 역. 2000. 『우루과이라운드 협정의 이해』. 서울 : 대외경제연구원.

Benedict, Anderson. 윤형숙 역. 2002. 『상상의 공동체 : 민족주의의 기원과 전파에 대한 성찰』. 서울 : 나남출판.

野林 健 外. 2003. 『國際政治經濟學 入門』. 東京 : 有斐閣.

Alice D. B. 2009. "Regionalism's multiple negotiations : ASEAN in East Asia." *Cambridge Review of International Affairs*, Vol. 22, Issue 3.

Balassa, Béla. 1961. *The Theory of Economic Integration*. Homewood : R. D. Lrwin.

Bomberg, E. E. and Stubb, A. C. G. 2003. *The European Union : How Does It Work?* Oxford : Oxford University Press.

Bhagwati, J., and Panagariya, A. 1996. *The Economics of Preferential Trade Agreements*. Washington, DC : AEI Press.

Cremona, Marise. 2001. "Neutrality or Discrimination? The WTO, the EU and External Trade." *The EU and the WTO*. London : Hart Publishing.

Either, W. 1998. "Regionalism in a Multilateral World." *Journal of Political Economy*, Vol. 106.

Fitjar, R. D. 2010. *The Rise of Regionalism : Causes of Regional Mobilization in Western Europe*. New York : Routledge.

Frankel, J. A. 1977. *Regional Trading Blocs in the World Economic System*. Washington DC : Institute for International Economics.

Jackson, J. H., et al. 2002. *Legal Problems of International Economic Relations : Cases, Materials and Text on the National and International Regulation of Transnational Economic Relations*. St. Paul, Minn. : West Group.

Mahoney J. and Schensul, D. 2006. "Historical context and path dependence." in R. E. Goodin and C. Tilly ed. *Oxford Handbook of Contextual Political Analysis*. Oxford : Oxford University Press.

Mansfield, E. D. and Milner, H. V. 1997. *The Political Economy of Regionalism*. New York : Columbia University Press.

Nye, Joseph S. Jr. and Donahue, John D., ed. 2000. *Governance in a globalizing world*. Washington, D.C. : Brookings Institution.

Pempel, T. J. 2010. "Soft Balancing, Hedging, and Institutional Darwinism : the Economic–security Nexus and East Asian Regionalism." *Journal of East Asian Studies*, Vol. 10, No. 2.

Prebisch, Raul. 1992. "The Latin American Periphery in the Global System of Capitalism." Letiche, John M. ed. *International economic policies and their theoretical foundations*. San Diego : Academic Press.

Ravenhill, John. 2001. *APEC and the Construction of Asia–Pacific Regionalism*. Cambridge : Cambridge University Press.

Ravenhill, John. 2008. "Regionalism." John Ravenhill ed. *Global political economy*. Oxford : Oxford University Press.

Stearns, Peter N. 2010. *Globalization in World History*. New York : Routledge.

UNCTAD. 2002. *World Investment Report : Promoting Linkages*. New York : UNCTAD United Nations.

World Bank. 2006. *Trade Blocs*. New York : Oxford University Press.

http://www.wto.org(검색일 : 2011. 3. 17).
http://100.naver.com/100.nhn?docid=141543(검색일 : 2011. 7. 27).
http://www.sportnest.kr/278(검색일 : 2011. 6. 29).

01

지역주의의 진전 및 전망

유럽 및 미주

REGIONAL INTEGRATION

INTERNATIO NALPOLITICAL ECONOMY

REGIONAL
INTEGRATION

INTERNATIONALPOLITICALECONOMY

지역통합의 **국제정치경제**

리스본 체제 이후 유럽연합(EU)의 정치적 변신

양오석(한동대학교)

I. 들어가는 말

2009년 12월 1일부로 리스본조약이 발효됨을 계기로 유럽연합(EU : European Union)은 경제적 통합과 정치적 통합의 확대 및 심화에 활력을 얻고 있다. 리스본조약은 기존 조약들과 달리 정책결정 과정의 민주성과 투명성을 강화하고 대외적 대표성을 강화했다는 특징을 지닌다. 따라서 '경제적 거인, 정치적 난쟁이'에서 '경제적 거인, 정치적 거인'으로 거듭나는 계기를 마련한 셈이다. 그러나 이러한 정치적 변신을 위한 노력에도 불구하고 EU는 내적인 통합의 불안정성과 국가 간 관계에 있어서 여전히 정치적 난쟁이의 형상을 유지하고 있다. 특히 유로지역과 관련하여 EU 국가들의 재정악화, 정부부채 확대 문제는 조약의 실효성에 대한 의문을 증대시켰다. 포르투갈, 아일랜드, 그리스, 스페인 등 소위 'PIGS[1] 국가'로 불리는 재정불량 국가들에 대한 지원에서도 EU 개별 회원국들의 의견이 분분한 가운데 의견수렴에 실패했고, 모니터링을 제대로 하지 못한 집행위원회는 초국가적 기구로서 실패했다는 평가가 일반적이다. 구제금융 지원에 있어서도 각국의 부담과 EU 차원에서의 통일된 목소리를 찾기가 쉽지 않은 상황이다. 이제 금융위기와 유럽연합 회원국들의 재정위기를 해결하는 일은 EU의 정치적 변신을 예고하는 리스본 체제를 국제무대의 중심에 선 소위 유럽 정부 수준에서 시험하는 또 다른 평가의 장으로 작용하고 있다. 즉 유럽연합에게 있어서 리스본 체제의 시험은 생사(to be or not to be)의 문제인 셈이다.

이에 이 글이 다루고자 하는 주요 퍼즐은 '정치적 변신을 꾀하는 유럽연합이 목표를 효율적으로 달성하는 데 필요한 주요 요소가 무엇인가?'이다. 이에 대한 필자의 대답은 '유럽 내 위기해결 능력 제고와 강력한 정치적 리더의 등장이 유럽을 정치적 거인으로 성장할 수 있게 하는 주요 요소로 작용할 전망'이라는 것이다. 이는 현 리스본 체제가 안고 있는 제도적 결함과 EU 거버넌스의 속성에서 비롯된 견해이다. 상기한 전망을 바탕으로 이 글은 유럽통합의 역사를 거슬러 발전단계를 되짚어 보는 한편, 통합 이론을 적용하여 현 리스본 체제의 거버넌스 구조를 들여다 봄으로써 유럽연합이 정치적 변신에 성공하는 데 필요한 요소들을 탐색하고자 한다. 푸찰라(1972)는 유럽연합에 대한 연구자들의 태도를 '코끼리와 맹인'의 우화를 빗대어 묘사한 바 있다. 개별 연구자들은 코끼리를 만져보는 맹인처럼 부채 모양으로, 기둥 모양으로 또는 둥글고 긴 관 모양으로 EU를 묘사하곤 한다.

필자는 이러한 개별 연구자의 근본적인 한계를 인정함에도 불구하고 이 글은 유럽통합의 역사를 진입 · 성장 · 도약 · 성숙 단계로 구분하여 현 리스본 체제에 이르기까지 유럽연합이 추구해 온 정체(polity)의 속성 변화를 시간의 흐름 속에서 살펴보았다. 이에 이 글의 구성은 다음과 같다. 제II절에서는 역사적 관점에서 유럽통합의 과거, 현재 그리고 미래를 다루고, 이어지는 제III절에서는 전망으로 정치적 변신을 향한 브뤼셀 리바이어던의 오래된 미래를 다루었다. 이러한 일련의 검토는 마지막 절에 이르러 이 연구의 한계점과 이에 따른 미래 연구주제를 제시하는 것으로 이어진다.

Ⅱ. 유럽통합의 과거, 현재 그리고 미래

1. 과거 : 진입단계의 유럽통합

(1) 슈망플랜을 통해 첫걸음을 내딛은 유럽통합

유럽석탄철강공동체(ECSC : European Coal and Steel Community)를 시작으로 소위 기능주의적 통합방식을 통해 유럽공동체가 출범한 지 약 50여 년의 세월이 흘렀다. 이렇게 긴 시간 동안 유럽인들이 끊임없이 유럽연합이라는 공동체를 완성하고자 갈망했던 것은 전쟁이라는 아픈 기억 때문이었다. 샤를마뉴 대제를 시작으로 유럽통합을 갈망하는 한 시대를 휩쓸고 지나간 말발굽 소리와 포성이 멈추고 유럽에 평화가 찾아오자 유럽인들은 더 이상 전쟁과 같은 갈등을 없애고 유럽을 하나로 통합해야겠다는 생각으로 수렴되기 시작했다. 유럽주의자 장 모네와 로베르 슈망이 구상한 석탄 · 철강 생산의 공동화를 위한 슈망플랜이 발표되고, 이를 통해 유럽대륙의 전통적인 강국 프랑스와 독일이 화합할 수 있는 토대가 마련되었다.[2] 이에 유럽 국가들 간 대립이 아닌 상호 의존방식이 도입되었고, 그 첫 번째 결과물이 유럽석탄철강공동체였다. 유럽석탄철강공동체는 석탄과 철강 분야에 한정된 것이었지만 유럽대륙에서 처음으로 주권의 이양을 통해서 통합을 시작했다는 점에서 그 의의를 찾을 수 있다. 유럽인들은 석탄과 철강 생산 · 관리 부문에서 주권의 이양을 통해 정치적 민감도가 낮은 부문에서 통합 노력을 시작하는 현실적이고 실용적인 방법(소위 기능주의적 통합방식)을 선택한 것이다. 하지만 그 여정이 순탄하지만은 않았다.

(2) 경제적 침체로 가다 서다를 반복한 유럽통합

기능주의적 방식으로 힘차게 출발한 유럽통합의 역사는 세계 경제침체와 더불어 위기를 겪게 된다. 1919−1939년 기간 동안 세계 정치경제는 영국이 지배하는 '팍스 브리태니카'의 시대에서 미국이 지배하는 '팍스 아메리카나'의 시대로 패러다임이 전이되었다. 역사가 카아(E. H. Carr)에 의해 "20년 간의 위기"로 표현되는 이 시기는 전쟁을 치른 유럽 국가들이 새로운 패권국가로 등장한 미국에 의해 서서히 개편되는 세계 정치경제 시스템의 변화를 목격한 때이다. 이렇게 새롭게 탄생한 팍스 아메리카나 체제는 이후 1940−1960년대를 통해 공동안보체제 아래 세계 경제의 부상을 모색하는 소위 '영광의 30년'을 맞이했다.

이와 더불어 유럽통합의 발걸음도 구체적으로 시작되었다. 1957년 로마조약이 그 첫걸음을 알렸다. 1957년 3월 25일 이탈리아 로마에 모인 유럽 정책결정자들은 유럽경제공동체(EEC : European Economic Community) 설립에 조인했다. 프랑스, 룩셈부르크, 이탈리아, 서독, 벨기에, 네덜란드 등 6개국이 핵심을 이루는 EEC 조약은 1958년 1월 1일 발효되었다. EEC라는 단일공동시장을 1969년 말까지 완성한다는 목표 아래 상품과 서비스, 노동(이는 후일 '사람'으로 수정)과 자본의 자유이동을 외치는 농업, 운수, 통상, 금융, 사회 등 광범위한 분야에 걸친 공동정책 수립 등 밀도 높은 경제통합을 지향하고 있었다. 하지만 1960년대부터 흔들리기 시작한 국가 재정과 세계 무역은 1970년대 들어 발생한 오일 쇼크가 촉발한 세계 경제침체와 더불어 유럽인들의 통합 의지를 꺾어놓았다. 이후 유럽통합의 움직임은 세계 및 유럽 경제현황에 상응하여 '가다 서다'(Go and Stop)를 반복하게 된다.

(3) 연방주의적 통합은 한계에 도달, 정치적 난쟁이에 머문 유럽

ECSC 6개국은 서유럽의 안전보장을 위해 유럽통일군을 창설하고 서독의 재무장을 허용하여 이를 유럽통일군에 편입하려는 계획을 추진했다. 이 계획은 유럽방위공동체(EDC : European Defense Community)로 불리운 채 프랑스, 서독, 이탈리아, 네덜란드, 벨기에, 룩셈부르크 등 6개국이 재래식 병력을 내세워 우위를 과시하는 옛 소련의 세력을 상쇄시키려는 목적으로 1948년 헤이그 회담에서 그 설립이 처음 논의되었다. 1951년 프랑스 정치가 르메 플르방이 한국전쟁에서 구상한 것을 시작으로 프랑스 외무장관 로베르 슈망이 유럽회의에서 제안한 것으로 알려져 있다. 당시 스칸디나비아 반도 국가들은 이에 냉담한 반응을 보였고, 프랑스와 이탈리아 역시 의견이 갈린 상태였다. 결국 1954년 프랑스의 유럽방위공동체 비준 실패로 인해 이를 중심으로 한 유럽통합을 향한 연방주의적 접근은 그 한계를 드러내고 말았다. 그 후 연방주의적 한계로 인해 기능주의적 접근이 강화되기 시작했고, 기능주의의 강화는 유럽경제공동체와 유럽원자력기구[3)]가 형성될 수 있게 한 배경으로 작용했다. 프랑스의 EDC 비준 실패로 유럽 정책결정자들은 이를 대신할 기구를 설립할 것을 제안했고, 이에 1955년 5월 6일 서유럽 통합조약을 체결했다. 또한 같은 해 10월에는 서유럽연합(WEU : Western European Union)이 탄생했다.

(4) 1980년대 말까지 유럽연합은 시장통합에 주력, 1992년 마스트리히트조약이 변곡점

1957년 로마조약에서 관세동맹과 공동시장 등 유럽통합의 미래를 제시한 유럽 정책결정자와 지식인들은 1992년 마스트리히트조약을 전후로 시장통합과 정치 및 사회통합의 변곡점을 실현하게 된다. 1992년 이전에는 주로 관세동맹과 공동시장의 발전으로 회원국 내에서 상품 및 생산요소가 자유롭게 이동될 수 있도록 하였고, 1992년 이후에는 경제통합의 일환으로 단일통화를 완성하였으며, 유럽공동체(EC : European Community)에서 유럽연합(EU : European Union)으로 조약을 개정하는 등 정치 및 사회통합을 위한 기틀을 준비해 왔다. 1992년 12월 31일부로 단일시장을 출범시킨다는 내용을 담은 유럽통합법(SEA : Single European Act, 속칭 단일유럽의정서)은 1957년 로마조약 이후 최초로 발효된 개정안으로 1986년 2월 17일 룩셈부르크에서 조인되었으며(헤이그에서는 28일 조인) 1987년 7월 1일 발표되었다. 이는 당초 유럽공동체 회원국 간 무역거래에 대한 불만족으로 제기되어 정치 및 경제 전면의 통합력을 좀 더 조화롭게 유지할 필요에 의해 시작된 것이었다. 이에 단일시장 체계를 구축하는 데 필요한 협력절차(Consultation procedure)를 도입하고 입법절차에 소요되는 시간을 줄여 의사결정 과정의 효율성을 제고하기 위해 신규 가입국을 대상으로 가중다수결제를 시행토록 했다.

반면 1992년 마스트리히트조약(유럽연합조약)은 내용 면에서 훨씬 진보된 것이었다. 시장통합을 넘어 정치 및 경제적 통합체로 진전하기 위한 기반을 제공하고 있고, 관세동맹과 공동시장이 경제적 통합을 우선시했다면 유럽연합조약의 개정은 회원국의 확대와 이를 지원하기 위한 정치적인 체제 변화를 도모한다. 유럽연합이 경제적 통합에서 정치적 통합으로 발전하는 과정에서 조약의 개정은 반드시 필요한 요소이다. 그만큼 회원국 간 의사결정제도나 EU의 기구 내 의사결정제도 등 정치체제를 변경해야 하기 때문이다. 이후 유럽연합은 가입 회원국 수를 늘리고 공동 정책 수준을 심화시키는 소위 '확대 및 심화' 과정을 거쳐왔다.

2. 과거 : 성장단계의 유럽통합

1980년대 이후에는 경제통합과 더불어 유럽의 회원국 확대로 정치적 변화가 중점적인 사항으로 부각되었다. 회원국 확대로 의사결정 과정이 복잡해졌고, 증가하고 있는 회원국들을 제어할 수 있는 초국가적인 시스템 개선이 필요했던 것이다. 이에 경제적 통합 외에도 정치적 통합이 심화되어야 할 필요성이 대두되면서 각료이사회, 집행위원회, 유럽의회 등의 의석 수 조절 및 표결제도 변경 등 여러 분야에서 수정이 필요했다. 그러나 유럽통합의 양상은 여전히 경제적 이슈를 중심으로 한 (신)기능주의적 모습이 주를 이루었고, 2000년대 중반에 이르기까지 정치 및 사회 통합을 위한 구체적인 진일보는 찾아보기가 어려웠다.

(1) 유럽통합의 형상은 Two-Speed : 여전히 경제적 이슈에 치중하는 정책결정자들

1992년 유럽연합조약(Treaty of European Union 또는 마스트리히트조약)의 체결로 실질적인 EU가 출범하기 이전까지 유럽연합(EU)은 로마조약 체결 이후 유럽공동체(EC)의 형태를 유지하면서 성장했다. 유럽연합조약의 체결로 경제 및 통화 부문의 통합 완성과 정치적 통합 추진을 위한 법적인 근거가 마련되었지만 경제 분야의 통합은 지속적으로 진행된 반면 정치적 통합은 환경변화에 의해 더디게 진행되었다. 이를 두고 학자들은 '두 가지 속도' (two-speed)를 지닌 유럽통합으로 묘사하기도 한다. 이후 1997년 암스테르담조약은 동유럽 국가들의 가입 신청으로 인해 정치적 이슈보다는 공동농업정책(CAP : Common Agricultural Policy), 사회발전을 위한 구조기금 등의 현안이 주로 부각되었다. 또한 2001년 니스조약에서는 집행위원회 규모, 각료이사회 표결 수 조정[4]문제 등이 논의된 반면 정치적인 현안을 논의하기보다는 기존 조약을 일부 수정하는 수준에 그치고 말았다.

(2) 암스테르담조약으로 인한 유럽연합의 변화는 미미한 수준

마스트리히트조약 이후 기존의 유럽공동체설립조약과 유럽연합조약의 일부를 수정하면서 암스테르담조약이 체결되었다. 하지만 그 영향력은 제한적이었다. 암스테르담조약을 통해서 마스트리히트조약에 명기되어 있던 일부 영역을 유럽공동체설립조약으로 이전했다. 대표적으로 이민과 망명정책이 유럽공동체설립조약으로 이전되었는데, 이로써 이민과 망명정책이 유럽 공동의 정책으로 다루어질 수 있는 법적인 근거를 수립했다. 그러나 불행하게도 암스테르담조약으로 인한 유럽연합의 변화는 크지 않았다. 이로써 유럽통합 과정에 있어서 소위 '역사를 만드는' (history-making) 수준의 발전은 실현되지 못했다.

(3) 회원국 확대에 대비하여 제도개혁에 집중한 니스조약

1990년대 이후 동유럽 회원국들의 대거 가입 신청이 이어지면서 회원국 확대[5]에 대비한 제도개혁이 조약의 최우선 현안으로 부각되었다. 그리고 회원국 가입에 대한 조약 개정은 일부 수행되었으나 그로 인한 제도적인 조정을 위해서 니스조약을 체결했다. 니스조약에서는 암스테르담조약에서 수정하지 못한 집행위원회 위원 수 규모, 각료이사회 표결수 조정 등이 주요 개정사항을 이루었다. 집행위원 수를 5개국이 2인씩 보유하던 것을 1인으로 제한하였고, 집행위 위원장을 유럽이사회에서 선출, 유럽의회의 승인절차를 거치도록 명기하기에 이르렀다. 하지만 니스조약도 동유럽 및 남유럽 국가 등 다양한 국가들을 수용하기 위한 제도개혁에 초점을 맞춤으로써 유럽통합에 큰 영향을 준 조약이라기보다는 제도적인 수정 · 보완을 위한 조약이었다고 평가할 수 있다.

3. 현재 : 도약단계의 유럽통합(리스본조약의 주요 내용)

(1) 두 번의 부결을 거쳐 최종적으로 리스본조약 체결에 도달

2003년과 2005년 두 번의 유럽헌법조약 비준 거부[6]로 고된 여정을 밟아온 유럽연합의 정치적 변신은 2007년 리스본조약을 수정하여 일종의

미니 헌법 형태로 일부분 개정되었으나 2008년 아일랜드에서 국민투표 부결로 또 다시 어려움에 봉착했다. 이후 아일랜드, 폴란드, 체코 3개국에서 비준이 승인되면서 2009년 12월 1일부로 리스본조약이 최종 발효되기에 이르렀다. 아일랜드의 부결요인에 대해 EU가 적극적인 교섭을 통해 반대여론을 설득하는 과정을 거쳐 2009년 10월, 아일랜드 2차 국민투표에서 찬성 67%, 반대 33%로 비준안이 통과되었다. 같은 달 폴란드 레흐 카친스키 대통령도 조약 비준안에 서명[7]했고, 다음 달인 11월에 체코도 비준안에 서명했다.

(2) 경제적 거인에서 정치적 거인으로 성장하기 위한 발판 마련

리스본조약의 성립을 통해 경제에만 치중했던 과거의 유럽이 향후 정치적 통합으로 나아갈 수 있는 초석을 마련했다. 과거의 유럽통합에서는 정치적인 리더가 부재[8]한 상태로 정책의 조화와 거버넌스[9] 운영보다는 회원국 간 불협화음을 만든 사례가 빈번했다. 반면 리스본조약으로 EU는 국가 주권의 이양 강화는 물론 EU가 국제무대에서 국가연합체가 아닌 법인격체로 부상하는 계기를 마련했다. 기존 국제기구 활동에서 유럽연합은 단지 옵저버 자격으로 참여할 뿐 의사결정 과정에 참여하는 권한은 부여받지 못했다. 그러나 이번 리스본조약을 통해 유럽연합이 국제기구의 의사결정 과정에 참여하여 투표권을 행사할 수 있는 법인격체가 되었다.

이로써 리스본조약은 리더십이 결여된 유럽연합의 정치적 통합상황을 극복할 수 있는 계기를 마련했고, 의사결정 체계에서도 공개적 협력방식(OMC : Open Method of Coordination)을 도입하여 기존의 정책결정 방식의 폐쇄성에 대한 비난요소를 제거했다. 공개적 협력방식은 국가

〈표 1〉 OMC 주요 원칙 : 리스본 이사회

1	유럽연합 차원의 목표설정과 목표달성 시점의 설정
2	우수사례에 대한 벤치마킹 설정
3	개별 회원국의 실행계획 도출
4	계획에 대한 지속적인 모니터링과 실행계획의 평가
5	집행위원회와 상호 검토에 의한 실행계획의 평가

출처 : European Union. 2010. "LISBON EUROPEAN COUNCIL 23－24 March 2000 PRESIDENCY CONCLUSIONS. http://www.europarl.europa.eu/summits/lis1_en.htm(검색일 : 2010. 10. 07).

정책 수립에 있어서 회원국 간 상호 학습을 장려한다는 궁극적 목적을 가진 유럽연합 회원국 상호 간 목표설정과 정책조정의 한 형태이다. 초기에는 고용전략, 사회전략 등에 사용되었으며 현재 경제, 사회통합, 보건, 고용 및 이민정책, 재정, 사회보장 분야 등 유럽의 많은 영역에서 새로운 대안적 정책결정 체계로 활용되고 있다.

또한 외교안보 분야에서 제도적으로 대표성을 부여받아 대외정체성을 확실하게 하고 효율적인 지배구조를 확보하기에 이르렀다. 이로써 경제통합에 이어 정치통합으로의 발전을 도모하는 한편 과거의 경제통합이 아닌 법적인 지위를 가진 연방체제로 갈 수 있는 기틀을 마련했다.

(3) EU 주요 기관의 권한 강화 및 균형 유지, 그리고 유럽의회의 권한 강화

한편, 리스본 체제로 인해 EU 주요 기관의 권한 강화와 균형 유지가 가능해졌다. 유럽이사회, 유럽의회, 유럽연합집행위원회에 대한 체제 정비를 시행하여 2년 6개월 임기의 상임의장직 제도를 신설하였고, 외교안보정책의 고위대표직을 신설함으로써 공동외교 및 안보정책을 담당하도록 했다. 또한 유럽의회 의원 수를 736명에서 761명으로 확대하였고, 회원국별로 최소 6석에서 최대 96석으로 제정하였다(이종규 외 2009).

리스본조약은 특히 유럽의회의 대외적 권한 강화를 동반하는 두드러진 특징을 보여주었다. 리스본조약을 통해 유럽의회는 안보, 방위, 조세, 경찰력 등을 제외한 모든 영역에서 입법권한을 보유하게 되어 이사회의 입법, 예산편성 권한을 공동으로 부여받았다. 또한 공동통상, 무역협정, 공정거래, 일반특혜관세 등에서 역할이 강화되어 공동통상정책에서 EU 이사회와 동등한 권한을 보유하게 되었고, 통상과 관련한 국제협력 체결 시 유럽의회의 비준이 필요한 상황이다.[10)]

(4) 민주성과 투명성 강화, 의사결정 과정의 효율성 도모

리스본조약은 유럽헌법조약의 많은 부분들을 담고 있어 EU가 정치적 통합으로 크게 발전할 수 있는 전기를 마련했다는 평가를 받고 있다. 리스본조약은 과거에 문제점으로 지적되던 민주성, 투명성, 효율성을 강화하기 위해 다음과 같은 원칙을 포함하고 있다 : ① 신속하고 효율적인 의사결정을 위하여 가중다수결제를 확대 적용, ② 최소 15개 회원국과 EU 전체 인구의 65% 이상이라는 이중다수결제(Dual Majority Voting) 도입,[11)] ③ 공동외교안보정책과 재정문제에 관한 규정에서 EU 차원의 공동정책 수립을 위한 권한 보유.[12)]

한편, 유럽연합의 공동체 협력방식과 정부 간 협상은 유럽연합의 정책결정 체계 중에서 가장 광범위하고 중요하게 이루어지는 방식이다. 유럽연합의 많은 정책들이 이 두 방식을 통해서 이루어져 왔다. 통합이 계속적으로 진행되고 경제 · 사회 영역에서 다양한 행위자들의 요구가 증가하는 한편, 유럽 시민들과의 소통이 증가하고 있는 시점에서 일방적인 정책결정은 비판의 대상이 되어 유럽인들은 민주성 결핍과 개방성 및 효율성을 개선할 것을 요구하기에 이르렀다. 이에 정책결정 개선을 위한 방안으로 상기한 바와 같이 공개적 협력방식이 리스본 유럽이사회에서 처음으로 도입되었다.

(5) 리스본조약을 통해 EU의 대외적 대표성 강화 모색

리스본조약에 의거해 EU 상임의장 및 외교대표가 공식 선출됨으로써 EU의 대외적 대표성이 강화되었다. 임기 2년 6개월의 유럽정상회의 상임의장, 임기 5년의 외교안보정책 고위대표를 신설하였고, 이사회의 상임의장에는 벨기에의 반 롬푸이 총리(Herman Van Rompuy)가, 외교대표에는 캐서린 애쉬튼(Catherine Ashton)이 선출되었다. 리스본조약 이전에도 공동외교안보정책의 고위대표직은 존재했지만 집행위원회와의 권한 중복 등으로 효율성 문제가 대두된 바 있다. 그러나 새로이 신설된 고위대표직은 대외적 대표성 강화를 가장 큰 목적으로 하며, 이사회와 집행위원회, 대외관계의 권한을 하나로 병합하여 대외정책 부문의 효율성을 제고하고자 한다.

리스본조약에서 새롭게 신설된 유럽대외관계청(EEAS : European External Action Service)은 캐서린 애쉬튼 대표에 의해 2010년 말까지 가동준비를 완료할 목표를 세우기도 했다. EU의 외교안보정책 고위대표의 업무를 지원하는 유럽대외관계청은 업무의 중복을 줄이고 일관성 유지와 EU의 대표성 증대를 가장 큰 목적으로 삼는다. 그러나 외교와 관련되어 처음 시행되는 만큼 진통이 예상된다. 무엇보다 회원국과 집행위원회, 이사회 간의 인력, 업무분담, 정책 조율 등의 문제 합의 도출이 가장 큰 관건이다. 전례 없는 기구였던 만큼 캐서린 애쉬튼 고위대표의 리더십이 가장 필요한 시점이다.

리스본조약을 통해서 유럽안보방위정책도 공동안보방위정책(CSDP : Common Security and Defense Policy)으로 개명되었다. 상호 지원조항에서 한 회원국이 무력침공을 받았을 경우 다른 회원국들이 해당 국가를 도울 의무가 있다고 명시하고 있다(전혜원 2010). 또한 EU 군사력을 테러 방지, 진압, 자연재해 진화 등에 사용할 수 있음을 명시하고 있어 광범위한 협력이 이루어질 전망이다.

4. 미래 : 성숙단계를 향한 유럽통합의 미래

(1) 내재된 문제점으로 새로운 시험대에 오른 리스본 체제

리스본조약 이후 경제통합과 정치통합이 가속화될 발판을 마련하였으나 내재되어 있던 문제점들이 외생변인들에 의해 모습을 드러냈다. 여기서 말하는 외생변인이란 최근 발생한 글로벌 금융위기와 이로 인한 유럽 경제의 붕괴, 그리고 남유럽을 중심으로 한 국가 재정문제에 대한 우려를 말한다. 특히 2011년 발생한 그리스 신용위기는 EU 거버넌스에 대한 비판적 견해를 이끌어내기에 충분했다. 계속적인 그리스 위기는 유로지역의 다른 국가들에게까지 영향을 미칠 수 있다. 이에 IMF와 유럽연합은 그리스를 구제하기 위한 지원규모 1,200억 유로 이상의 구제금융정책을 시행했다. 그리스는 EU로부터의 자금지원에 대한 조건으로 2011년까지 국내총생산(GDP)의 10%에 해당하는 240억 유로의 예산을 감축하기로 했다(강진규 2010). 그러나 유로지역과 다른 회원국에도 영향을 미치면서 그리스 위기는 유럽통합의 새로운 암초로 부상했다. 그리스의 위기는 한 국가에서 끝나지 않고 유로지역 전체에 악영향을 미치는 전염효과를 발생시킨다.

이러한 경제위기는 막 출범한 EU의 리스본 체제에 대한 시험대로 작용하고 있다. 경제위기를 극복하는 과정에서 리스본 체제가 얼마나 훌륭한 리더십과 행정력을 발휘하는가를 유럽인뿐만 아니라 전 세계인들이 지켜보고 있다. 동일한 맥락에서 그리스 신용위기는 EU 가입 당시 회원국의 부채에 관한 규정 관리에 소홀함이 드러났다. 또한 가입 이후에도 지속적인 모니터링을 해야 할 집행위원회가 제 역할을 수행하지 못했고, 재정부실에 대한 통계조작 등 그리스 정부의 신뢰도 하락이 심각한 수준에 이르렀음을 여실히 보여주었다.

(2) 금융위기로 통합의 필요성에 대한 회원국 간 이견 대립

그리스 재정위기 사태로 일부에서는 그리스가 단일통화를 사용함으로써 위기로 인한 충격에 크게 노출되었다고 말하기도 한다. 즉 그리스가 자국통화를 사용하고 환율조정에 관한 독립된 주권을 지니고 있었다면 정부의 환율조정을 통해 지금보다는 더 효과적으로 재정위기에 대처했을 수 있다는 말이다. 하지만 이와 달리 오히려 그리스가 단일통화를 사용함으로써 재정위기로부터 더 큰 충격에 빠지지 않을 수 있었다는 반대 측 견해도 있다. 이러한 이견이 대립되는 가운데 EU 단일통화에 대한 가입 신청이 지속되고 있고, 에스토니아의 17번째 유로화 가입으로 회원국이 늘어남으로써 유럽통합의 필요성은 판도라의 상자 속 '희망'으로 남아 있다.

한편, 그리스의 재정위기를 돕는 과정에서 지원규모와 지원의사에 대한 회원국 간 의견이 분산되기도 했다. 한 국가의 부실이 다른 회원국의 부실로 이어지는 상황에서 건강한 재정상태를 유지해 온 회원국이 이를 지키지 못한 회원국을 돕는다는 공동체의식에 적신호가 켜진 셈이다. 또한 그리스에 대한 EU의 재정지원은 향후 재정 건전성을 어길 시 EU 차원에서 구제금융 등 구제책을 마련해 줄 것이라는 도덕적 해이가 발생할 수 있다는 잠정적인 우려로 인해 구제금융 지원에 대한 합의가 난항을 겪기도 했다. 이에 EU 거버넌스의 위기에 대한 논의가 끊이지 않고 있다.

그리스 위기가 보여준 가장 큰 문제점은 유럽연합이 가지고 있는 시스템 자체의 불안정성을 여실히 드러냈다는 사실이다. 통합을 진행해 오면서 확대되는 조직을 관할하는 제도적인 시스템이 드러낸 결점들이 위기를 증폭시켰다는 견해가 급부상했다. EU 차원의 제도적인 해결책이 마련되어 있지 않아서 생기는 문제점들이 지목되었다.

(3) EU 거버넌스를 완벽히 대표할 직책과 인물 부상에 대한 난망

EU의 리스본 체제는 대외관계에서도 체제변화를 시도했으나 일부 제도적 문제점이 부상됨으로써 이를 해결해야 하는 과제를 안고 있다. 특히 새로 신설된 외교안보정책 고위대표, 이사회 상임이사장, 집행위원회 간에 실질적인 업무분담이 불명확하다는 점이 주요 이슈로 부상하고 있다. 집행위원과의 협력과 회원국들의 입장을 조율해야 하는 임무를 담당하고 있는 애쉬튼 고위대표도 집행위원회와 상임위원회에 동시에 소속되어 직책을 수행한 경우가 없기 때문에 향후 애쉬튼의 역할이 대외정책의 중요한 열쇠로 작용할 전망이다.

한편, 호세 마누엘 바호주 집행위원장이 약 10여 년 가까이 집행위원장을 연임하면서 대외적인 지명도가 매우 높아진 반면, 새로 선출된 롬푸이 상임의장과 애쉬튼 고위대표는 선출 당시에도 대외적 지명도가 낮은 것으로 평가되어 대외적 대표성에 대한 문제가 또 다른 숙제로 남아있는 상태다. 리스본 체제에서도 EU를 완벽하게 대표하는 직책과 인물이 나타나기는 힘들 것으로 평가되고 있다.

Ⅲ. 진단과 전망 : 정치적 변신을 향한 브뤼셀 리바이어던의 오래된 미래

서두에서 밝힌 바와 같이 정치적 변신을 꾀하는 유럽연합이 목표를 효율적으로 달성하는 데 필요한 주요 요소는 무엇보다 '유럽 내 위기 해결 능력 제고와 강력한 정치적 리더의 등장'이다. 하지만 현 단계의 유럽연합은 기대와는 달리 아직은 소원한 상태이다. 유럽연합은 국가권력을 움켜쥐지 못한 채 아직 시험단계에 머물러 있고, 국제무대에서도 대외적 대표성을 충분히 행사하지 못하고 있으며, 대내적으로도 대표성이 부족한 상태이다. 이러한 특징들은 브뤼셀 리바이어던의 오래된 미래로서 지난 수십 년 간의 세월을 지나 지천명의 나이를 훌쩍 넘겨왔다.

(1) 브뤼셀 리바이어던 길들이기

현재 금융위기로 인한 PIGS 국가들의 위기가 유로지역과 유럽통합에 부정적인 영향을 미치고 있는 상황이다. 이에 유럽연합은 그리스 재정위기 발발 이후 회원국들의 재정적자 수준을 포함한 규제방안을 검토하는 중이다. 2010년 10월 개최된 EU 재무장관회의에서는 GDP 대비 재정적자가 3%를 넘는 국가를 제재하는 방안을 담은 합의안을 도출하기도 했다. 독일과 프랑스는 그리스 재정위기에 대한 EU의 감시 소홀과 제재안의 강력한 시행을 위해서는 조약의 개정이 불가피하다고 주장했다. 이에 대해 집행위원회는 기존의 조약에 GDP 대비 재정적자를 3%, 정부부채를 GDP 대비 60% 이하로 유지시키는 방안이 이미 존재한다고 맞대응했다. 그러나 독일과 프랑스는 강력한 시행력의 부재로 방안이 충분치 않다는 의견을 설토했고, 영국은 개정불가를 주장하고 나섰다.

이러한 도습은 유로화 탈퇴에 대한 논의, 그리고 리스본조약에서 명시하고 있는 회원국의 탈퇴 가능성에 대한 논의와 더불어 브뤼셀 리바이어던 길들이기를 떠올린다. 브뤼셀에 자리 잡은 유럽 정부의 리바이어던은 상징적인 자신의 절대권력을 휘두르지도 못하고 회원국 간 정치게임에서 길들여지고 있는 형국이다. 핵심 권력이 부재하다는 점에서 연합체(confederation)로 인식되기도 한 유럽연합은 리스본 체제 이후 권력의 절대강자 국가로 탈바꿈하는 꿈을 꾸고 있다. 아니면 혹 거대한 괴물로 탄생하기 전에 이미 정부 간 협상이나 특정 회원국의 이해관계를 둘러싼 권력 게임에 의해 길들여지고 있는지도 모른다.

(2) 아직 더디기만 한 EU의 정치적 거인을 향한 변신

리스본 체제 이후 유럽연합이 정치적 거인으로 성장하기 위한 행보는 유럽 외부와 내부의 변수들에 의해서 더뎌지고 있다. 그리스를 시작으로 한 금융위기와 아일랜드 위기, PIGS 국가들의 재정위기 등이 유럽의 통합을 지연시킨 주요 요인이다. 그리스 위기는 유로지역(Euro Zone)의

존폐위기로까지 확산되었고, 경제적 거인이었던 EU도 그리스에 대한 지원과정에서 회원국들의 일치된 의견표출에 실패함으로써 여전히 리더십의 부재를 우려하게 만들었다. 이 가운데 유럽연합은 유로지역의 위기와 유럽통합의 위기에도 대외정책과 관련하여 통합된 의견을 내놓지 못했다. 독일의 메르켈 총리는 유로지역의 역할 강화와 지원을 요구했고, 반 롬푸이 이사회 의장이 있음에도 불구하고 정치적 통합을 향한 강력한 리더십은 찾아보기 힘든 상황이다.

(3) 초국가적 영향력 행사 부재로 아직 시험단계인 유럽 정부

리스본 체제에서의 정치적 영향력 행사는 아직 시험단계에 머물러 있는 수준이다. 이러한 판단의 근거로는 캐서린 애쉬튼과 반 롬푸이의 지명은 EU가 강력한 정치적 리더를 선택하기보다는 평화와 화합을 위한 정치적 선택을 했다는 평가를 받고 있다. 마누엘 바로소 집행위원장이 애쉬튼과 롬푸이보다 국제적인 지명도가 더 뛰어나고, 이번 금융위기에서도 회원국 개별 총리 또는 대표들의 의견이 더 강하게 표출되었다. 대표적으로 앙겔라 메르켈 총리의 경우 유로지역의 문제 해결을 위해 가장 강력한 영향력을 행사했다. 이에 따라 아직은 하나의 굳건한 정체(政體)로서 유럽연합의 정치적 완성도가 높지 않다는 평가가 일반적이다. 이러한 가운데 차기 새로운 고위안보대표와 상임의장을 선출하는 문제가 유럽의 리스본 체제를 평가하는 새로운 장이 될 것으로 전망된다.

Ⅳ. 맺는 말

지금껏 살펴본 바에 따르면 유럽연합이 리스본 체제를 통해 완벽하게 정치적 거인으로 거듭나기 위해서는 시간과 제도가 더 필요한 상황이다. 그러나 현 단계에서 유럽연합에 대한 지나친 비관론도 낙관론도 모두 경계할 필요가 있다. 이는 무엇보다 시험대에 오른 유럽연합에 대해 효율적 정부론을 적용하여 판단하기에는 시기가 너무 이른 상황이기 때문이다. 지나친 낙관론과 지나친 비관론을 모두 경계하되 정치적 거인으로의 변신을 꿈꾸는 유럽연합에 대하여 관망하는 자세가 필요할 것이다.

한편, 이 글은 분석 모델의 결함이나 수집된 정보의 제한으로 인해 유럽연합의 정치적 변신에 대한 완전한 이야기를 들려주지 못한다. 또한 사건에 대한 설명을 제시하는 관점의 협소함 등으로 인해 이 글이 다루지 못한 미래 연구주제들이 산재해 있다. 유럽연합의 정치적 변신에 대한 맥락적 이해는 이들 관점을 포괄할 때 비로소 완전할 수 있다. 이 글이 이러한 일련의 연구 노력을 자극하는 마중물이 되기를 바라며 필자는 개별 연구자들이 겪는 사고의 제한을 언급하는 다음과 같은 문구로 이 글을 마무리하고자 한다.

> 개별 연구자들은 하늘을 다스리던 제우스가 준 선물을 받은 판도라와 같다. 이들은 모두 비교정치, 국제관계, 공공정책 연구 등에 관련한 존재론적 · 인식론적 그리고 방법론적 이해의 틀을 구성하는 요소들을 선택하는 판단력과 논리적 사고를 형성하는 데 있어서 누리게 되는 자

치권을 선물로 받았다. 개별 연구자들은 판도라의 상자를 하나씩 갖고 있다. 판도라가 상자를 열자 지식의 화석화, 하나의 과학체계의 현상유지를 향한 정향, 이론에의 종속, 지식의 과도한 탈구체성 그리고 연구방법의 성화(sacralization) 등이 흩어져 나와 인간의 사고를 억제한다.

주석

*_ 이 글은 양오석(2002, 2004), 그리고 그 외 일반 학술지와 잡지 또는 신문에 기고한 칼럼 등을 기초로 재구성했음을 밝혀둔다.

1_ 돼지와 유사한 발음으로 폄훼하는 의미를 담고 있다.

2_ 슈망의 연설은 프랑스의 전통적인 외교의 핵심인 독일의 약화가 프랑스의 강화라는 전통적인 외교정책의 틀을 깨고 그동안 유럽에서 전쟁의 동기를 제공해 주었던 프랑스와 독일 간의 화해를 의미했다(이선필 2010).

3_ 로마조약의 체결을 통해 설립되었다.

4_ 집행위원회 위원 수는 1국 1인 원칙으로 하였고, 가결 의결 수는 345표에서 255표로 비율을 73.91%로 조정했다.

5_ 이후 2004년 동유럽 10개국이 가입하면서 EU도 15개 회원국에서 25개의 회원국으로 성장했다.

6_ 2003년 EU 헌법 발표에 실패했으며, 2005년에는 프랑스와 네덜란드의 국민투표에서 비준이 부결되었다.

7_ 폴란드는 2008년에 의회 비준을 마쳤으나 대통령의 최종 결정이 내려지지 않았으며, 아일랜드의 결정 이후 폴란드 대통령도 최종 승인을 했다.

8_ 실질적인 리더의 의미에 중점을 두기보다는 제도적으로 뒷받침할 수 있는 리더로서의 자리를 의미한다.

9_ 유럽연합의 거버넌스에 대한 논의는 페터슨과 리차드슨에 의해 유럽연합을 다층적 거버넌스 시스템으로 설명하고 있다. 페터슨은 상이한 결정유형, 상이한 행위자, 그리고 이들 상이한 행위자들의 행동을 고무하는 상이한 합리성 타입을 구분짓고자 한다. 또한 이에 상응하여 유럽연합 내에서 확인되는 다양한 분석 수준에 입각하여 분석을 위한 좀 더 포괄적인 인식론을 제공한다. 그의 논리는 모든 분석 수준에서 유럽연합의 거버넌스를 설명할 수 있는 단일의 거대 이론은 존재하지 않는다는 것이다.

10_ 유럽의회의 역할이 자문에 그치는 것이 아닌 대외관계와 경제적인 측면에서 증대될 것으로 예상된다. 특히 반덤핑, 세이프가드, 공정거래, 일반특혜관세, 무역협정 등에서 유럽의회의 역할이 강화될 것으로 전망된다. 이 외에도 사법협력,

이민, 대테러정책 등에 있어서 유럽의회가 이사회와 동등한 입법권을 보유하고 있다.

11_ 조세와 외교안보정책에서도 회원국의 거부권 유지와 유로화의 사용 여부는 EMU 가입국들이 가중다수결로 결정한다.

12_ 회원국은 반드시 이를 준수해야 하며, 재정에서는 EMU 가입국 중 재정적자가 GDP 대비 3%를 초과할 경우 제제를 가할 수 있다.

참고문헌

강경민. 2010. "獨 · 佛, 리스본조약 개정 강력 요구 … 유럽 통합 새 복병으로." http://www.hankyung.com/news/app/newsview.php?aid=2010102552801 (검색일 : 2010. 10. 25).

강진규. 2010. "그리스 총리 EU · MF와 구제금융 타결." http://news.etomato.com/news/etomato_news_read.asp?no=92012 (검색일 : 2010. 11. 19).

김남희. 2010. "'위기의 아일랜드', 유로존 재정위기 또?." biz.chosun.com/site/data/.../2010111201580.html (검색일 : 2010. 10. 14).

김득갑. 2007. 『유럽통합 50년의 의미와 전망』. CEO Information. 삼성경제연구소.

안병억. 2008. 『한눈에 보는 유럽연합』. 서울 : 높이깊이.

양오석. 2006. "유럽통합연구의 새로운 분석틀 : 영국학파(The English School)에 대한 비판적 고찰." 『유럽연구』. 24.

양오석. 2002. 『유럽정치경제 연구의 이해 : 국제관계, 비교정치, 공공정책 그리고 지역연구』. 서울 : 푸른길.

양오석. 2004. 『전지구화와 유럽정치경제』. 서울 : 두남출판사.

이선필 외. 2008. 『유럽연합의 정체성』. 서울 : 높이깊이.

이종규 외. 2009. "리스본조약 발효 이후 EU의 변화와 시사점." Issue Paper. 삼성경제연구소.

전혜원. 2010. "리스본조약 이후 EU전망 : 대외관계를 중심으로." 『주요 국제문제 분석』. 외교안보연구원.

Buzan, Barry. 1999. "The English school as a Research Programme." Paper for the BISA Conference, Manchester (December).

Caporaso, James A. 1997. "Across the Great Divide : Integration Comparative and International Politics." *International Studies Quarterly*, Vol. 41, No. 4.

Christiansen, T., Jøgensen, K. E. and Wiener, A. eds. 1997. *The Social Construction of Europe*. London : Sage.

Diez, Thomas and Whitman, Richard. 2002. "Analysing European Integration : Reflecting on the English School—Scenarios for an Encounter." *Journal of Common Market Studies*, Vol. 40, No. 1.

European Commission. 2002. *European Integration : What Lessons for other Regions? The case of Latin America*.

European Union. 2000. "LISBON EUROPEAN COUNCIL 23—24 March 2000 PRESIDENCY CONCLUSIONS." http://www.europarl.europa.eu/summits/lis1_en.htm(검색일 : 2010. 10. 07).

Hix, Simon. 1996. "CP, IR and the EU! A Rejoinder to Hurrell and Menon." *West European Politics*, Vol. 19, No. 4.

Hurrell, A. and Menon, A. 1996. "Politics Like Any Other? Comparative Politics, International Relations and the Study of the EU." *West European Politics*, Vol. 19, No. 2.

Jøgensen, Knud Erik. 1997. *Reflective Approaches to European Governance*. Basingstoke : Macmillan.

Laura, Cram. 1996. "Integration theory and the study of the European policy process." Jeremy Richardson, eds. *European Union : Power and Policy—Making*. London : Routledge.

Moravcsik, Andrew. 1998. *The Choice for Europe : Social Purpose and State Power from Messina to Maastricht*. Ithaca : Cornell University Press.

Pollack, M. A. 2001. "International Relations Theory and European Integration." *Journal of Common Market Studies*, Vol. 39, No. 2.

Puchala, Donald J. 1972. "OF BLIND MEN, ELEPHANTS AND INTERNATIONAL INTEGRATION." *Journal of Common Market Studies*, Vol. 10, No. 3.

Risse—Kappen, T. 1996. "Exploring the Nature of the Beast : International Relations Theory and Comparative Policy Analysis Meet the European Union." *Journal of Common Market Studies*, Vol. 34, No. 1.

Strobel, Frank. 2005. "Leaving EMU : a real options perspective." *Applied Economics*, Vol. 37, No. 13.

Suganami, Hidemi. 2001. "Alexander Wendt and the English School." *Journal of International Relations and Development*, Vol. 4, No. 4.

REGIONAL
INTEGRATION

INTERNATIONALPOLITICALECONOMY

지역통합의 **국제정치경제**

북미자유무역협정(NAFTA)과 멕시코 : 북미연합체 형성은 가능한가? *

강경희(제주대학교)

I. 들어가는 말

"강대국과 약소국이 이룰 수 있는 최상의 관계는 유럽연합(EU)처럼 국가들이 서로 협력하여 발전을 추구하는 것이라는 사실을 미국과 캐나다 정부는 알아야 한다." 이 말은 지난 2006년 대선을 앞두고 멕시코 중도좌파 정당인 민주혁명당(PRD)[1] 로뻬스 오브라도르(Andrés Manuel López Obrador) 대선 후보가 W Radio 방송에서 북미자유무역협정(NAFTA : North American Free Trade Agreement)에 대해 불만을 토로하며 언급한 구절이다.

당초 북미자유무역협정(NAFTA)은 미국, 캐나다, 멕시코가 북미지역시장개방을 목표로 1992년 8월 체결하고 각국 의회의 비준을 거친 후 1994년 1월 발효된 협정이었다. 미국 주도로 탄생한 NAFTA는 유럽통합의 가속화와 일본 경제의 급성장에 대응하여 미국의 자본과 기술을 캐나다의 풍부한 자원 및 멕시코의 저임금 노동력과 결합하여 상품 경쟁력 향상을 기하고 수출증가와 고용증대를 모색하는 데 목표를 두었다. NAFTA는 기존의 자유무역지대보다 더 포괄적인 무역협정으로서 주요 내용은 협정발효 후 15년 동안 3국 교역장벽의 단계적 철폐, 공정한 경쟁조건 확립, 투자기회 증대, 지적재산권 보호 등을 달성하는 것이었다.

캐나다의 경우 NAFTA가 1989년 미국과 캐나다가 체결한 자유무역협정(CUFTA : Canada-United States Free Trade Agreement)의 연장선상에 있었으므로 동일한 협정에 멕시코가 추가되었다는 의미에 불과했지만 멕시코의 입장에서는 캐나다에 비해 지적재산권, 투자, 운송 서비스 등과 관련된 규정이 신설되어 적용범위가 더욱 확대되었다. 더욱이 멕시코의 관점에 따르면, NAFTA는 환경에 관한 규정을 명문화시킨 최초의 자유무역협정이라는 점에서도 특징적이다. 또한 멕시코 측에서 보았을 때 NAFTA는 선진국과 개발도상국 간에 체결된 최초의 자유무역협정이라는 점에서도 특별한 의미를 갖고 있다. 이러한 점 때문에 멕시코 내부에서는 NAFTA가 불평등한 협정이라는 인식이 확산되었으며, 이는 앞서 언급한 로뻬스 오브라도르 대선 후보의 말에서도 엿볼 수 있다.

실제로 2006년 멕시코 대선에서 가장 첨예한 쟁점은 12년 동안 실시된 NAFTA의 평가와 전망이었다. 이 쟁점에 대해 여당인 국민행동당(PAN)은 NAFTA 심화를 강조하며 'NAFTA-plus'와 북미안보번영동맹(SPP : Security and Prosperity Partnership of North America)[2)]의 추진을 주장했다. 반면 민주혁명당(PRD)은 NAFTA의 부정적 결과에 대해 지적하며 이에 대한 재협상을 강하게 피력했다. 양당의 입장 차이는 2006년 대선에서 후보 간 대립으로 이어졌고, 당시 대선은 NAFTA 12년의 재조명과 전망을 가름하는 중요한 계기로 인식되어 대내외적인 관심을 받았다.

1994년 1월 1일 당시 멕시코 정부는 NAFTA가 "제1세계로 진입하는 문"이며 경제성장, 투자증진, 고용확대를 달성해 멕시코의 장밋빛 미래를 보장할 것이라고 선전했다. 그러나 2006년 멕시코 대선과정에서 볼 수 있는 바와 같이 현재 멕시코에서는 제반 경제 · 사회적 문제들에 불만을 품고 NAFTA의 재협상 또는 전면 제고를 주장하는 목소리가 높아지고 있다. 이 글은 17여 년의 NAFTA 경험이 멕시코의 경제와 사회에 어떠한 영향을 미쳤는지를 상세히 고찰하고 북미공동체 형성의 전망을 내리는 것을 목적으로 한다. 우선, NAFTA에 대한 멕시코 정부의 긍정적 입장과 야당 및 시민사회 세력들의 반대 입장을 수출 · 투자 · 고용 등 경제 부문과 농촌변화 및 이민문제 등 사회 부문, TV · 영화 · 교육 등 문화 부문으로 나누어 살펴볼 것이다. 그런 다음 NAFTA가 멕시코 내부적으로 심화되는 한편 대외적으로 다양한 FTA 체결과 함께 확장되고 있는 점을 지적하고자 한다. 결론에서는 멕시코의 NAFTA 경험을 요약하고 북미공동체 형성에 주는 함의와 전망을 살펴보고자 한다.

Ⅱ. NAFTA에 대한 멕시코 정부의 긍정적 평가

멕시코에서 NAFTA 논의가 본격적으로 시작된 것은 1991년 3월 1일 당시 통상산업부 장관인 세라 뿌체(Jaime Serra Puche)가 '멕시코, 캐나다,

미국 간 자유무역협정 협상 정보, 여론, 대화를 위한 상설 포럼'을 제안하면서부터이다. 당시 대통령이던 살리나스(Carlos Salinas de Gortari)는 NAFTA가 멕시코에 다음과 같은 이점이 있을 것이라고 단언했다. 즉 ① 전체 경쟁력이 향상될 것이고, ② 특히 장기적 관점의 투자가 유인될 것이고, ③ 노동 생산성이 증대되고 고임금의 안정적 고용이 창출될 것이고, ④ 노동자 실질소득이 지속적으로 증가할 것이고, ⑤ 멕시코가 더 이상 비숙련 노동력을 제공하는 국가로 남지 않을 것이고, ⑥ 환경오염을 유발하는 산업활동이 허가되지 않을 것이고, ⑦ 국내경제가 균형 있게 지속적으로 성장할 것이고, ⑧ 가격과 품질 경쟁력 증대로 국내 소비자들이 더 다양한 상품에 접근할 수 있을 것이고, ⑨ 국내 제조업자들은 비교우위를 활용해 효율성과 생산성을 증대시킬 수 있는 기회를 더 많이 접할 것이고, ⑩ 멕시코, 미국, 캐나다 3국은 세계 경제에서 경쟁력 확보를 위한 기반을 다질 것이며, ⑪ 또한 세 국가 모두의 복지 수준이 개선될 것이다(Campos 2002−2003).

멕시코, 미국, 캐나다 정부는 NAFTA 10주년을 맞은 2004년, NAFTA가 대외무역, 외국인투자, 고용창출, 소비자 물가 등에서 긍정적 결과를 보였다며 찬사를 보냈다(Pickard 2005). 당시 멕시코 대통령 폭스(Vicente Fox Quesada)는 NAFTA로 인해 멕시코가 캐나다에 이어 미국의 두 번째 무역 파트너가 될 수 있었다는 점과 특히 수출 부문에서 고용창출이 두드러졌다는 점을 강조했다. 실제로 멕시코 수출은 1993−2002년 518억 8,600만 달러에서 1,606억 8,200만 달러로 세 배 이상 증가했다. 2003년 1월부터 9월까지 멕시코 수출은 1,214억 4,600만 달러에 이르러 2002년 같은 시기보다 1.6% 증가했다. 또한 NAFTA 체결 이전까지 멕시코는 주로 농산물과 광물을 수출하는 국가였으며, 특히 석유 수출은 전체 수출의 70%에 달했다. 2002년 들어 석유 수출은 총수출의 9%로 급속히 감소했다. 2003년 9월 집계를 보면 석유 수출은 30.4% 증가했고, 비(非)석유 부문 수출은 1.2% 감소했다. 멕시코 수출에서 제조업 부문의 비중은 대폭 증가하여 87.35%에 이르렀다(Franco 2003). 2006년 현재 멕시코의 수출에서 자동차부품, 전자제품, 식품, 의류제품 등이 가장 높은 성장세를 보였고, 농축산품 수출은 1993년 28억 달러에서 2005년 61억 달러로 증가했으며, 2006년 들어 대미 농축산품 수출은 42% 증가했다. 멕시코의 대(對) 캐나다 수출은 NAFTA 발효 후 약 4배 증가하여 캐나다는 미국, 유럽에 이어 멕시코의 세 번째 수출국이 되었다(Lombera 2006).

NAFTA 체결 이전 연평균 30억 달러에 불과했던 외국인직접투자는 1994-2002년 연평균 110억 달러에 이르러 무려 266%의 증가율을 보였다. 같은 시기 1인당 연평균 GDP 증가율은 1.73%였고, 신규 고용은 약 620만 개 창출되었다. 멕시코의 가장 기본적 곡류인 옥수수의 실질가격은 1993-1995년에만 45% 감소하여 물가안정에 기여했다. 또한 멕시코 정부는 기존의 자유무역협정과는 달리 NAFTA에 환경협력보완협정을 포함시켜 환경문제 해결을 위한 공공지출 증대를 약속했다(CIEPAC 2002).

멕시코는 2006년 현재 총 42개국과 12건의 자유무역협정을 체결했다. 그러나 멕시코 경제부는 NAFTA를 제외한 여타 FTA 체결국들과는 무역적자가 지속되었으며, 2006년까지 총 60억 달러의 무역적자가 발생했다고 지적했다. 이와 관련해 폭스 당시 대통령은 이전 정부인 세디요(Ernesto Zedillo Ponce de León 1994-2000) 정부가 NAFTA의 이점 활용에 집중하기보다는 대미 경제 의존도를 낮춘다는 명분으로 너무 많은 국가들과 자유무역협정을 추진함으로써 무역적자를 부추겼다고 비판했다.

다시 말하면 2005년 멕시코 수출의 88.16%가 미국, 캐나다로 향했고, 단지 7.92%만이 다른 FTA 체결국들로 향했다는 점으로 미루어 보아 세디요 전 정부의 무역 다변화 정책은 실패했다는 것이다. 이에 따라 NAFTA로부터 얻은 무역흑자는 유럽 등 다른 FTA 체결국들과의 무역적자에 의해 상쇄되는 부정적 결과가 초래되었다는 것이다(Barranco 2006).

아울러 폭스 전 대통령은 중국과 인도 등 아시아 국가들로의 투자집중과 이에 따른 자국의 고용상실을 우려하며 여타 국가들과의 자유무역협정 추진을 중단하고 NAFTA의 심화를 모색할 필요가 있다는 입장을 밝혔다. 폭스 전 대통령은 12년 동안의 NAFTA 경험이 멕시코, 미국, 캐나다 모두에게 긍정적인 결과를 가져왔으며, 향후 NAFTA의 심화를 통해 북미 3국 간 협력을 확대하고 번영과 안보의 공동 달성을 이루자는 계획을 제안했다(Gómez 2006). 이른바 "NAFTA−plus"라 불리는 이 계획은 북미 3국의 교역을 더욱 확대 · 심화하여 장기적으로 공동시장을 구축하고 멕시코가 미국, 캐나다와 경제적 균형을 이룰 수 있도록 미국, 캐나다에 지원을 요청하는 내용이 포함되어 있었다(El Universal 2006).

또한 미국, 캐나다, 멕시코 정부는 세계적 무역경쟁의 증대와 새로운 안보환경에 공동으로 대처하기 위해 2005년 3월 이후 북미안보번영동맹(SPP)을 추진해 왔다(Hernández 2006). 이 동맹은 북미대륙 국가들의 번영, 경제성장, 경쟁력과 삶의 질 향상, 안보 등의 의제를 포함하고 있지만 그 가운데 안보 관련 의제가 가장 크게 강조되었다. 안보의제는 북미 국가들이 이민문제에 공동으로 대처하고 국경지대에서의 위험성을 줄임으로써 북미지역의 위험요소를 제거하고 지역안보를 달성하는 것을 목표로 하였다(Reyes−Heroles 2006).

2006년 멕시코 대선에서 최대 쟁점이 되었던 NAFTA의 농축산업 관련 조항의 개정문제와 관련해서도 폭스 전 정부는 "재협상은 없을 것"이며 기존의 규정을 정확히 이행할 것을 미국, 캐나다 정부와 약속했다. 따라서 2008년 1월 농축산물 시장의 완전개방은 예정대로 시행될 것이며, 옥수수 생산 부문의 고용상실이 발생하더라도 축산업 등에서의 잠재적 이득은 더 클 것이라고 주장했다(Sánchez 2006).

Ⅲ. NAFTA가 멕시코에 미친 부정적 영향

1. 수출 · 투자 · 고용 부문

수출 부문과 관련해서 NAFTA가 멕시코에 미친 부정적 영향을 살펴보면, NAFTA 체결 이전에는 멕시코 대외무역 중 대미무역이 차지하는 비중이 50%를 약간 상회하는 정도였으나 2004년 현재 그 비중은 거의 90%를 육박했다. 세디요 전 정부는 미국이라는 단일시장에 대한 과도한 의존도를 줄이기 위해 다른 국가들과 추가적인 FTA를 추진했지만 대미 무역 의존도는 꾸준히 증가되어 왔다. 이러한 점으로 인해 후에 미국에서 경기후퇴가 발생했을 당시 멕시코는 자립적인 해결책을 통해 경기회복을 모색하기 힘든 상황으로 치닫게 되었다.

더욱이 최근 들어 멕시코의 수출 경쟁력은 점차 약화되고 있다. 이는 중국 등 경쟁국에 비해 멕시코의 제조업 노동임금이 상대적으로 높아 노동집약적 산업에서 곤란을 겪는 데다 자본 및 지식집약적 산업에서는 인도 등 경쟁국에 비해 멕시코가 양질의 노동력을 충분히 보유하지 못함으로써 어려움을 겪기 때문이다(Kahhat 2004).

이러한 상황에 대한 대응책으로 폭스 전 정부는 미국, 캐나다와 NAFTA-plus를 추진해야 한다고 주장한다. 그러나 이 또한 미국과 멕시코 사이에 존재하는 엄청난 경제적 불균형을 시정하는 데는 도움이 되지 않을 것이라는 의견이 많다. 또한 NAFTA-plus가 단일시장 및 단일국가로서의 '북미공동체' 형성을 목표로 하지만 이는 오히려 멕시코의 주권 상실로 이어질 우려가 있다는 목소리도 나오고 있다(Pickard 2005).

다음으로 외국인투자와 관련해서는 NAFTA가 멕시코에 비교적 긍정적 효과가 있었지만, 이 효과도 특정 지역 및 특정 경제 부문에 집중됨으로써 국가적 차원에서는 경제·사회적 양극화를 초래하는 데 기여했다는 지적이 있다(Kahhat 2004). 즉 멕시코에 대한 외국인직접투자는 주로 북부 국경지대와 멕시코 시 주변지역을 중심으로 하여 금융업과 제조업 수출 부문에 집중된 반면 특히 농촌 등 다른 지역들에 대한 투자는 거의 전무했다.

대멕시코 외국인투자의 또 다른 문제점은 투자의 휘발성이다. NAFTA 1109조는 경제위기 상황에서 투기성 자본의 유출에 대한 어떠한 규제나 제약도 허용되지 않는다고 규정하고 있다. 이 규정으로 인해 멕시코에 투자한 투기자본은 위험한 상황이 감지되거나 다른 국가에서 더 많은 이윤을 창출할 수 있다고 판단될 때는 언제든지 빠져나갈 수 있게 되었다. 그 결과 1994년 12월 멕시코에서 상당량의 자본이 급속도로 유출되면서 미증유의 외환위기가 초래되었던 것이다(CIEPAC 2002).

NAFTA 체결 이후 멕시코 고용 부문은 일부 지역 외에는 실질적 개선이 있었다고 보기 힘들다. 신규고용은 주로 노동법을 준수하지 않는 경향이 있는 마낄라도라(Maquiladora)[3] 산업에서 발생했다. 마낄라도라 산업이 멕시코 총수출에서 차지하는 비중은 무려 87.26%이며, 전체 외국인투자의 51%가 이 산업에 집중되어 있었다(CIEPAC 2002). 그러나 점차 미국 기업들은 마낄라도라 산업에서 이탈하여 임금이 낮고 환경 관련 규준이 느슨한 중국으로 이동했다. 이에 따라 멕시코에서 고용은 크게 감소했고 마낄라도라 경제도 탈산업화로 이어졌다(Declaraci ón Final 2004).

한편, 멕시코의 1일 최저임금은 1994년 15.91페소에서 2000년 10.58페소로 감소했고, 실질임금은 1994–2004년 80%나 감소했다. 제조업 부문 노동임금을 미국과 비교해 보면, 1980년 멕시코 노동임금은 미국의 22%였으나 1983년에는 12%로 떨어졌고, 1994년에는 15%를 회복했다가 1996년에 8%, 2000년에 10% 수준에 머물렀다. 다시 말하면 NAFTA 체결 이후 멕시코 노동임금은 정부의 초기 약속과는 달리 급격히 하락한 것이다. 제조업 부문의 신규고용도 초기 마낄라도라 산업의 활성화 덕분에 증가했지만 그 증가추이는 1994년 139만 명, 1996년 108만 명, 2000년 140만 명, 2004년 126만 명 정도로 상당히 더딘, 그리고 불충분한 모습을 보여주었다. 농업 부문에서는 1993–2004년 150만 명의 고용이 상실되었다. 전일제 고용도 급감하는 경향을 보였고, 시간제 고용 및 불완전 고용이 증대된 것도 NAFTA 체결 이후 두드러진 경향이었다(Ávarez 2004).

2. 농축산업과 이민문제

멕시코 농축산업은 경제활동 인구의 20% 정도를 차지하는 주요 산업 부문이다. 1995년 기준 전국 농민의 71%가 거주하는 전통적 농축산업 지역인 치아빠스, 게레로, 오아하까, 뿌에블라, 멕시코주, 이달고, 과나후아또, 할리스꼬, 미초아깐, 베라끄루스 주들은 NAFTA 체결 이후 심각한 위기에 직면했다.

멕시코의 농축산업 부문은 1983−1989년 신자유주의 구조조정 1단계에서 이미 큰 타격을 입은 후 1992년 연방농지개혁법 개정으로 두 번째 충격을 경험했고, 1994년 1월 1일 NAFTA 발효로 세 번째 타격을 입었다(Quintana 2006). 이른바 반(反)농지개혁법이라 불리는 1992년 연방농지개혁법은 토지 민영화 가속화, 시장을 통한 농민소득 창출, 원주민 공유지인 에히도(Ejido) 개방 등을 실현하기 위한 새로운 법적 틀을 제공했다. 또한 옥수수와 관련해 NAFTA는 1994년 이후 15년 간의 점진적인 관세인하를 규정했다. 멕시코 정부는 옥수수 협상과정에서 옥수수 250만 톤의 무관세 수입할당을 수용했다. 옥수수 초과수입에 대한 관세는 1994년 206.9%에서 협정 6년 후에는 29.6%로 감소되도록 규정했고, 그 이후에는 9년 동안 옥수수 수입관세가 0%까지 감소되도록 했다.

이와 같은 규정과는 달리 실제로는 옥수수 무역과 관련된 NAFTA 조항의 위반사항이 나타났다. 멕시코의 옥수수 수입량은 NAFTA 협정에 규정된 무관세 수입할당 250만 톤을 훨씬 초과해 1996년에 600만 톤, 1998년과 1999년에 각각 500만 톤, 2000년에 522만 2,720톤, 2001년에는 15% 증가한 614만 8,000톤에 이르렀다. 그 결과 NAFTA 체결 후 11

년 동안 멕시코의 미국산 옥수수 수입량은 1993년 50만 톤에서 2005년 750만 톤으로 15배나 증가했다(González 2005).

NAFTA 규정 위반 사례는 옥수수 외에도 식량가격 하락을 유도하고 인플레를 안정시킨다는 변명과 함께 콩과 같은 다른 작물에서도 나타났다. 미국산 콩 수입은 1996년 10만 9,406톤, 1998년 17만 737톤으로 2년 동안 60% 증가했고, 불법적 콩 수입도 매년 20만 톤에 이르렀다. 2002년 들어 미국산 콩 수입은 허용된 양의 3배에 달했다. 멕시코의 육류 수입은 NAFTA 체결 이전과 비교해 2배나 증가했다. NAFTA 체결 후 6년 동안 소고기 수입은 200%, 돼지고기 수입은 300% 증가했고, 멕시코 국내에서 소비하는 우유 가운데 20%가 수입된 것이었다.

미국–멕시코 농산물 교역과 관련하여 가장 큰 쟁점은 농산물에 대한 마국 정부의 보조금 문제였다. 멕시코는 농산물에 대한 보조금이 거의 사라진 반면 미국은 NAFTA 이후에도 자국 농업에 대한 보조금 지급을 지속했고, 농업생산자에 대한 미국 정부의 보조금 총액은 멕시코보다 10배나 많았다. 에너지 가격, 금융비용, 수송비용 등을 포함하면 미국산 농산물에 대한 멕시코 농산물의 경쟁력은 더욱 하락했다. 이러한 가운데 미국 정부는 2002년 밀, 옥수수, 수수, 보리, 귀리, 목화 등에 대한 직접적 지원책을 확립하기 위해 "2002–2011년 식량안보와 농촌을 위한 투자법"을 마련했다. 이 법은 자국 농업에 대한 직접적 지원을 거의 80% 증대시킨다는 것을 내용으로 하였다. 즉 10년 동안 1,800억 달러 이상이 자국 농업에 지원된다는 것이다(Quintana 2003).

이에 반해 멕시코는 NAFTA 출범 8년 후 160만 헥타르의 옥수수, 콩, 보리, 쌀, 강낭콩, 목화 등의 경작을 포기했다. 멕시코의 농산물 경작 포기 경향은 전통적인 농촌지역에서 두드러지게 나타난 반면 북부지역에서는 새로운 기술을 활용한 근대적 경작물들이 출현하기 시작했다. 전통적 농촌지역에서 밀, 옥수수, 강낭콩, 수수, 콩, 목화 등의 경작은 급감한 반면 야채와 과실류(포도, 토마토, 아스파라가스, 호두, 양파, 파, 사과, 오렌지, 감자 등), 목작, 대초원, 알팔파 등에서부터 말의 사료가 되는 수수, 옥수수, 건초 등의 경작은 급증했다. 멕시코 북부지역을 중심으로 축산업도 발전되었다. 1993−2003년 이 지역에서 소 축산은 53만 5,032톤에서 63만 8,304톤으로 증가했고, 돼지 축산은 15만 2,170톤에서 25만 4,533톤으로 증가했다(Quintana 2006).

미국산 농축산물의 수입 증대는 멕시코 국내 농축산업자들의 생활기반을 심하게 훼손했다. 옥수수 생산 농가는 1980−1982년에서 2001−2003년 사이 50%의 구매력을 상실하였고, 같은 시기 밀은 50.3%, 강낭콩은 21.1%, 콩은 57.6%의 구매력을 상실했다. 멕시코 전역에서 1차 산업 부문 고용은 1994−2000년 연평균 2.4% 감소하여 거의 200만 명이 실직하였다. 1차 산업 부문 노동임금은 1994−1995년 외환위기 결과 급격히 감소하여 현재까지 이전 수준을 회복하기 못하고 있다. 2001년 농업 부문 평균임금은 1993년보다 16% 감소했고, 목축업 부문의 평균임금은 5.1% 증가했다. 이는 2001년 전체 산업 부문의 평균임금이 1993년보다 10% 증가한 것과 비교해 매우 낮은 수치이다.

이에 따라 멕시코에서는 농민들이 농촌에서 도시, 마낄라도라 지대, 또는 미국으로의 대거 이주현상이 나타났다. 미국 정부는 NAFTA가 노동력의 자유로운 이동을 포함하지 않는다는 이유를 들어 멕시코 이주자들을 규제해 왔으며, 이에 대해 멕시코 정부는 인권탄압이라고 비난해 왔다. 매년 40만 명에 이르는 멕시코인들이 서류가 미비한 상태에서 미국 이주를 감행하고 있으며, 불법이주자 수는 2000년에 450만 명에 이르렀다(San Sebastiá 2004). 멕시코의 미국 이주는 점차 농업인구뿐 아니라 제조업 및 서비스업 부문 노동인력으로 적합한 대졸의 도시 청년층으로 확대되었다. 긴 노동 훈련기간이 필요한 고학력 청년층의 미국 이주는 양질의 인적 자원 유출을 의미하므로 멕시코로서는 매우 큰 손실이 아닐 수 없다(Ávarez 2003).

한편, 멕시코 헌법 개정을 감행한 반(反)농지개혁법 제정과 뒤이은 NAFTA 발효는 원주민 공유지가 밀집된 치아빠스 주의 원주민과 농민의 반발을 초래해 1994년 1월 1일 사빠띠스따민족해방군(EZLN)[4] 봉기로 전개되었다. 2002년 말부터 대다수 농민단체들은 "농촌은 더 이상 참을 수 없다!" (¡El Campo No Aguanta Más!)를 외치며 대정부 농민운동을 지속했다(National Catholic Rural Life Conference).

3. TV · 영화 · 교육 부문

다른 산업 부문과 마찬가지로 NAFTA 체결 이후 TV 부문은 극소수 국내 대기업의 독점현상이 두드러졌다. 이 부문은 멕시코의 대표적 방송사인 뗄레비사(Televisa)와 떼베아스떼까(TV Azteca)에 의해 장악되었다. NAFTA 체결 1년 전이며 국영기업 민영화가 절정에 이른 시점인 1993년, 살리나스 쁠리에고(Ricardo Salinas Pliego)가 대표로 있는 한 민간기업이 떼베아스떼까를 설립한 후 당시 멕시코의 주도적 국영 방송사인 이메비시온(Imevisión)을 인수하여 국영 TV 채널인 7번과 13번을 확보했다. 다른 한편, 뗄레비사는 멕시코에서 신자유주의 구조조정이 시작되던 해인 1983년 설립되어 국영 방송사의 민영화 이후 명실상부한 멕시코 최대의 방송사로 등극했다.

NAFTA 체결 이후 방송매체의 사회적 책무에 대한 논의가 다각적으로 진행되었으나 뗄레비사와 떼베아스떼까는 이를 무시한 채 케이블 TV, 위성 TV, 전화와 인터넷 등의 분야로 사업을 확장해 왔다. 2003년 현재 떼베아스떼까의 방송망은 국내 방송 Azteca 13과 Azteca 7, 13개 국가에서 방송되는 Azteca Internacional, 미국에서 급속히 성장 중인 Azteca América 등 4개사가 주축이 되고 있다(Huerta 2004). 떼베아스떼까는 미국 TV 방송사인 뗄레문도(Telemundo)[5]와 제휴하여 공격적인 경영전략을 추진해 급속한 성장을 거두었다. 그러나 떼베아스떼까의 편성 프로그램들은 상당히 잔인하며 폭력적인 성격을 갖는다고 비판을 받으며, 비록 인기는 높으나 논란의 여지가 매우 높은 드라마들을 제작 · 방송한다는 평가를 받는다.

이러한 경향은 시청률 1위의 채널 2번을 포함해 4개의 공중파 채널을 보유한 뗄레비사의 경우도 마찬가지이다. 특히 뗄레비사는 떼베아스떼까에 비해 매우 다양한 방송 분야에 관심을 보이며, 케이블 TV 부문에서도 1위를 차지했고 멕시코 DTH 회사인 스카이(Sky)에도 참여하고 있다. 또한 뗄레비사는 영화, 전화, 위성 등에도 높은 관심을 보이며 케이블 TV 회사를 통해 인터넷 서비스를 개시하기도 했다. 뿐만 아니라 뗄레비사는 신문, 잡지, 라디오 방송, 호텔, 축구 클럽 등의 분야에도 진출했으며 아스떼까 축구장도 소유하고 있다(Crovi).

다음으로 NAFTA 체결 이후 멕시코 영화 부문은 국내 영화산업이 몰락한 상황에 이르고 미국 영화의 배급과 상영이 지배하는 결과를 보였다. 1992년 멕시코에 새로운 영화법이 통과되어 영화제작과 상영에 대한 외국자본 진입이 허용되었다. 국영 영화사인 뻬시메(Pecime)는 민영화되어 영화의 제작, 배급, 상영은 거의 미국 자본에 의해 주도되었다. NAFTA 체결 이전 멕시코 영화는 50%의 스크린쿼터를 보장받고 있었지만 NAFTA 발효 직후 그 비율은 30%로 감소되었다. 이에 따라 1988-1994년에는 연평균 62.3편의 영화가 제작되다가 1994-2000년에는 연평균 17.5편의 영화만이 제작되었다. 2002년 6월 캐나다의 오넥스 사(Onex Corporation)와 미국의 오크트리 사(Oaktreee Capital Management)가 멕시코 최대 영화배급사인 CIMEX를 인수했다. CIMEX는 31개 영화관과 349개 상영관을 보유하고 있고, 영화배급에 있어 전국의 25%, 멕시코 시의 50%를 차지하고 있다. 한편, 영화상영에 있어서도 미국 자본이 대거 투자된 Cinemex, Cinemark, Cinépolis는 주로 미국 영화를 상영하며 멕시코 최대의 영화상영관으로 성장했다. Multiplex는 상영영화 다각화를 선언하며 건립되었으나 상영관 수가 적고 외진 곳에 위치하여 많은 관객을 모으지는 못하고 있다(Rosas 2004).

〈표 1〉 멕시코의 영화제작, 1980-2002

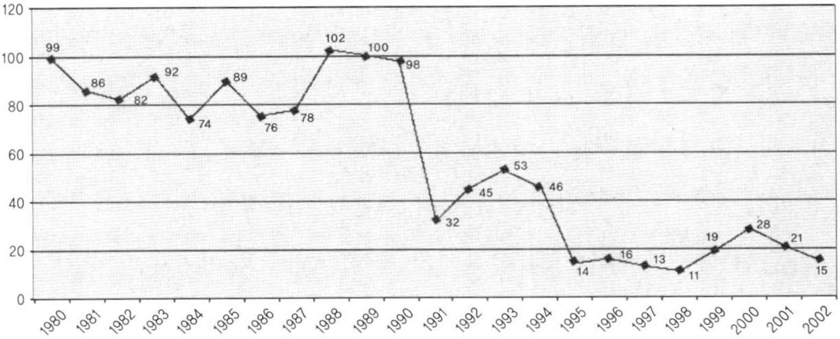

출처 : Rosas 2004.

위에서 보는 바와 같이 1992년 영화법 제정 이후 멕시코에서의 영화

제작은 급격히 감소되었고, 이에 따라 1997년에는 영화법 개정작업이 시작되었다. 1997년 12월 멕시코영화연구소(IMCINE : Instituto Mexicano de Cinematografía) 주도 하에 영화제작장려기금(FOPROCINE : Fondo para la Producción Cinematográfica de Calidad)이 신설되고 1억 3,500만 페소의 예산이 투입되었다. 1997년 영화법 개정과정에서 멕시코 영화에 대한 10% 스크린쿼터 규정이 쟁점으로 부각되었으나 미국 다국적 거대 영화 배급사인 UIP사(United International Pictures)와 20세기폭스 사(20th Century Fox), Buenavista사, 콜럼비아 트라이스타 사(Columbia-TriStar) 등은 공동으로 멕시코 대법원에 멕시코 새 영화법이 '자유무역'과 '형평성'을 훼손한다는 소송을 제기했고, 그 결과 새 영화법은 NAFTA 규정을 어겨서는 안 된다는 판결을 받았다(Nueva época 2004).

NAFTA 규정을 근거로 멕시코 대법원이 이와 같은 판결을 내린 데에는 멕시코 정부가 자유무역협정 협상과정에서 문화산업정책을 잘못 추진한 점이 크게 작용했다. 멕시코 정부는 NAFTA 규정에 "통신의 자유로운 흐름"을 보장하는 원칙을 포함함으로써 TV와 영화에 대한 미국 프로그램의 진출을 용이하게 했다. 즉 멕시코 정부는 "문화는 상품이 아니다"라는 조항을 NAFTA 규정에 포함시키지 않았다. 그러나 이와는 대조적으로 캐나다 정부는 NAFTA 협상과정에서 TV, 영화 등 문화산업은 '문화적 예외'로 존중되어 다루어져야 한다고 주장했다.

캐나다 정부는 미국과의 지리적 인접성을 의식해 예전부터 강한 민족적 정체성을 유지하려 했고, 아울러 캐나다 정부의 정책과 법은 항상 캐나다 문화산업의 보호 및 개인 예술가들에 대한 지원을 통해 자국 대중문화를 장려하고 문화 인프라를 창출하는 것을 목표로 했다. 또한 캐나다는 연방정부 차원에서 영화, TV, 멀티미디어 부문에 대한 장려책을 다양하게 운영했다. 그러나 디지털 TV와 케이블 TV 등 뉴미디어 부문에 대해서는 NAFTA에 규제조항을 마련하지 못해 향후 새로운 쟁점으로 등장할 가능성을 남겨두었다(Huerta 2004).

캐나다 정부는 NAFTA 협상과정에서 TV 프로그램 수입 및 방영 쿼터제를 도입했고, NAFTA 체결 직후인 1995년에는 문화산업 범주에 영화, 비디오, 서적, 잡지 등을 포함시켰다. 또한 캐나다 정부는 미국의 압력하에서도 자국의 문화유산 보호에 대해 분명하고도 강고한 입장을 고수했다. 미국과의 쌍무협정을 통해 캐나다 정부는 라디오와 TV의 프로그램 내용을 규제하고, 자국 문화생산을 장려하며, 신문과 출판업에서 음반, 라디오, 비디오, TV 등에 이르기까지 모든 문화 관련 산업에 대한 외국인투자를 통제할 수 있도록 했다.

이처럼 캐나다 문화정책 담당자들은 자국 문화를 보호하는 것만큼 문화적 다양성이나 언어적 다양성을 보장하는 것이 중요하다고 본 것이다. 캐나다의 문화산업 정책은 다른 국가들의 자유무역협정 협상과정에서 문화영역을 다룰 때 응용되기도 한다. 그리고 캐나다 정부의 "문화적 예외" 전략은 국제환경의 변화에 따라 "문화적 다양성" 개념으로 대체되기도 한다(Nueva época 2004).

교육 부문도 문화산업처럼 멕시코와 캐나다가 NAFTA 협상전략에서 큰 차이를 보였던 부문이다. NAFTA 체결 이후 멕시코 고등교육은 미국식 모델을 따라 기업 부문이 대학위원회에 참여하도록 허용하고 교육정책 결정에서도 지대한 영향을 미칠 수 있도록 하였다. NAFTA 협상이 진행되던 1992년에는 위스콘신, 그리고 1993년에는 밴쿠버에서 개최된 북미 국가들의 고등교육협력 관련 회의에서 멕시코대학원대학(El Colegio de México)의 오헤다(Mario Ojeda) 학장은 미국, 캐나다와의 협력 증진에 있어서 사회·문화적인 차이가 가지는 중요성을 과소평가하지 말 것과 서로의 차이를 존중할 것을 요구했다. 또한 그는 각국 고등교육이 차세대에 대해 국가 고유의 전통, 문화유산, 정체성을 전수하는 역할을 담당해야 하며, 북미 3국의 학술 교류는 동질화를 추구하기보다 상호 교류를 목표로 해야 한다고 주장했다(Méndez 2005a).

그러나 멕시코 학계의 이러한 요구는 NAFTA 규정에 반영되지 않았다. 그리고 NAFTA 규정이 문화와 교육 부문에 대한 별도의 협정을 두지는 않았지만 '서비스' 항목을 통해 멕시코에 간접적인 영향력을 행사할 수 있게 되었다. 즉 12장에 규정된 '3국의 서비스 교류'와 16장의 '경영인의 임시입국'이라는 조항을 통해 전문 서비스 제공자들은 북미 국가들을 자유롭게 왕래할 수 있었다(Méndez 2005b). 문제는 멕시코 고등교육 체계가 미국, 캐나다에 비해 불균형하고 취약한 데다 멕시코 고등교육의 발전을 저해할 수 있는 내용들이 NAFTA의 '서비스' 항목에 포함되었다는 점이다(Nivón 2002–2003). 한편, 1994년 문화·교육·학술 교류 등의 분야에 대한 별도의 협정내용이 구상되기는 하였으나 큰 성과는 없었다.

Ⅳ. NAFTA 이후 멕시코

멕시코가 미국, 캐나다와 자유무역협정을 추진하게 된 주요 동기는 물론 무역 자유화, 외국인투자 유치, 고용창출 등과 같은 경제적 측면에 있었으나 멕시코 정책결정자들의 또 다른 동기는 수출입 대미 의존도를 줄이고 해외시장 접근성을 확대하는 것이었다. NAFTA 발효 당시 미국은 멕시코 수출의 80% 이상과 수입의 50% 정도를 차지할 정도로 멕시코 무역의 대미 의존도는 높았다. 이에 따라 멕시코는 다양한 국가 및 지역들과의 자유무역협정 체결에 박차를 가함으로써 수출입 시장을 다변화하고자 하였다. 그럼에도 멕시코의 동시다발적 자유무역협정 추진전략은 미국에 대한 무역 의존도를 낮추는 데 그리 성공적이지는 못했다 (<표 2>).[6)]

〈표 2〉 FTA 지역별 멕시코 수출입 시장점유율(%)

	1996	1998	2000	2002	2004	2006	2008
멕시코 수출의 시장점유율							
NAFTA	85	88	90	90	89	87	83
EU	4	3	3	3	4	4	6
일본	1	0	1	1	1	1	1
칠레	1	1	0	0	0	0	1
그 외 FTA국	1	1	1	1	1	1	1
기타	8	6	4	5	5	7	9
멕시코 수입의 시장점유율							
NAFTA	77	76	75	66	62	54	52
EU	9	9	9	10	12	11	13
일본	5	4	4	6	6	6	5
칠레	0	0	1	1	1	1	1
그 외 FTA국	1	1	0	2	2	2	2
기타	8	9	11	17	24	27	28

출처 : Villarreal 2009.

NAFTA 이후 FTA 추진전략으로 2009년 현재 멕시코는 총 42개 국가들과 12개의 자유무역협정을 체결할 정도로 괄목할 만한 결과를 가져왔다. 대부분은 미주대륙 국가들로 미국, 캐나다, 콜롬비아, (과거 베네수엘라), 볼리비아, 칠레, 우루과이, 코스타리카, 니카라과, 과테말라, 엘살바도르, 온두라스 등과의 FTA가 성사되었다. 또한 멕시코는 미주대륙을 넘어 이스라엘, EU(오스트리아, 벨기에, 불가리아, 사이프러스, 체코공화국, 덴마크, 에스토니아, 핀란드, 프랑스, 독일, 그리스, 헝가리, 아일랜드, 이탈리아, 라트비아, 리투아니아, 룩셈부르크, 몰타, 네덜란드, 폴란드, 포르투갈, 루마니

〈표 3〉 멕시코의 FTA

협정	회원국	인구(백만) / (GDP/세계)(%)	(서명일) 발효일
NAFTA	미국, 캐나다	444.358 (27.96%)	(1992년 12월 17일) 1994년 1월 1일
G3 FTA	콜롬비아 (과거 베네수엘라)	155 (2.18%)	1995년 1월 1일
멕-코스타리카 FTA	코스타리카	111.216 (1.84%)	(1994년 4월 5일) 1995년 1월 1일
멕-볼리비아 FTA	볼리비아		1995년 1월 1일
멕-니카라과 FTA	니카라과	112.876 (1.80%)	(1997년 12월 18일) 1998년 7월 1일
멕-칠레 FTA	칠레	123.433 (2.06%)	(1998년 4월 17일) 1999년 8월 1일
멕-EU FTA	EU 25개국 EU 확대(10개국)	501.259 (31.98%)	(2000년 4월 10일) 2000년 7월 1일 2004년 5월 1일
멕-이스라엘 FTA	이스라엘	113.797 (2.12%)	2000년 7월 1일
멕-Northern Triangle FTA	엘살바도르, 과테말라, 온두라스	133.812 (1.91%)	(2000년 6월 29일) 2001년 3월 15일(엘, 과) (2000년 6월 29일) 2001년 6월 1일(온)
멕-EFTA*	아이슬란드, 노르웨이, 스위스, 리히텐슈타인	119.1 (3.38%)	(2000년 11월 27일) 2001년 7월 1일
멕-우루과이 FTA	우루과이	110 (1.84%)	2004년 7월 15일
멕-일본 FTA	일본	234.375 (9.85%)	(2004년 9월 17일) (2005년 4월 1일)

출처 : Villarreal 2009. ＊EFTA : European Free Trade Association

아, 슬로바크공화국, 슬로베니아, 스페인, 스웨덴, 영국), EFTA(아이슬란드, 노르웨이, 스위스, 리히텐슈타인) 등 유럽지역을 넘어 아시아 국가들로 눈을 돌려 싱가포르, 한국, 일본과 FTA 협상 끝에 일본과 FTA를 체결하기에 이르렀다. 일본으로서는 멕시코와의 FTA가 타국과 조인한 최초의 광범위한 무역협정이다(Villarreal 2009) (<표 3>).

멕시코가 총 42개국과 체결한 12개의 FTA는 인구 10억 9,885명, 세계 GDP의 67.20%를 포괄하고 있다. 멕시코 정부는 현재 파나마, 페루, 싱가포르, 한국, 뉴질랜드, 도미니카공화국 등과 FTA 논의를 진행 중에 있으며, 2011년 2월 28일부터 멕시코-브라질 FTA에 관한 공식 논의가 시작되었다. 물론 멕시코가 체결한 수많은 FTA 가운데 가장 비중이 큰 것은 북미지역과의 NAFTA와 유럽지역과의 Mexico-EU FTA이다. 1994년 발효된 NAFTA가 관세장벽 철폐, 투자기회 확대, 북미 3국 협력 강화 등을 목적으로 하였다면 2000년 7월 1일 발효된 Mexico-EU FTA는 세계 최대 시장으로의 특혜적 접근, 수출시장 다변화, 멕시코 기업들과 유럽 기업들 간의 전략적 제휴, 대규모 외국인 직간접투자 유치 등이 목적이었다. 두 개의 FTA와 함께 멕시코는 세계 2대 시장에 진입하는 국가가 되었다(ProMéxico).

V. 맺는 말 : 북미연합체 형성은 가능한가?

이상에서 살펴본 바와 같이 NAFTA가 멕시코의 수출, 외국인투자, 고용창출, 물가안정 등 긍정적 결과를 보였다는 멕시코 정부의 평가에도 불구하고 그 이면에 과도한 대미 수출 의존도, 경제사회적 양극화 심화, 투기자본에 대한 규제 미비, 마낄라도라 산업을 제외한 다른 산업에서의 고용상실, 불안정한 고용 증대, 임금하락 등의 문제가 경제적 측면에서 여전하다는 평가가 우세하다. 특히 농축산업 부문에서는 NAFTA 체결 이후 미국산 수입품의 증대, 멕시코와 비교해 현격히 높은 미국의 농업보조금, 피폐한 농촌의 실상과 농촌인구의 도시로의 이주, 농민운동의 확산 등 사회적 문제들이 발생했다. 또한 문화적 부문에서는 민간대기업에 의해 독점된 TV 산업, 멕시코 영화산업의 붕괴, 미국 이외 다른 영화산업의 멕시코 진출 미흡, 고등교육 체계의 미국화 등의 문제들이 나타났다. 그 외에도 이 글에서는 살펴보지 않았지만 마낄라도라 산업에서 여성의 저임금 노동 증대, 이에 따른 여성의 빈곤화, 마낄라도라 지역의 환경 악화, 의료 · 연금 등 공공 복지 부문 축소 등의 문제들도 심화되었다.

이와 같은 문제점들을 근거로 해서 2002년 말 이후 멕시코 농민단체들과 지식인들이 중심이 되어 NAFTA 개정 및 재협상 논의가 시작되었다. 이 논의는 주로 7가지의 주장을 축으로 진행되었다. 첫 번째 주장은 농업문제를 다루는 NAFTA 제7장의 재협상이다. 이 주장의 바탕에는 농업문제가 식량안보 원칙에 따라 처리되어야 하며, 농산물은 단순상품이 아니라 사회 서비스 창출이라는 추가적 가치를 갖는다는 인식이 깔려 있다. 멕시코, 미국, 캐나다의 농업은 각각 상이한 역할을 수행하기 때문에 국가별로 농업 생산자들에 대한 보호정책이 차별적으로 적용되어야 한다는 것이다. 이 주장에 따르면, NAFTA 제7장의 재협상을 위해서 멕시코 정부는 EU의 사례를 응용하는 동시에 강한 협상력과 지도력을 발휘해야 한다고 지적한다. 두 번째 주장은 농축산업 부문의 유예선언을 통해 NAFTA 발효 하루 전으로 돌아가 과거 농축산업 보호정책을 유지해야 한다는 것이다. 이를 통해 이미 멕시코에서는 사라진 사전수입허가제가 재도입될 수 있을 것이며, 또한 과거 농산물 수입 규제를 담당했던 기관인 전국민중생필품회사(CONASUPO : Compañia Nacional de Subsistencias Populares)가 부활될 필요도 있을 것이다. 세 번째 주장은 미국이 주로 사용하는 방법으로서 보완하거나 분명히 할 주제들을 추가하는 보완협정을 도입하는 것이다. 미국의 경우 국경 프로젝트, 노동협력, 환경협력 등 보완협정을 제기해 멕시코가 이를 수용한 바 있다. 네 번째 주장은 NAFTA 내용의 특정 부문을 개정해야 한다는 것이다. 미국은 설탕과 오렌지 주스 관련 규약을 이 방법으로 적용한 바 있다. 다섯 번째 주장은 생산자 간 협정의 체결을 강조하는 것이다. 이미 멕시코와 미국의 토마토, 사과 생산자들이 가격폭락을 방지하기 위해 최소가격을 지정하는 상호 협정을 맺은 바 있다. 이 협정은 NAFTA의 자유무역 정신에 어긋남에도 불구하고 멕시코와 미국 정부의 지지를 받았다. 여섯 번째 주장은 NAFTA를 개정하지 않고 공공복지정책을 통해 자유무역협정의 희생자, 피해지역 및 생산물에 대한 보상과 지원조치를 취해야 한다는 것이다. 일곱 번째 주장은 멕시코의 거대 생산자 단체들이 가장 많이 이용했으나 좋은 결과를 보지 못한 전략으로서 특정 부문에 대한 덤핑 및 보조금, 또는 다른 형태의 속임수를 쓴 후 통고해야 한다는 주장이다(Ángel).

지난 2006년 대선에서 중도좌파 정당인 민주혁명당(PRD) 대통령 후보가 이례적으로 높은 지지율을 획득할 수 있었던 것은 NAFTA가 멕시코 경제와 사회에 미친 부정적 결과에 대한 불만이 정치영역으로 확산되었기 때문이라 할 수 있다. NAFTA로 인해 큰 타격을 입은 사회세력들이 민주혁명당 대통령 후보인 로뻬스 오브라도르의 강한 NAFTA 재협상 의지를 높게 평가한 것이다. 물론 선거결과 집권여당 후보가 근소한 차이로 재집권에 성공했지만, NAFTA로 인해 초래된 제반 문제들이 제도적 방법으로 시정되지 않는다면 북미자유무역협정 반대론자들이 비제도적 방법을 통해서라도 자신들의 입장을 표출하고자 할 것이다. 일례로 2008년 1월 1일, NAFTA 규정에 따라 북미 3국 간 농업관세가 철폐되자 멕시코 소농단체들은 멕시코의 식량주권과 식량안보가 위험에 빠졌다고 주장하며 북미자유무역협정에 대항한 '전면전'을 펼칠 것이라고 선언하고, 2008년 초 멕시코 전역에서 NAFTA에 반대하는 대규모 농민시위를 주도했다. 이와 같은 NAFTA에 대한 정치 · 사회적 반발과 NAFTA 개정 및 재협상 논의가 활발함에도 불구하고 전 행정부(2000–2006) 들어 북미지역 국가들을 향한 멕시코의 통합의지는 더욱 강화되었다. 이러한 경향은 현 멕시코 행정부(2006–2012) 하에서도 지속되고 있다.

'북미연합체 형성이 가능한가?'라는 질문과 관련해 주목해야 할 점은 북미연합체가 향후 어떠한 모습으로 전개될 것인가 하는 점이다. 2001년 '9 · 11테러'를 기점으로 미국 외교정책의 우선순위가 변화하면서 '지역경제통합'보다는 '지역안보'가 북미 지역통합의 핵심 의제로 떠오르기 시작했다. 앞에서 언급한 북미안보번영동맹(SPP)도 동일한 맥락에서 북미 3국의 정상회담 틀 내에서 구성되어 현재 안보 및 경제위기 상황 극복을 위한 논의의 장으로 활용되고 있다.

북미연합체의 향후 전망이 '지역경제통합'이 될 것인지 '지역안보'가 될 것인지와 관련해 후자의 전망이 우세하다고 판단되는 이유는 북미연합체에서 미국의 선택이 갖는 높은 비중 때문이다. 최근 들어 대멕시코

관계에 있어 미국의 큰 관심사는 국경안전 문제, 마약거래 문제, 이주문제 등에 있다. 2006년 9월 미국 의회는 미국-멕시코 국경 700마일을 따라 국경장벽을 구축하는 '안전장벽설치법'(Secure Fence Act of 2006)을 승인했다. 2009년 3월 미국 힐러리(Hillary Rodham Clinton) 국무장관은 멕시코를 공식 방문한 자리에서 멕시코 정부의 마약(거래)과의 전쟁에 대한 미국의 재정지원과 관련된 문제를 논의했다.

또한 오바마(Barack Hussein Obama) 행정부 들어 북미연합체 구상과 관련된 또 다른 현안은 환경보전 및 보호에 관한 것으로서, 북미환경협력협정(NAAEC : North American Agreement on Environmental Cooperation)은 관련된 주요 선언과 목적들을 포함하며 북미 3국의 협력 심화를 위한 구체적 수단을 제시하고 있다. 또한 오바마 대통령은 환경 및 노동 관련 조항을 NAFTA 협정의 본문에 포함시켜 효과적으로 강제될 수 있도록 해야 한다고 주장하며 사실상의 NAFTA 개정협상을 제안하기도 했다. 1994년 1월 1일 발효된 NAFTA가 15년 동안 멕시코, 미국, 캐나다의 무역장벽을 완전히 철폐시키면서 북미연합체 형성의 첫 단계를 완성시켰다면 NAFTA의 2단계는 북미연합체가 어떠한 성격을 가져야 할 것인가를 두고 북미 3국이 치열한 경쟁을 벌이는 시기가 될 것으로 보인다.

주석

*_ 이 글은 계간지 『황해문화』 2006년 가을호(통권 52호)에 게재했던 논문 "NAFTA 12년 후 '멕시코'"를 수정 · 보완한 것이다.

1_ 멕시코에는 3개의 주요 정당이 있다. 우선 여당인 국민행동당(PAN : Partido Acción Nacional)은 1939년 가톨릭주의를 표방하며 창당되었고, 1982년 이후 기업세력을 영입하면서 시장경제와 국가의 경제개입 축소라는 신자유주의 경제논리를 적극 수용했다. 다음으로 민주혁명당(PRD : Partido de la Revolución Democrática)은 1989년 창당되었지만 그 기원은 1988년 대선 준비과정에서 창설된 민족민주전선(FDN)이었다. 민족민주전선(FDN : Frente Democrática Nacional)은 당시 여당이던 제도혁명당(PRI)의 신자유주의 경제정책 기조로의 전환과 이에 따른 대선 후보 지명에 반발하며 탈당한 세력들이 멕시코 내 좌파정당, 노동자, 농민, 지식인, 예술가, 학생 등 사회세력들과 연합하여 창설했다. 민족민주전선(FDN)은 부정선거가 난무하는 가운데 1988년 대선에서 아쉽게 패배했다. 그러나 그 후신인 민주혁명당(PRD)은 1997년 이후 현재까지 수도인 멕시코시티 행정부를 장악하여 지지층을 넓혀가 강력한 야당으로 부상했다. 2006년 대선에서는 멕시코시티 시장이던 로뻬스 오브라도르를 대통령 후보로 내세워 여당후보와 박빙의 승부를 겨루었다. 마지막으로 제도혁명당(PRI : Partido Revolucionario Institucional)은 1929년부터 2000년까지 무려 71년 간 멕시코의 집권여당이었으나 2000년 대선에서 국민행동당(PAN)에게 패배하고 2006년 대선에서도 위의 두 정당보다 낮은 20%대의 지지율에 머물렀다.

2_ SPP는 북미지역의 안보와 이민문제를 해결하려는 목적으로 추진 중인 멕시코, 미국, 캐나다의 협력계획이다.

3_ 마낄라도라는 1965년 멕시코 북부 국경지대 산업화와 외국기업의 투자를 통한 고용확대의 방안으로 추진되어 현재는 멕시코 전 지역으로 확장되었다. 여기서는 외국산 원자재와 기계장비 등을 무관세로 수입하여 조립 가공한 후 완제품 또는 반제품 상태로 재수출하는 외국인투자기업의 노동집약적 산업에 집중한다.

4_ EZLN은 Ejército Zapatista de Liberación Nacional의 약어이다.

5_ 뗄레문도는 플로리다 주에 본사를 두어 스페인어 방송을 주로 하는 미국 TV 방송

사이다.

6_ 멕시코 수입에서 "기타" 지역의 높은 시장점유율은 대중국 수입증가에 기인한 것으로 보인다. 현재 중국은 멕시코의 두 번째 무역 파트너로 등장했으며, 멕시코 수출입의 약 6%가 중국을 향한다.

▒ 참고문헌 ▒

Álvarez Béjar, Alejandro. 2004. "¿Apetitosa neocolonia de jóvenes sin futuro." *Memoria*, No. 187, September, http://memoria.com.mx/?q=node/422.

Ángel Gómez, Manuel, Rita Schwentesius & José Luis Calva. "Ocho opciones para revisar y renegociar el TLC." http://www.prd.org.mx/ierd/Coy114/rs1.htm.

Barranco, Alberto. 2006. "Empresa : Sin brújula." El Universal, June 22, http://www.eluniversal.com.mx/columnas/58654.html.

Campos Vega, Juan. 2002−2003. "Balance : 10 Años del TLCAN, Antecedente del ALCA." Teoría Práctica, No. 11−12, October 2002−January 2003, http://www.ppsdemexico.org/teoriaypractica/tp11_12/balance.html.

CIEPAC. 2002. "Lecciones del TLCAN Para el ALCA." October 27, http://www.ciepac.org/archivo/analysis/lectlcan.htm.

Crovi Druetta, Delia. "Las industrias audiovisuales de México a partir del TLC. Una lectura desde la perspectiva del Proyecto Monarca." No. 19, http://www.cem.itesm.mx/dacs/publicaciones/logos/anteriores/n19/19_dcrovi.html.

Declaración Final de Coloquio en Montréal, Québec. 2004. "Los 10 Años del TLCAN : balance social y perspectivas." September 19, http://www.rqic.alternatives.ca/colloque/declfinalesp.doc.

El Universal. 2006. "Fox insta a EU y Canadá a frenar pérdida de empleos." El Universal, March 30, http://www.eluniversal.com.mx/nacion/136738.html.

Franco, Pilar. 2003. "México : TLCAN no fue desastre ni panacea." http://ipsnoticias.net/interna.asp?idnews=25588.

Gómez Quintero, Natalia & José Luis Ruiz. 2006. "Fortalecen TLC para enfrentar a China." El Universal, April 1, http://www.eluniversal.com.mx/primera/26539.html.

González Amador, Roberto. 2005. "La importación de maíz de Estados Unidos creció 15 veces con el TLCAN." Marzo 18, http://www.kwira.org/pop/importacion del-maiz.htm.

Hernández, Guadalupe. 2006. "Los países del TLCAN enfrentan nuevos retos." El Uni versal, March 21, http://www.eluniversal.com.mx/finanzas/50676.html.

Huerta Wong, Juan Enrique. 2004. "Concentración de la propiedad y políticas públicas en los medios audiovisuales de Norteamérica : apuntes para un estado de la situación mexicana." Revista de Economía Política de las Tecnologias de la Información y Comunicación, Vol. 4, No. 2, Mayo–August, pp. 84–101, http://www.eptic.com.br.

Kahhat, Farid. 2004. "México y el TLCAN : lecciones para el resto de América Latina." http://www.desco.org.pe/publicaciones/QH/qh151/qh151fk.doc.

Lombera Martínez, Manuel. 2006. "Poco beneficio con tratados comerciales." El Universal, June 28, http://www.eluniversal.com.mx/finanzas/52749.html.

Méndez Lugo, Bernardo. 2005a. "El TLCAN, la educación superior y las profesiones (1) Antecedentes de concertación trinacional en la educación superior." Observatorio Ciudadano de la Educación : Colaboraciones Libres, Vol. 5, No. 210, November, http://www.observatorio.org/colaboraciones/mendez.html.

Méndez Lugo, Bernardo. 2005b. "El TLCAN, la educación superior y las profesiones (4) Retos actuales del profesional mexicano : reflexiones hacia un nuevo paradigma curricular en el tercer milenio." Observatorio Ciudadano de la Educación : Colaboraciones Libres, Vol. 5, No. 213, November, http://www.observatorio.org/colaboraciones/mendez.html.

National Catholic Rural Life Conference. "El Campo No Aguanta Más." http://www.ncrlc.com/US–Mex–statement02.html.

Nivón Bolán, Eduardo. 2002–2003. "Cultura e integración económica. México a siete años del Tratado de Libre Comercio." Revista de Cultura : Pensar Iberoamérica, No. 2, October 2002–January 2003, http://www.campus–oei.org/pensariberoamerica/ric02a02.htm.

Nueva época. 2004. "Las industrias culturales audiovisuales y el Tratado de Libre Comercio de las Américas." Revista Mexicana de Estudios Canadiense, No. 7, http://www.amec.com.mx/revista/num_7_2004/Marquez_Laura2.htm.

Pickard, Miguel. 2005. "El TLCAN Plus también llamado ASPAN : el futuro que las elites preven para México, Estados Unidos y Canadá(parte 1)." August 1, http://www.bilaterals.org/article.php3?id_article=2395.

ProMéxico. "México y sus tratados de libre comercio con otros países." http://

www.promexico.gob.mx/comercio/mexico-y-sus-tratados-de-libre-comercio-con-otros-paises.html.

Quintana S., Víctor M. 2003. "El circulo vicioso del Tratado de Libre Comercio de América de Norte." Deslinde, June 7, http://rcci.net/globalizacion/2003/fg345.htm.

Quintana S., Víctor M. 2006. "El TLCAN y los agricultores de la frontera norte de México." February 6, http://www.ircamericas.org/esp/3104.

Reyes-Heroles G. G., Jesús. 2006. "ASPAN : decir o hacer." El Universal, April 7, http://www.eluniversal.com.mx/editoriales/34002.html.

Rosas Mantecón, Ana. 2004. "Las batallas por la diversidad : exhibición y públicos de cine en México." http://www.recam.org/Estudios/batallas_div_mx.doc.

Sánchez, Julián. 2006. "TLC en rubro agropecuario no se renegociará." El Universal, June 10, http://www.eluniversal.com.mx/nacion/139303.html.

San Sebastiá, Miguel & Anna-Karin Hurtig. 2004. "Moving on from NAFTA to the FTAA? : The Impact of Trade Agreements on Social and Health Conditions in the Americas." No. 16, Vol. 4, October 31, pp. 272-8, http:journal. paho. org/?a_ID=358.

Villarreal, M. Angeles. 2009. "Mexico's Free Trade Agreements." August 27, Congressional Research Service(CRS) Report for Congress, http://www.crs.gov.

미주대륙 에너지 통합과 지역통합의 미래

하상섭(한국외국어대학교)

Ⅰ. 들어가는 말

오늘날 새로운 에너지 안보 개념은 기존 화석연료의 안정적인 확보 및 다변화(diversification)의 개념을 넘어 화석연료, 전력 등을 포함한 모든 다양한 에너지의 생산, 공급 및 인프라에 대한 보호를 포괄하는 것으로 확대되고 있다. 에너지 수입원의 다변화 증진과 정확한 정보에 기초한 시장기능의 중요성 인식, 에너지 산업의 기술혁신, 에너지 생산국과 소비국 간의 국제협력은 더욱 중요해지고 있다. 특히 에너지의 수요와 공급의 국제협력 문제는 이미 안보 차원의 이슈로 활발히 논쟁되고 있다. 실례를 들자면, 오늘날 남미의 대국 브라질은 남미지역의 에너지 안보 국제협력을 위한 다양한 에너지 인프라 사업에 대규모 투자를 해오고 있다. 2010년 들어 브라질 정부는 남미지역의 에너지난 해소와 에너지 통합을 위해 향후 수년 간 남미 이웃 국가들에게 있어서 수력발전소 건설 등에 대규모 에너지 분야 투자를 계획하고 있다. 이는 아르헨티나, 베네수엘라, 파라과이, 우루과이 등 인접국들이 심각한 전력난을 겪고 있는 데 따른 것으로 남미지역 리더 국가로서의 역할을 다하겠다는 의미로 해석된다. 또 다른 에너지 대국인 베네수엘라와 볼리비아는 이미 '자원민족주의' (resource nationalism)를 표방하며 이웃 국가들과 에너지 파이프라인 네트워크를 강화해 가고 있다. 에너지 안보 측면을 고려한 국제협력과 이를 통한 지역 리더십을 강화하고 있는 것이다. 이와 더불어 이러한 리더십은 지역의 역내 지역통합 활성화를 위한 강력한 수단이 되고 있다.

이 글은 이처럼 남미지역의 에너지 강국들이 에너지 안보 차원의 국제협력이라는 이슈를 확장시켜 남미지역의 지역주의 논의로 발전시켜 가는 상황들을 면밀히 고찰하여 그 협력 패턴을 살펴보고, 이와 연계해 남미지역의 지역주의의 현재와 정체성을 고찰해 보기 위해 연구되었다. 특히 이 지역의 에너지 강국들인 브라질과 베네수엘라의 에너지 안보 차원의 에너지 협력 패턴을 주의 깊게 관찰하여 이들 국가들이 추구하고자 하는 미주대륙(남미) 내 미래 지역주의의 방향성을 살펴보고자 한다. 또한 미주대륙 내에서 가장 큰 에너지 소비국인 미국과 에너지 공급 측면에서 가장 큰 강대국들인 브라질과 베네수엘라 국가별 사례를 통해 미주대륙에서 에너지 협력과 갈등 패턴을 집중적으로 살펴보고자 한다. 각국의 에너지 협력 패턴의 특징과 에너지 정책에서 차별성은 무엇인지를 고찰한 후, 에너지 안보 측면에서 국제협력과 갈등이라는 정치경제적 메커니즘을 통해 논의되고 있는 오늘날 미주대륙(남미) 지역주의의 미래 방향성은 무엇인지를 전망 · 분석해 보겠다.

이러한 분석을 위해 이 글은 먼저 에너지 안보 개념을 이론적 배경으로 하여 에너지의 국제협력 패턴이 미주대륙 내에서는 어떻게 나타나고 있는지를 개별 국가들의 사례분석(case analysis)으로 연결해 보겠다. 또한 미주대륙 내의 에너지 강대국들이 추구하고자 하는 에너지 통합의 실체가 무엇이며, 이를 통한 남미지역의 지역주의는 향후 어떠한 정체(polity)로 변화 발전해 갈 것인가를 전망해 보겠다. 다시 말해서 이 지역의 에너지 대국들이 추구하는 에너지 안보 측면에서 에너지 협력 패턴을 집중적으로 비교 · 분석하여 (남미) 지역주의의 현주소와 미래 방향성을 면밀하게 고찰해 보고자 한다.

오늘날 남미지역의 에너지 강대국들은 에너지 안보 국제협력이라는 수단을 통한 지역통합의 리더십을 추구해 오고 있으며, 이러한 현상은 그동안 이 세 국가의 미주대륙 내에서 에너지 관련 이슈들—예를 들어 에너지의 공급과 수급, 에너지 안보, 에너지 시장을 둘러싼 에너지 정책, 에너지 산업의 국유화와 민영화, 에너지 부문에 대한 무역과 투자 등—을 두고 정치적으로, 때로는 경제적으로 서로 다른 관점의 지역통합 논의를 발전시켜 오고 있으며, 동시에 지역에서 통합 리더십을 놓고 경쟁적인 갈등관계를 조성해 오고 있다. 이러한 에너지 안보 협력 및 갈등 메커니즘은 특히 이들 각국이 추구하고 있는 에너지 정책을 중심으로 극명하게 나타나고 있으며, 미래의 지역통합을 주도하는 방향과 통합을 주도할 중심적 행위자, 그리고 통합목적이 서로 사뭇 다르게 나타나는 현상들을 관찰해 볼 수 있다. 예를 들어 에너지 안보 정책에서 미국이 추구하는 시장 중심적 에너지 협력 패턴과 미래 통합방식이 존재하는가 하면, 지나치게 국가 중심적 혹은 '사회적 관점을 강조하는 베네수엘라 방식의 에너지 협력 패턴이 있고, 보다 온화한 지역 리더십 헤게모니를 통해 시장과 사회적 관점을 포용하는 실용주의 협력 패턴의 브라질의 경우가 서로 존재한다. 이러한 에너지 협력 패턴의 상이성은 미주대륙 내의 미래 지역통합 방향에도 고스란히 투영되어 발전해 오고 있다.

이 글은 다음과 같이 구성된다. 먼저 미주대륙의 에너지 안보 국제협력 패턴 분석을 위한 이론적 접근으로 제II절에서는 오늘날 논쟁 중인 '에너지 안보' 개념을 포괄적으로 고찰해 보고, 실질적으로 이 지역 에너지 강대국들인 브라질과 베네수엘라의 에너지 매트릭스를 제III절에서 살펴본 후에, 제IV절에서는 각국의 상이한 에너지 협력 패턴을 이들 국가들의 에너지 정책을 통해 살펴보기로 한다. 특히 에너지 협력 패턴의 유형화를 통해 향후 지역통합의 미래 방향성에 대한 비교 분석을 시도해 본다. 에너지 안보의 갈등관계 속에서 특히 지역통합의 방향성의 차이를 설명하고 이를 비교 분석해 본다. 오늘날 상이하게 나타나는 에너지 협력 패턴과의 연관성을 배경으로 각기 다른 형태로 발전해 오고 있는 미주대륙에서의 에너지 통합의 사례들을 정치경제적 관점으로 살펴보고, 오늘날 에너지 협력 및 통합과의 접목을 시도해 보겠다. 특히 1990년대 이후 남미지역의 에너지 안보 정책을 둘러싸고 미주대륙에서 에너지 강대국인 세 국가(미국, 브라질, 베네수엘라)의 에너지 안보 국제협력 · 갈등 관계 분석을 통해 이들 국가들이 주장하는 새로운, 그리고 각기 상이한 미래 지역주의의 차이점을 비교 분석해 보겠다(제V절). 각기 다른 방향과 대안을 주장하면서 여전히 갈등의 유형으로 존재하는 세 개의 국가별 혹은 지역적 모델을 에너지 통합이라는 '새로운 지역주의 모델'로 연결해 논쟁을 마지막으로 고찰해 본 후에 결론에서는 이를 요약 정리해 본다(제VI절).

Ⅱ. 에너지 안보에 대한 개념적 접근

안보란 어떠한 위험이나 손실 그리고 위협으로부터 보호받는 것을 의미한다. 안보의 범위는 오늘날 개념과 정의 차원에서 폭이 광범위하다. 기존의 전통적인 현실주의 차원의 군사안보 개념은 제2차 세계대전 이후 전쟁이나 외부의 위협이 덜해지면서 새로운 개념의 안보로 발전해 오고 있다. 특히 과학기술과 정보통신의 발달로 전 세계가 급격하게 발전한 1980년대 이후 공동안보, 포괄적 안보 그리고 협력안보 등의 다양한 안보 개념들이 학문적으로 연구되면서 전통적인 군사안보 개념은 차츰 경제, 자원, 환경, 기술, 에너지 등 비전통적 이슈들의 협력을 강조하며 그 범위를 확대하기 시작했다. 특히 무역, 산업, 국가 간의 상호 의존(interdependency)이 심화되어 가는 오늘날 국제협력 안보는 더욱 중요해지고 있다. 각 국가들은 자신의 국가이익(national interest)을 위한 상호간 무역과 교류를 실시하고 있으며, 이러한 밀접한 경제적 의존관계는 정치적 · 군사적 의존성도 심화시키고 있다. 이로 인하여 외교환경에서의 헤게모니(정치적 패권) 혹은 정치적 리더십은 기존의 군사력 위주에서 경제과 정치, 문화 등의 범위로 그 영역이 확산되고 있다. 이에 더하여 안보를 보전하는 중요한 역할도 개별 국가가 아닌 다국 간의 협력을 통해 진행되고 있다. 국가 간의 상호 의존이 증대함으로써 갈등보다는 협력의 관계가 강조되고 있는 것이다. 수많은 국제기구와 조약이 만들어지고 있으며, 따라서 이러한 국제협력이 증대될수록 전통적인 군사적 안보의 개념은 차츰 감소하고 있다. 하지만 이와 더불어 새롭게 안보위협으로 등장한 것은 경제적 안보 개념으로 오늘날에 와서는 특히 화석연료를 둘러싼 에너지의 수요와 공급의 국제협력 필요성이다.

오늘날 세계 각국은 에너지를 확보하기 위해 기존의 전통적인 외교 라인을 이용해 자원외교를 강화하는 등 에너지 자원 확보에 총력을 기울이고 있다. 미국, 유럽, 러시아 그리고 중국과 인도를 포함하여 모든 주요 에너지 소비국들은 이제 자국의 에너지 안보를 정치적인 최우선 과제로 삼고 있는 시대가 되었다. 자원전쟁이라는 새로운 냉전의 시대로 돌입하는 중이다. 이들 국가들은 "사막과 초원을 지나, 그리고 바다 아래로 파이프라인 네트워크를 설치하기 위해 온갖 노력을 다하고 있다. 그리하여 지하자원을 소유하거나 확보한 측은 각광을 받고 있다"(에리히 폴라트 · 알렉산더 융 2008, 24). 특히 재생 가능한 대체 에너지 개발을 촉진하고 화석연료의 새로운 원천을 확보할 뿐만 아니라, 지구온난화에 지극히 위험한 온실가스를 억제하기 위해 어마어마한 투자와 지출을 요구하고 있다.[1)]

이러한 시대에 '에너지 안보'라는 개념은 이제 글로벌 이슈가 된 지 오래다. 물론 수많은 학파들과 학자들의 정의에 따라 그 개념은 다양하다(Maite 2009 ; Claudia 2009 ; Eduardo 2009 ; David 2010). 하지만 여기서는 에너지와 관련해 오늘날 안보 차원에서 보편적으로 논의되고 있는 다음과 같은 네 가지 범주에서 에너지 안보 개념을 인용한다. 첫째, 에너지 매트릭스 그 자체에 대한 개념적 정의이다. 에너지 자원의 소유와 매장 혹은 생산 잠재성에 대한 논의가 기본적으로 에너지 안보 개념에서 일차적으로 중요한 요소이다. 이는 한 개별 국가 및 지역의 경제와 사회발전의 정도 분석에 중요한 토대로 작용한다. 매장량과 생산량의 정도가 일국의 부를 상징하며, 안정적인 에너지 수급은 에너지 자원을 원천적으로 확보하고 있느냐 없느냐에 많이 달려 있기 때문이다. 둘째, 에너지 안보는 오늘날 대외적인 자원외교 차원에서 국제정치 차원의 자원협력과 갈등의 문제들과 상당히 밀접한 상관관계를 가지고 있다. 예를 들어 오늘날 남미지역 좌파 정부들의(특히 베네수엘라, 볼리비아) 석유 및 천연가스(탄화수소산업) 등에 대한 에너지 자원민족주의 강화는 국제 에너지 시장의 판도를 바꾸어 놓고 있을 뿐만 아니라, 국제정치에도 많은 영향을 주고 있기 때문이다. 에너지를 무기화한 국제정치적 갈등은 에너지 협력과 더불어 많은 국제적 분쟁을 낳고 있다. 셋째, 따라서 일국의 에너지 안보 개념은 얼마나 효과적으로 에너지 정책을 운용하느냐에 많이 달려 있다. 국내뿐만 아니라 대외적으로 중요한 변수이기도 하다. 예를 들어 에너지 안보 차원의 개별 국가 내의 에너지 정책의 대응은 에너지 효율성 증대 및 에너지 네트워크(예를 들어 전력산업) 강화를 위한 인프라 구축 등 엄청난 재원과 투자가 수반되어야 하기 때문이다. 대외적으로는 자원협력이나 자원외교 등을 통해, 혹은 에너지 자원의 수출이나 수입정책 등을 통한 에너지의 수요–공급의 안정성을 확보해야 하기 때문이다. 마지막으로 오늘날 에너지 안보는 환경과의 관련성을 언급하지 않을 수 없다. 글로벌 차원의 2005년 도쿄의정서 채택, 2009년 코펜하겐 기후변화 회의 등을 통해 지구온난화를 방지하기 위한 각국의 노력은 온실가스를 줄이기 위한 많은 법적 · 제도적 의무와 노력을 수반하는데, 이 중에서 가장 중요한 부문이 탄소 배출의 주원인인 화석연료 사용을 줄이고 재생 에너지를 개발 · 이용해 기후변화에 대한 적응과 대응을 해야 하기 때문이다. 이 과정에서 가장 우선적으로 환경적 측면의 에너지 안보가 고려될 수 있다(하상섭 2010).

이처럼 오늘날 에너지 안보 개념은 기본적으로 에너지 보유 자체 및 에너지 자원 확보 과정에서 발생 가능한 국제정치학적 에너지 자원 협력과 갈등 이슈, 에너지의 수요와 공급의 균형을 고려해야 하는 에너지 정책, 그리고 환경적 변수 등 다양한 요소들로, 혹은 이 모두를 포괄하는 복합적인 의미를 갖는 개념이라는 전제를 가지고 있다. 이러한 다면적이고 복합적인 개념을 바탕으로 다음 절들에서는 실제 에너지 안보에서 중요한 남미 에너지 강대국들의 에너지 매트릭스를 살펴보겠다.

Ⅲ. 라틴아메리카 : 브라질과 베네수엘라의 에너지 매트릭스

1990년대 초반 라틴아메리카 지역은 순수한 에너지 잉여지역이었다. 이 지역에서 총에너지 생산량은 1,390만 boe/d(barrels of oil equivalent per day)였다.[2)] 이러한 생산량 중에서 원유가 거의 60%에 달하고 천연가스는 16%, 그리고 수력발전은 5.5%, 석탄은 4%, 원자력 발전에서 0.4% 그리고 기타의 에탄올 같은 신재생 에너지 분야, 지열, 땔감 등을 포함해서 14%에 달했다. 1990년대 초반 라틴아메리카 지역은 세계 원유 매장량의 12.3%를 차지하고 있었으며, 세계 원유(중질유) 생산량의 12%의 차지하고 있었다. 하지만 이러한 에너지 자원들은 지역 차원에서 균등하게 생산 · 분배되지 않았다. 베네수엘라와 멕시코가 전체 매장량의 92%를 장악하고 있었고, 거의 두 국가의 70%의 생산을 책임지고 있었다. 파라과이나 우루과이 같은 나라는 원유가 생산되지 않는 국가들이었지만

1990년대 초반에 이 지역은 원유, 원유정제품, 석탄 등에서 순 수출국들이었다. 1991년 라틴아메리카의 순 수출량은 360만 boe/d로 이 지역의 총에너지 생산의 26%에 달했다. 물론 대부분이 원유로 구성되었으며, 이 중에 73%는 미국으로 수출되었고 유럽으로는 19%, 그리고 아시아·태평양 지역으로는 오직 5%에 달했다. 베네수엘라, 멕시코, 콜롬비아 그리고 에콰도르가 주요 원유 수출국들이었고 칠레와 브라질은 수입국이었다. 이 지역에서 생산되었던 천연가스들은 지역 자체에서 소비되는 경향이 강했는데, 유일하게 볼리비아만이 수출국이었고 아르헨티나는 유일한 천연가스 수입국이었다는 특징을 갖는다. 석탄자원은 순 수출에서 단지 1.6%였다. 이 지역 에너지 수급의 특징을 보면 여전히 수력과 화석연료가 지배적이었음을 알 수 있다. 1990년대 초반 이 지역의 전력공급에서 72%는 수력발전소에서 얻어지고 있었고, 이는 에너지 안보 분야 전문 분석가들에 의하면, 지나친 수력발전 의존도는 종종 가뭄이 발생했을 때 이 지역의 전력공급에 많은 문제점들을 낳는 원인이 되었다(Wu 1995).

1990년대 초반과는 달리 21세기 초반 이 지역의 에너지 안보 시나리오는 과거와는 다소 차이가 있다. 지역 내에서 소비는 더욱 증가해 2006년 통계로 360만 kbep(thousands of barrels of oil equivalent)으로 증가해 있다. 멕시코를 제외하고 총체적으로 280만 kbep를 소비했는데 브라질이 전체 소비의 48%에 달했다. 안데스 국가들은 23%, 브라질을 제외한 기타 남미 국가들에서 20%, 그리고 이보다는 덜한 규모로 중미지역과 카리브 지역에서는 9%에 달했다(OLADE 2007). 이 지역에서 원유생산은 모든 국가의 총평균에서 소비로 약 50%를 사용한 것으로 보인다. 하지만 개별 국가들의 에너지 수급을 좀 더 깊이 있게 관찰해 보면 다양한 차

이를 보이고 있다. 40% 정도의 에너지를 땔감에서 수급하는 파라과이가 있는가 하면, 베네수엘라는 실질적으로 천연가스를 쓰고 있지 않지만 아르헨티나의 경우는 50% 이상을 에너지원으로 사용하고 있다. 석탄자원은 이 지역에서 상당할 정도로 부족한 형편이다. 바이오 에너지(에탄올)는 특히 브라질 같은 국가에서는 아주 중요한 에너지원이 되고 있다. 2006년 통계로 브라질의 에탄올 생산은 세계 생산량의 46%에 달하며, 2006년 가솔린/에탄올 겸용 자동차는 브라질 자동차 제조업 시장에서 65%에 달할 정도로 발전하고 있다. 라틴아메리카 원유 매장량은 1990년대 초반과 비교해 세계적 기준으로 2009년에 들어 약 11% 정도 감소한 것으로 보고되고 있다(US Energy Information Administration 2009).

베네수엘라는 여전히 이 지역에서 가장 큰 매장량을 보유하고 있고 가장 많은 양의 원유를 생산한다. 뒤를 이어 멕시코가 두 번째이다. 아르헨티나와 볼리비아는 이 지역 천연가스 수출국으로 수위에 있다. 이 지역은 오늘날에도 여전히 순 에너지 잉여지역이고 순 수출국들이기도 하다. 대부분의 수출은 여전히 원유와 원유관련 제품들로 베네수엘라와 아르헨티나가 세계 순위에서 각각 6번째와 10번째에 해당한다. 최근 브라질 해안에서의 새로운 유정의 발견은 가까운 시일 내에 이러한 순위를 바꾸게 될 것이다. 미국은 여전히 이러한 수출의 혜택을 누리고 있는 가장 중요한 에너지 소비국이다. 하지만 소비에 있어 최근 인도와 중국의 부상도 만만치 않다. 2006년 베네수엘라에서 생산된 석유의 60%는 미국으로 수출되고 있다(Caspary 2007). 마지막으로 전력생산도 여전히 수력에 의존하고 있다. 다음 표는 현재 라틴아메리카 국가들 중에 가장 에너지 안보 자립국(특히 브라질과 베네수엘라)으로 등장해 있는 국가들의 이러한 경향에 대한 에너지 수급에 관한 사항이다(각각 1992년과 2006년).

〈표 1〉 라틴아메리카 주요 에너지 자립국들의 에너지 관련 지표들 : 베네수엘라와 브라질

중요 에너지 자립국	베네수엘라		브라질	
관련사항/연도	1992	2006	1992	2006
에너지 순수입(에너지 사용의 %)	−226.4	−214.3	27.6	7.8
에너지 생산(kt of OE)	165,780	195,547	104,280	206,717
에너지 사용(kg of OE/capital)	2458.5	2301.9	993.0	1183.8
화석연료 에너지소비(총/%)	90.9	88.2	88.2	88.4
전력소비(kWh/capital)	2676.1	3173.7	1492.4	2059.7
전력생산(billions kWh)	67.4	110.4	241.7	419.3
수력 → 전력(총/%)	70.1	72.0	92.4	83.2
원유 → 전력(총/%)	6.8	14.6	2.6	3.0
천연가스 → 전력(총/%)	23.1	13.4	4.4	2.1
석탄 → 전력(총/%)	0.0	0.0	2.1	2.4
원자력 → 전력(총/%)*	0.0	0.0	0.7	3.3

출처 : 세계은행 2009.
*원자력 발전을 통한 전력공급의 경우 아르헨티나는 1992년 12.7%에서 2006년 6.7%로 하락, 멕시코의 경우는 1992년 3.0%에서 4.4%로 상승했다.

〈표 2〉 라틴아메리카 주요 에너지 자립국가 에너지 매장량 : 베네수엘라와 브라질(2010)

국가/에너지	원유	천연가스
브라질 원유(V/billions bbl)/ 지역 내 % 천연가스(V TCF)/ 지역 내 %	12.8/9.5	12.9/2.2
베네수엘라 원유(V/billions bbl)/ 지역 내 % 천연가스(V TCF)/ 지역 내 %	99.4/73.7	176.0/30.0

출처 : 세계은행 2009 ; 에너지경제연구원 2010.

위의 <표 1 >과 <표 2>에서 보듯이 오늘날 남미 국가들(특히 베네수엘라와 브라질)은 잠재적으로 아직 발견되지 않은 화석연료(대개 원유 및 천연가스) 자원의 보고이다. 하지만 이러한 잠재성에도 불구하고 이의 생

산을 위한 투자는 부족한 상태이다. 많은 에너지 전문가들은 2030년까지 이 지역 에너지 부문에 글로벌 수준의 프로젝트 형태로 약 7%의 투자가 예상된다고 보고하고 있다. 이 투자 가운데 브라질에 약 3분의 1 정도가 투자될 것으로 전망되고 있기도 하다. 또한 미주개발은행(IDB)의 투자 연구에 의하면, 2030년까지 라틴아메리카 전력 부문에 1조 3,800억 달러 가량의 투자가 요구된다는 전망치를 내놓고 있다. 하지만 이 지역은 지난 20년 동안 이 부문에 대한 해외투자가 오직 20%밖에 못 미치는 결과를 낳았다. 이러한 이유로 에너지의 공급, 분배 그리고 서비스는 만족한 수준이 아니었다. 이러한 부족의 원인으로 많은 에너지 분석가들은 남미 국가들의 에너지 부문 규제 시스템과 상황에 비판을 하고 있다. 근래에 들어와서도 특히 1990년대 이래 라틴아메리카 국가들의 에너지 부문 규제 강화와 자원민족주의의 등장을 심각한 투자 위축의 원인으로 분석하고 있다.

에너지 환경 안보 차원에서 개발 중인 신재생 에너지 분야에 대한 투자도 상당히 부족한 상황이지만 라틴아메리카 각국들의 많은 노력들로 인해 이 부문에 대한 투자는 조금씩 늘고 있다. 하지만 여전히 한계는 많다. 라틴아메리카 21개의 국가들이 2003년 신재생 에너지에 대한 '브라질리아 플랫폼'(Brazilia Platform)에 사인을 했다. 브라질리아 회의를 통해서 이들 국가들은 향후 10%의 에너지는 재생 에너지에서 공급해야한다는 목표를 세우고 약속을 했지만, 협정문에서 보듯이 이러한 목표는 국가들의 '자발적인 참여'와 국가들마다 '서로 다른 다양한 상황을 고려' 해야 한다는 규정을 두고 있어 의무적으로 10% 룰을 지켜야 하는 사항은 아닌 형태로 진행되고 있다. 국가들마다 이 분야에 대한 사적 투자가 적은 것도 큰 장애요소이다. 지방 정부들의 에너지 보조금 정책 실패와 이 분야에 대한 투자 활성화에서 금융권으로부터의 대출 부족뿐만 아니라 규모와 새로운 기술 부족의 문제들도 중요한 장애요인들이다. 하지만 다국적 기구들이나 국가적 차원의 개발은행들을 통한 투자의 활성화는 어느 정도 이러한 장애요소들을 극복할 수 있다. 예를 들어 미주개발은행(IDB)은 향후 5년 동안 라틴아메리카 지역의 신재생 에너지 분야에 3,000억 달러 상당의 신규 투자계획을 가지고 있기도 하다(IDB 2010). 지속 가능한 바이오 연료 산업, 에너지 효율성 산업, 태양 및 풍력 에너지 산업, 소수력발전 산업, 폐기물을 통한 에너지 산업 등에 다양한 투자를 계획하고 있다. 브라질의 경우도 브라질국가개발은행(BNDES)의 경우 이 분야 투자에 대해 선두적인 입장을 보이고 있다. 특히 지방정부들의 투자와 상업은행들의 투자에 대한 다양한 경제적 어려움을 해결해 주고 있다.

에너지 부문의 안보협력과 에너지 통합은 남미지역에서 지난 몇십 년 동안 국제적인 이슈들 중에 하나였다. 예를 들어 지역 내 에너지 통합을 위한 다양한 지역기구들이 설립되었다. 1960－1970년대 라틴아메리카와 카리브 지역의 석유 및 천연가스기업협회(APRPEL)를 시작으로 지역전력통합위원회(CIER), 라틴아메리카에너지기구(OLADE) 등이 등장했다. 이들 모든 기구들의 가장 중요한 목적은 에너지 국제협력을 통한 지역통합이었다. 에너지 협력과 통합 문제는 다양한 국제금융기구들(IDB, World Bank)의 선호이기도 했다. 이러한 흐름을 이어서 최근에는 미주대륙 차원의 '에너지 이니셔티브'(HEI : Hemispheric Energy Initiative)가 미주기구(OAS)에 의해 주도되고 있다. 마지막으로 2007년 남미지역 정치적 대표들의 에너지 정상회의를 통해 이 지역 공동의 에너지 전략을 논하기도 했으며, 회의를 정례화해 에너지 통합 문제를 논의하기 시작했다. 개별 에너지 강대국들의 움직임도 이러한 흐름을 적극적으로 반영하기 시작했다. 다음 절에서는 이 지역에서 일어나고 있는 에너지 안보 국제협력과 갈등 및 통합에 대해 그 흐름을 보다 면밀하게 고찰해 본다. 특히 거대 에너지 강대국들인 미국, 브라질, 베네수엘라의 에너지 정책을 통한 지역통합의 다양한 시도들을 검토해 보겠다. 2007년 베네수엘라가 주창하는 'ALBA 에너지위원회'는 물론 이러한 흐름을 적극적으로 반영한 사례이다.

Ⅳ. 미주대륙 에너지 안보 국제협력 패턴의 세 가지 유형과 지역주의

1. 미국 주도의 NAFTA 플러스 에너지 안보 국제협력 유형 : 시장 강화

NAFTA 플러스 유형의 지역주의 구상은 사실 미국의 무역정책 팽창과정에서 생겨났으며, 이는 1994년 미국, 캐나다, 멕시코 사이에 맺어진 '북미자유무역협정'의 미주대륙 내로의 지역적 팽창을 모색하는 과정에서 명명되기 시작했다. 미주대륙 전체적으로 무역과 투자의 팽창을 주도하는 이 지역통합 유형은 근본적으로 미주대륙으로의 자유무역(FTAA 혹은 ALCA)을 확대해 간다는 취지 하에 1992년 미국의 부시 정권 당시 마이애미 미주 정상회의에서부터 나오기 시작했다. 2005년부터 FTAA를 시작한다는 당시 목표와는 달리 오늘날 미국은 라틴아메리카 국가들과 쌍무적 관계에서 무역이나 투자의 자유화를 추진해 오고 있다.

미국이 주도하는 이런 지역주의 접근은 상당히 그 범위가 넓고 역사적으로도 오랜 시기를 걸쳐 구상되어 오고 있다. 미국의 지역주의자들은 쌍무적 혹은 다자적 관계 속에서 자유무역협정을 협상해 오고 있으며, 현재의 NATFA 범위를 카리브, 중미 그리고 종국에는 남미지역으로까지 팽창해 가려는 전략을 가지고 있다. NAFTA 플러스 지역통합 유형은 다국적기업들의 이익에 충실한 협정으로, 국제적 무역분쟁이 발생했을 때는 일국의 사법영역에서의 분쟁 해결 방식보다는 국제분쟁 기구들을 통해 해결하는 방식을 취하는 데에서 알 수 있다. 동시에 이 통합체는 해외직접투자, 지적재산권 그리고 정부조달 룰의 조화를 강조한다. 미국 전략은 특히 '경쟁적인 자유화'를 통해 국내 규제체제보다는 대부분의 해외자본 유치에 있어서 경쟁관계를 선호한다.

미주대륙에서 에너지 안보 정책에 대한 미국의 접근은 현재 세계에서 가장 큰 에너지(원유) 소비국으로서의 입장을 대변한다. 2006년 통계로 미국은 하루에 약 2,070만 배럴(mbd)의 원유를 소비하고 있다. 순 원유 수입은 하루에 1,230만 배럴(mbd)에 달한다. 총 60%를 수입에 의존하고 있다. 2007년 통계로 라틴아메리카는 미국 수입의 42%를 공급해 주었다. 베네수엘라가 11.5%, 멕시코가 14.1%를 분담했다. 남미지역은 무려 17%를 공급했다. 미국의 에너지 수요는 이렇듯 막대하지만 대부분 해외 원유에 의존하고 있는 관계로 미국의 대외 에너지 안보 정책은 아주 중요하다. 남미지역은 이러한 미국의 에너지 안보에 중요한 관계를 가질 수밖에 없다. 현재 미국의 오바마(Obama) 정부에게도 에너지 안보는 아주 중요한 대외정책의 하나이다. 특히 국제정치적 갈등이 심한 중동과 같은 국가로부터 해외 원유 의존도를 줄이는 일은 현안이기도 하다. 이에 더하여 미국 국내 정책결정자들 사이에는 이러한 에너지 안보를 둘러싸고 불협화음이 존재한다. 그럼에도 불구하고 대부분 동의하는 바는 지정학적으로, 그리고 물류비용과 수송의 안정성을 고려해 가까운 이웃 국가인 라틴아메리카 지역에서 에너지를 확보하는 방식이나 이 지역에서 새로운 재생 에너지를 개발하는 전략에는 전적으로 동의한다.

미국은 그들의 에너지 안보를 해결하는 방식으로 에너지 개발을 미주 대륙 전체적으로 그리고 시장 중심에 사적 부문이 주도하는 방식에 선호도를 가지고 있다. 현 오바마 정부는 또한 세계적 환경의제인 기후변화에 적극적으로 대처한다는 입장을 보이고 있다. 이를 위해서는 화석연료에 대한 의존도를 줄이고 다른 국가들과의 국제공조를 통해 온실가스 배출을 줄여가야 한다. 따라서 라틴아메리카 국가들과의 신재생 에너지 분야에서의 협력은 필수적이고, 재생 에너지 개발을 위한 기술투자는 물론 에너지원의 다변화와 독립을 위해 많은 기술적 · 외교적 협력을 하고 있다. 이를 위해서는 현재 라틴아메리카 국가들 중에서 중요한 에너지 생산 및 수출국들인 베네수엘라와 볼리비아 같은 국가들의 자원민족주의의 도전을 극복해야 한다. 남미 국가에서 불고 있는 자원민족주의에 대한 오바마 행정부의 입장은 미국의 에너지 정책과 관련해 미주 지역통합의 방향을 잘 보여주고 있다.

> 에너지 개발을 위해 요구되는 모든 투자는 반드시 사적 부문에서 나와야 한다. 이런 투자를 유인하기 위해서는 모든 국가의 에너지 부문에서 주요 정책과 규제 부문의 개혁이 반드시 요구된다. 만일 에너지 관련 규제정책이나 체제가 투자자들의 직 · 간접적인 투자 및 그들의 운용비용에 대한 이익을 보장하지 않는다면 공공사업을 통한 투자이

든 혹은 사적 부문의 자본 투자이든 미래에 청정의, 그리고 지속 가능한 에너지의 공급은 절대 보장받을 수 없다(Snow 2009 재인용).

특히 라틴아메리카 국가들의 에너지 부문에 대한 개혁을 주장하면서 만일 개혁이 진행된다면 미국은 다음과 같은 두 가지 차원의 정책적 고려를 하겠다고 밝히고 있다. 첫째, 새로운 공공 그리고 사적 투자를 유인할 수 있는 종합적인 규제 및 정책환경을 확립하는 데 있어서 기술적인 지원을 한다는 것과 둘째, 프로젝트 방식의 금융적 지원을 통해서 에너지 부문에 대한 사적 부문의 투자 흐름과 엄청난 투자량에 대한 위험요소를 줄이는 데 도움을 주겠다고 선언했다. 미국은 이러한 취지를 미주대륙 에너지 정상회의를 통해, 그리고 '서반구 에너지 이니셔티브'를 통해 목적을 달성한다고 했지만 이러한 초기 목적은 오늘날 많은 난관에 부딪혀 있다.

라틴아메리카 지역, 특히 베네수엘라, 볼리비아, 에콰도르의 자원민족주의는 미국의 이러한 미주대륙에서 미래 에너지 안보 비전에 대해 보다 완강한 태도로 반대 입장을 고수하고 있다. 특히 베네수엘라의 차베스는 1999년 이후 국영 석유회사인 PDVSA를 통해 이러한 자원민족주의를 강화해 수입을 직접 관리하고 외국인 투자에 대한 통제를 강화해 오고 있다. 2006년 초반에는 외국인 회사들과의 계약을 바꾸어 합작투자 방식을 제안해 베네수엘라 국가가 석유산업을 주도하는 방식으로 나아가고 있다. 이러한 합작투자 방식을 통해 기업의 소득세는 34%에서 50%로 상향조정되었다. 물론 이에 반발하는 외국기업은 국가 몰수라는 방법을 통해서 대응했다.[3] 볼리비아의 에보 모랄레스(Evo Morales)는 천연가스 부문을 국유화했다. 물론 이전부터 볼리비아 천연가스 자원에 대한 미국 회사들의 개입과 투자는 막대했다. 에콰도르 석유자원의 경우도 외국 석유회사들과 마찰을 빚었고, 특히 '옥시덴탈 정유사' (Occidental Petroleum) 와는 계약이 파기되기도 했다.

결과적으로 미국의 에너지 회사들은 다른 투자처를 물색해야 했으며, 이러한 흐름과 경향은 또한 남미지역에서 불고 있는 자원민족주의에 대처하기 위해 에너지 안보 전략을 바꾸는 계기가 되었다. 미국의 2007년도 '에너지 외교와 안보 법안' 은 미주대륙에서의 에너지 위기에 대한 다양한 대응방안을 담고 있다. 특히 장관급 수준에서 '미주대륙에너지협력포럼' 이 구상되었고, 제일 먼저 미국은 브라질과 에너지 협력 협정을 2007년 체결함으로써 위기를 극복한다는 전략을 구사했다. 이 법안은 또한 화석연료를 대체해 에너지 위기를 극복한다는 취지로 바이오 에너지 생산량을 늘리기 위한 연구개발과 인프라를 구축하기 위한 상세한 전략을 담고 있다. 물론 미주대륙 차원의 발전과 성장을 위한 엔진으로서 에너지 협력은 반드시 필요하다는 다양한 언론매체의 보도와 리포트 등이 나오기 시작했으며, 이를 군사안보 차원에서 지지할 수 있는 미4함대(US Southern Command) 활동이 대서양에서 에너지 안보 축을 형성하며 시작되었다(하상섭 2010).

오늘날 미국의 NAFTA 플러스 전략에서 특히 에너지 통합 비전은 라틴아메리카 에너지 생산국과의 장기간의 계약과 해외직접투자 방식이 결합된 쌍무적인 협정을 통해 미국 에너지 시장에 부합하는 방식으로 진행되고 있다. 이러한 목적 달성을 위해 에너지 관리 부문에서 국가는 최소한의 역할을 하고 있다. 에너지의 투자, 탐사, 채굴 그리고 분배는 여전히 사적 부문에 남겨져 있다.

2. 베네수엘라의 ALBA의 에너지 협력 유형 : 사회적 통합

미주대륙에서 지역통합에 대한 두 번째 유형은 오늘날 현저하게 등장한 '미주대륙을 위한 볼리바르 동맹' (ALBA)이다. 베네수엘라의 차베스 정부는 2001년 처음으로 ALBA형 지역통합을 위해 카리브 지역과 연대를 모색해 2004년 공식적으로 쿠바를 회원국으로 하는 지역동맹체를 구성했다. 2006년 볼리비아의 모랄레스 정부가 공식적으로 가입했다. 2007년에는 니카라과가 가입하면서 2007년 공식적으로 4개국 회의가 개최되고 이후 아이티, 에콰도르, 우루과이, 도미니카공화국 등이 공식 회원국이 되었다.

ALBA는 미국의 NAFTA 플러스형 지역통합에 대한 대안적 관점에서 그 출발배경을 확인할 수 있다. ALBA가 미국이 주도하는 미주대륙 자유무역지대의 확대에 대한 대안이라는 배경은 ALBA를 통해 회원국들 간에 무역관계를 증진시키고 특정 상품에 대한 관세 제거라는 목적을 보면 이는 일종의 경제적 관점의 지역통합이다. 하지만 ALBA의 방향은 사뭇 다르다. 베네수엘라가 주도하는 이 에너지 협력 유형의 정확한 목적은 발전의 '사회적' 측면의 고려가 우선에 있다는 것이다. 빈곤의 제거와 사회 소외 일소 등이 ALBA 유형의 지역통합의 핵심이다. 특히 이를 강하게 추동하는 메커니즘이 베네수엘라의 에너지 정책과 연결되어 있다. 이웃 회원국들에게 제공하는 에너지 이익(선물주기 거래 방식)은 동맹과 연대를 강화하는 강한 고리로 작용하고 있다. ALBA의 지역통합의 방향과 목표를 보면 '회원국들 간의 협력을 통해 무역과 투자를 증진시키고, 이를 통해 이익을 추구하기보다는 국민들의 삶의 개선'이라는 점을 강조하면서 이의 구체적인 목표를 보면 '보편적인 무상의료 및 무상교육의 실현', '국민들의 필요에 부합하는 에너지 정책', 지역의 신자유주의 대중매체로 반하는 '대안적인 언론정책', 라틴아메리카 '원주민 정체성의 증진', '토지분배와 식량주권의 확립', '국가 소유 기업의 설립', '기초적인 산업발전' 등을 통해서 라틴아메리카가 경제적으로 독립해야 하며, 이를 위해서는 노동운동과 학생운동 그리고 사회운동을 적극적으로 지원하며 '환경적으로도 지속 가능한 발전'을 이루어야 한다고 선언하고 있다(Hattingh 2008).

에너지 정책을 통한 지역통합을 주도하고 있는 베네수엘라의 ALBA 유형은 정확히 말하자면 정치적 이데올로기이면서 사회적인 고려가 근본이 되는 에너지 협력 유형이다. 물론 에너지 정책은 발전을 위한 도구이자 미국 주도의 경제적 제국주의 혹은 사회적 불평등에 저항하고자 하는 강력한 수단이 되고 있다. 앞의 <표 1>과 <표 2>에서 살펴보았듯이 베네수엘라의 석유자원은 상당하다. 2010년 1월 기준으로 총 994억 배럴의 매장량이 추정되고 있다(<그림 1> 참조).

〈그림 1〉 베네수엘라 오리노코 지역의 석유 매장량

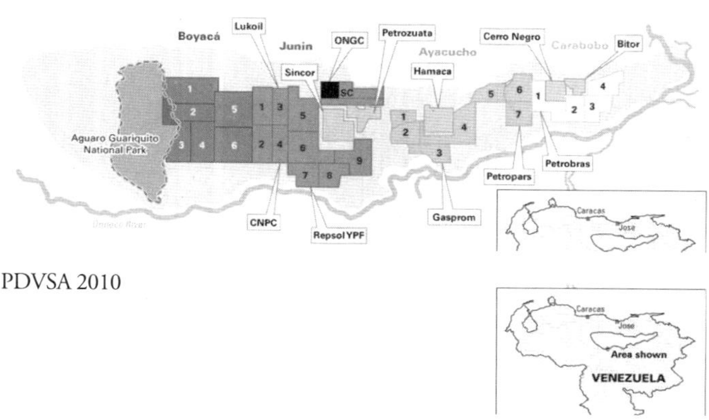

출처 : PDVSA 2010

베네수엘라의 원유는 이 지역 거의 모든 국가들에 수출되고 있고, 에콰도르와 함께 OPEC(석유수출국 기구)의 회원이다. 이 자원을 무기로 미국 주도의 지역통합 에너지 정책에 강력히 반발하고 있다. 예를 들어 차베스 정부는 석유자원의 국유화 정책을 이행해 갈 국영 석유회사(PDVESA)를 그의 국가 및 사회발전정책 추진계획에 포함시켰다. 2005년 '뻬뜨로카리브'(PetroCaribe) 에너지 연대를 시작으로 이웃 에너지 빈곤국가들에게 특혜적인 조건으로 베네수엘라 원유를 공급하고 있다. 페트로카리브는 에너지 자원의 '지역 공급, 정제, 그리고 수송과 저장 네트워크'를 구축한다는 취지 하에 계획되었다. 여기에는 원활한 네트워크 구축을 위한 참여국가들의 발전기금 계획도 포함되었다.

오늘날 거의 대부분의 카리브 국가들이 회원국으로 참여해 있고, 여기에 니카라과와 온두라스가 적극적으로 가입해 있다. 베네수엘라는 또한 볼리비아와 '뻬뜨로안디나'(PetroAndina) 연대와 공동합작투자를 통해 8,300bpd의 원유를 제공하고 있다. 가장 중요하게 고려해야 하는 방향은 이러한 연대를 가까운 미래에 보다 확대해 미주지역 전체로 에너지 통합 차원의 '뻬트로아메리카 이니셔티브'(PetroAmerica Initiative)로 나아간다는 구상을 하고 있다는 것이다. 베네수엘라는 또한 이런 에너지 협력 움직임을 좀 더 가시화하기 위해 이웃 국가들의 에너지 부문에 많은 투자도 진행하고 있다. 볼리비아의 천연가스 부문에 15억 달러를 투자하고 있고, 에콰도르와 원유 및 가스의 정제 프로젝트에 공동합작투자를 하고 있으며, 2007년 건설이 시작된 브라질의 북동부지역 정제산업에도 투자가 진행되고 있다. 2006년 이후 베네수엘라와 콜롬비아 사이에 천연가스 파이프라인 프로젝트 협력을 하고 있고, 아르헨티나와는 탄화수소 탐사 프로젝트를, 그리고 쿠바와는 많은 에너지 협력 프로젝트를 진행 중에 있다.

지역통합과 에너지 안보에 대한 지배권을 강화하기 위한 베네수엘라의 에너지 협력 전략은 이웃 국가들과 여타 역외 지역 국가들과의 파트너십을 강화해 미국과의 라이벌 구조를 형성해 가는 것이다. 예를 들어 또 다른 에너지 강대국인 러시아와의 유대관계를 강화해 무기거래를 통한 '전략적 파트너십'을 형성해 가고 있다. 이란과의 관계 재설정도 반미 이데올로기를 만들어 가는 과정에서 중요한 전략이 되고 있다. 물론 베네수엘라 차베스 정부의 이러한 전략은 국내외적 문제로 쉽게 좌초될 수도 있다. 예를 들어 국제시장에서 유가의 하락은 베네수엘라 국내 에너지 정책은 물론 대외적인 에너지 네트워크 구축을 위한 베네수엘라의 해외투자에 많은 제약을 가할 수 있다. 그리고 이러한 이웃 국가들의 에너지 대외정책은 베네수엘라만이 아니라, 최근 커다란 매장량이 확인된 브라질과의 새로운 에너지 연대로 방향을 바꿀 수도 있다.

국내적으로도 높은 인플레이션 조짐, 노동조합들과의 긴장, 느린 경제성장률 등이 내부의 발목을 잡을 수 있는 요인들이다. 더욱이 지속적인 석유생산을 위해 투자와 기술협력은 요원한 상태이다. 이러한 모든 요인들이 베네수엘라 ALBA 유형의 에너지 협력을 통한 지역통합의 의지를 방해하는 원인들이다. 그럼에도 불구하고 베네수엘라는 여전히 이러한 방식의 지역통합에 상당한 영향력을 행사하고 있고, 대외적으로도 러시아와 중국을 새로운 에너지 개발 파트너로 받아들이면서 베네수엘라 비전의 지속성을 보장받고 있다. 많은 중미지역 국가들과 카리브 지역 국가들은 여전히 베네수엘라의 에너지 원조와 특별한 조치에 의존하고 있다. 정치적 이데올로기 관점에서도 여전히 이 지역의 빈곤국가들에게 새로운 사회적 연대의 수사를 제공하고 있다.

ALBA 방식의 에너지 협력을 통한 지역통합 유형은 정확하게 '국가'가 주도하는 에너지 정책을 통해 사회복지를 증진시키고 사회적 불평등을 감소시키는 방향에서 오늘날 미국이 주도하는 '시장' 중심의 혹은 사적 부문 우선 중심의 방향과는 사뭇 다르다. 시장 우선 논리나 사적 부문의 이익 논리는 '사회적 선'(social good)의 논리보다 앞서 있지 않다. 사적 자본의 통제를 통해 국가가 에너지 부문만큼은 강력하게 통제해 나가겠다는, 그리고 에너지 협력을 지역통합의 지렛대로 삼겠다는 이러한 방식은 미주대륙에서 그동안 잃어버렸거나 고려되지 않고 있는 사회적 관점의 지역통합 유형으로서 충분한 가능성을 가지고 있다.

3. 브라질의 UNASUR 에너지 협력 및 지역통합 유형 : 절충주의

최근 남미지역에서 에너지 안보 국제협력을 통한 새로운 지역통합의 가능성을 보여주고 있는 것은 브라질이 주도하고 있는 '남미국가연합'(UNASUR)이다. 이러한 새로운 통합 구상은 기존의 '남미공동시장(MERCOSUR : 브라질, 아르헨티나, 파라과이, 우루과이를 회원국으로 한 관세동맹으로 볼리비아, 칠레 그리고 베네수엘라는 준회원국 자격)의 지역적 확대를 꾀해 안데스공동체(CAN)를 포괄하는 방대한 규모의 지역통합 유형이다.[4] 공식적으로 남미 국가들이 참여하는 정부 간 조직으로 이 아이디어는 2004년에 처음으로 이 지역에서 등장했고, 2008년 국제조약 형식으로 남미 모든 국가들이 공동체의 회원국들이 되었다.[5] UNASUR의 목표는 처음부터 다소 야심차게 시작되었다. 이는 경제협력을 통한 지역통합의 개념보다 다른 차원에서 시작되었다. 국제조약의 서문에는 UNASUR의 회원국들 사이에서 "경제사회적 불평등을 없애고 사회적 권리를 성취하며 시민사회의 적극적인 참여를 통해 민주주의를 강화하고 지역적 불균형을 해소해 간다"고 명시하고 있다. 이는 또한 상세한 협정문에 에너지 통합 부문을 담고 있기도 하다. UNASUR를 구성하는 기구들로서는 국가 및 정부수반위원회, 외교부장관위원회, 대표자위원회, 일반사무국으로 이루어져 있으며, 일반사무국은 키토(Quito)에 있다. 구체적인 협정안들을 보면 다음과 같다(Box 1 참조).

〈Box 1〉 UNASUR의 주요 협정 이슈

- 2014년까지 관세장벽 철폐를 통한 단일시장 구축
- 역내 경제발전을 위한 남미은행 창설
- 남미국가공동체 안보정책 : 남미국방위원회(CDS) 창설을 통한 지역 안보 확립 및 회원국들 간의 다차원적 노력[6)]
- 남미지역 인프라 통합 정책 : 남미지역 에너지 통합 가속화
- 이주의 자유 : 회원국들 사이 90일 무비자 합의
- 이민의 자유 : 회원국 시민들 브라질 주거 2년 이후 영속적 주거 및 노동 보장

2005−2009년 사이 3,000명의 아르헨티나인, 1,300명의 베네수엘라인, 1,100명의 칠레인, 470명의 볼리비안인, 310명의 우루과이인, 160명의 파라과이인들이 일자리를 찾아 브라질로 이민을 시도했다(브라질 노동부 통계 2010).

UNASUR 형성에 가장 큰 영향력을 행사한 국가는 1991년 MERCOSUR 형성과정에서와 마찬가지로 브라질이다. 남미지역 모든 국가들의 경

제 · 사회 발전을 위해 구성된 UNASUR는 따라서 브라질이 리드하는 새로운 지역통합 유형이다. 설립은 남미지역 발전과 경제발전을 위한 남미지역 개별 국가들의 연대를 통해 이루어졌다. UNASUR의 발전 목표에서 가장 중요한 행위자는 국가이다. 국가를 발전의 전면에, 그리고 중심에 두고 이를 통한 '정치적 이익'을 표방하고 있다. 이에 더하여 기존의 MERCOSUR(비록 1990년대 초반 남미지역에서 새로운 지역주의 경제통합체로 등장했지만)와는 달리, 예를 들어 이미 상향식, 시장, 시민사회가 참여하는 새로운 지역주의 모델로 기존의 '구지역주의' 모델과는 많은 차이가 있는, 다시 말해서 보다 심화된 형태의 지역통합 모델로 부각하고 있다(Gomez Mera 2008). 회원 국가들의 지도자들의 정치적 동맹 수준에서 명맥을 이어가면서 약한 제도화, 경제 이익단체들의 낮은 참여 등을 고려하면 MERCOSUR는 이미 낡은 형태의 지역주의로 여겨질 수 밖에 없다. MERCOSUR의 단순한 무역 자유화 비전과는 달리, 오늘날 브라질이 새롭게 추구하는 UNASUR의 경우에 있어서 미래 비전은 경제 · 사회 발전에 있어 국가의 리더십이 중요한 역할을 담당한다. 이에 더하여 남미지역의 전통적인 구조주의적 접근을 통한 시장의 통합방식이 주류이다(Prebish 1963). 이러한 특징들은 특히 브라질이 오늘날 이 지역 에너지 협력을 통한 통합을 추구하는 지역통합의 미래 방향과 과정 및 내용을 보면 더욱 분명하다.

사실 브라질의 에너지 안보 협력을 통한 지역주의 방향은 미국과 베네수엘라의 중간 정도 위치에 있다. 브라질은 남미의 대국답게 지역뿐만 아니라 글로벌 차원의 국가 리더십에 대한 열망을 지녀왔다(Lima 2007). 하지만 이러한 접근은 다분히 실용적이다. 특히 에너지 협력 리더십에 대한 브라질의 미국에 대한 입장은 타협적이지만 엄격하고 단호하다.

미국과의 관계는 베네수엘라와는 달리 우호적이기는 하지만 그리 의존적이지 않은 자세를 취하고 있다. 에너지 안보 협력 부문의 투자와 통제에 대한 부분에서도 베네수엘라와 미국의 전략적 접근과는 다른 중도적 혹은 실용적 입장을 나타내고 있다. 국가 주도든 사적부문 주도이든 둘 다 필요하다는 입장이다. 브라질의 거대 국영 석유회사의 운영은 이러한 입장을 확실히 뒷받침해 주고 있는 중요 사례이다.

에너지 전략은 국가가 주도하지만 상당할 정도로 사적 부문에 개방되어 있는 구도를 볼 수 있다. 브라질은 에너지 정책을 통해 국내의 사회적 복지 해결뿐만 아니라, 남미지역에서 특권적 지위를 확대해 미주대륙으로 지역통합 헤게모니를 넓혀간다는 전략을 보이고 있다. 사회적 차원(빈곤 및 교육문제 해결)을 고려한 에너지 정책이라는 측면에서 보면 미국 및 베네수엘라의 에너지 안보 정책들보다 차이를 나타내고 있다. 특히 베네수엘라의 급진적 혹은 포퓰리즘적 정책방향과는 많은 차이를 보인다. 유럽연합 차원의 사회정책을 지역통합 차원에서 적용시키고 있는 것이다. 유럽연합 차원의 사회정책은 주로 고용문제와 관련된 정책의 발전으로 지역통합을 강화해 왔다. 공동체 내에서 노동자들의 근로환경 개선과 생활수준 향상을 목적으로 하고 지리적 · 직업적 이동을 쉽게 해주는 일련의 조치로서 사회정책을 포함해 왔기 때문이다. 역내 공동체의 노동이민의 포용정책을 사회정책으로 표방하고 있는 UNASUR의 에너지 협력과 지역통합 방식은 유럽식 정책방향을 보이고 있다(Box 1 참조).[7)]

브라질은 남미에서 에너지 대국이다. 2010년 현재 128억 배럴(미주대륙 4위 라틴아메리카 2위)의 석유 매장량과 12.9조 입방피트(미주대륙 7위, <표 1, 2> 참조)의 천연가스가 매장되어 있다. 2007년 기준으로 브라질의

〈그림 2〉 브라질의 산토스(Santos) 분지 석유 매장량

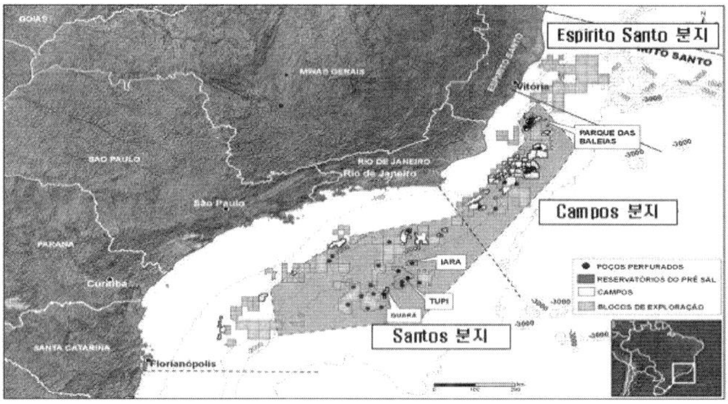

출처 : PETROBRAS 2010 재인용

세계 수준의 석유 매장은 1%에 불과했다. 하지만 <그림 2>가 보여주듯이 브라질 남부 연안 산토스 분지에서 발견된 추정 매장량은 석유 매장량 순위에서 브라질을 세계 3번째로 올려놓을 수 있는 양이다(IEA 2009). 2008년 브라질 에너지관리국(ANP)은 리우 데 자네이루 주(州)에 속한 산토스 만 해저에서 최대 330억 배럴의 원유 및 천연가스 매장량을 가진 것으로 보이는 유전을 발견했다고 보고했다. 카리오카(Carioca) 유전으로 불리는 이 유전은 2007년 역시 산토스 만에서 발견된 투피(Tupi) 유전과 가까운 곳에 위치해 있으며, 추정 매장량은 최근 30년 사이 전 세계에서 발견된 유전 가운데 세 번째로 많은 것으로 평가되고 있다(<그림 2> 참조). 투피 유전의 매장량 50-80억 배럴보다 5배에 가까이 많은 규모다.

브라질은 또한 원유의 생산과 소비에서도 높은 순위를 차지하고 있다. 2006년 기준으로 라틴아메리카 지역에서 베네수엘라, 멕시코에 이어 3위의 생산 국가에 올라 있고 천연가스에서도 멕시코, 아르헨티나, 베네수엘라 그리고 트리니닷토바고에 이어 5위를 차지하고 있다. 하지만 이

러한 순위도 2008년 산토스 만 유전 및 천연가스 발견으로 대폭 바뀌고 있다. 이러한 생산은 전력생산으로 연결되어 라틴아메리카 지역 총전력 생산의 36%를 차지하고 있고, 라틴아메리카 총전력 소비의 3분의 1을 브라질이 기록하고 있다(OLADE 2009). 2009년 IEA의 보고에 의하면 브라질은 세계 전력 소비국가들 중 상위 10위 안에 들어간 국가이기도 하다.

브라질의 에너지 안보 협력 부문에서 산업 분야 리더십도 주목할 만하다. 브라질의 국영 석유회사인 뻬뜨로브라스(PETROBRAS)는 1953년 설립 이후 비약적으로 발전해 현재 라틴아메리카를 포함해 세계적으로 25개 국가에 투자와 에너지 관련 프로젝트를 운영하고 있다. 대부분의 남미 국가들이 이러한 프로젝트와 투자의 수혜국들이다. 이러한 프로젝트는 베네수엘라와 비슷하게 원유의 탐사, 생산, 정제, 마케팅, 운송 및 분배 등이며, 에너지 분야를 확대해 천연가스, 석유화학 분야, 바이오 연료 분야로 확대해 가고 있다. 2007년 150억 배럴(boe)의 원유 매장량이 탐사되었으며, 15개의 정제소가 건설되었고 수천 킬로미터의 파이프 운송관과 브라질 전역으로 6,000개가 넘는 주유소가 만들어졌다. 2007년 뻬뜨로브라스의 순 수입은 130억 달러로 이를 통해 기금투자로 210억 달러를 가능케 했다. 2009-2013년 사이 투자는 더욱 늘어나 1,744억 달러로 평균 투자에서 브라질 국내 투자 35억 달러, 해외에 32억 달러 투자에 다다를 전망이다. 현재 뻬뜨로브라스는 투자액을 증가시켜 가면서 해외 다른 회사들과의 협상력을 늘려가고 있는 중이다. 이와 동시에 브라질의 국가개발은행(BNDES) 또한 남미지역에서 에너지 부문에 대한 금융지원을 확대해 가고 있는 중이다. 미주개발은행(IDB)과 같은 다국적 금융기관들과의 협력을 통해 메가 프로젝트인 '남미지역인프라통합'(IIRSA)은 물론 남미지역 에너지 인프라 건설 프로젝트에도 참여하

고 있다(<그림 3>과 <그림 4> 참조).[8)]

IIRSA 프로젝트의 경우 남미 지역의 모든 개별 국가들을 연결해 일종의 에너지, 교통과 운송, 그리고 지역 커뮤니케이션의 통로 역할을 할 것으로 보이며, 브라질이 추구하고자 하는 UNASUR 지역통합 발전의 축으로 여겨지고 있다. <그림 4>에서 볼 수 있듯이 IIRSA의 중심은 물론 남미지역 에너지 협력과 통합이다. 이러한 남미지역 전체를 아우르는 대형 프로젝트들은 역내의 생산망을 강화해 전체적으로 남미 국가들이 세계 다른 국가들과의 경쟁에서 우위를 점할 수 있도록 돕는다는 취지 하에 시작되고 있다.

〈그림 3〉 남미지역 인프라 통합(IIRSA)

출처 : www.proteger.org.ar/doc547.html

〈그림 4〉 남미지역 에너지 인프라 통합

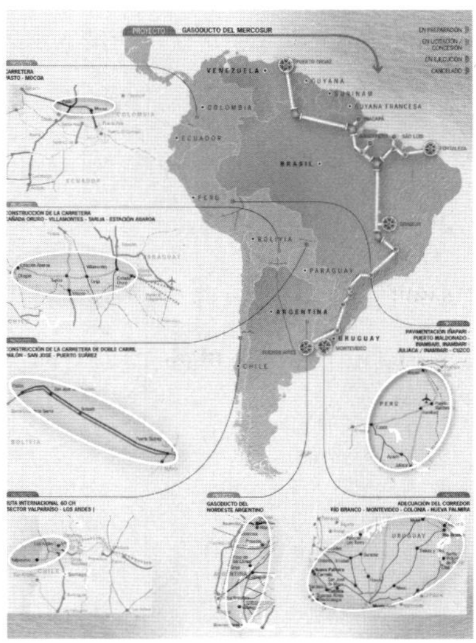

출처 : www.fp-es.org/las-rutas-latinoames

이러한 프로젝트에 가장 중심적인 역할을 맡고 있는 민간기업이자 브라질의 대표적 다국적 회사의 하나인 오데브레흐트(Odebrecht) 사는 라틴아메리카에서 가장 큰 건설회사로 부상했고, 2007년 이 한 회사의 수입은 170억 달러에 달할 정도였다.[9] 2005년까지 브라질의 해외직접투자는 710억 달러로 라틴아메리카 전체보다도 많은 규모로의 증가를 기록한 바 있다. 브라질의 이러한 성공 스토리는 인근 이웃 국가들과 불협화음을 내는 원인이 되기도 한다. 특히 에너지 정책이나 투자 부문을 둘러싸고 현재까지 많은 갈등을 만들어 오기도 했다.[10]

그럼에도 불구하고 오늘날 남미지역 차원의 에너지 협력 및 통합 프로젝트들과 국제협력은 브라질의 해외투자는 물론 경제성장률에서 강한 흐름을 이어가고 있다. 이에 더하여 오늘날 브라질의 에너지 정책에서 새로운 이슈로 등장한 바이오 연료 산업 및 신재생 에너지 분야에 대한 생산과 투자는 브라질의 에너지 정책을 통한 지역통합에 강한 자신감을 심어주고 있다. 이 새로운 에너지 분야에 대한 국제적인 수요의 증가와 더불어 브라질은 차세대 주력산업으로 사탕수수를 이용한 에탄올 바이오 연료 산업을 확대하고 있다. 일종의 사탕수수를 통한 에탄올의 수출을 기존의 농업 수출을 대체할 수 있는 분야로 팽창시키고 있는 것이다. 이와 더불어 바이오 연료의 국내 수요를 증진시키기 위해 브라질의 에너지 정책 담당자들은 경제적 · 환경적인 이유를 들어 기존의 가솔린을 대체하기 위한 입법과 이의 국내시장에서의 적극적인 수요창출을 위해 많은 제도적 노력들, 예를 들어 정부의 보조금 정책 등을 함께 시행하고 있다. 대외적으로도 에탄올 산업의 자원외교 관점에서 여타 다른 개발도상국들에 기술을 전수함은 물론 해외투자도 증가시키고 있다.[11]

V. 미주대륙의 새로운 지역주의 논쟁 : 에너지 통합

1. 남미의 지역주의 발전

기존의 이 지역의 지역통합 논리를 상세하게 살펴보면 많은 지역통합 이론가들은 다소 거시적 차원의 경제적 지역통합을 다음과 같이 분류하며 이 지역에서 통합과정을 구분해 왔다(Grugel 2006 ; Gómez Mera 2008).[12] 지역경제통합은 둘 또는 더 많은 국가들이 점진적으로 무역, 생산 그리고 금융 부문에서 상호관계를 발전시켜 나가는 과정이며, 공식적인 통합과정은 초기 단계에서 '자유무역지대' 로부터 '공동시장' 을 창출하는 것이고, 이러한 자유무역지대의 특징은 몇몇의 개별 국가들이 역내 그룹을 만들어 서로 간에 자유무역을 증진시키는 것이지만 역외의 국가들과는 다른 무역을 분리해서 이행하는 것이라고 주장한다. '관세동맹' 은 동맹국들 간에 자유무역을 증진하지만 역외 국가들에게는 공동의 대외 관세를 공유하는 제도라고 말한다. '공동시장' 의 존재는 관세동맹을 맺은 국가 그룹이 있을 때 존재하며, 게다가 이런 시장은 자본과 상품 그리고 노동의 자유로운 이동이 보장되는 특징을 갖고 있다. 이러한 특징을 갖고 있는 경제통합 개념의 지역통합의 라틴아메리카 역사는 다음 두 시기로 분류된다.

첫째 '구 지역주의' 시기로 제2차 세계대전 이후로 1980-1990년대까지 유지된 시기로 구분된다. 이러한 구 지역주의 개념은 그동안 유엔라틴아메리카 경제위원회(ECLA, 1948년 설립) 에 의해 주도되어 왔으며, 주로 국가 발전주의 이데올로기에 강한 기반을 두고 있다(Nye 1968). 벌머토마스에 의하면 이 시기는 '발전주의'(developmentalism) 개념에 기반을 둔 라틴아메리카 국가들이 가장 짧은 시기 동안 빠른 산업화와 경제성장을 이루어내려는 노력으로 국가에 의해 주도되었으며, 대외 무역에서도 자국 산업을 보호하기 위한 고관세 유지 등 보호무역을 유지해 온 시기였다(Bulmer-Tomas 1994). 좀 더 구조주의적 관점에 있었던 ECLA의 경제학자들은 이 시기 동안 지역통합을 그들의 수입대체산업화(ISI)를 증진시키기 위한 하나의 전략으로 여겼다. 이들의 입장은 지역적으로 통합한 회원국들 사이에서 무역장벽은 철폐하고 다른 역외국들에게는 지속적으로 무역장벽 정책을 유지하면 역내의 시장규모는 커지는 것이고, 규모의 경제 측면에서도 자국 산업들로 하여금 충분한 발전의 기회를 활용하도록 도와주기 위해서 내부적으로는 상품의 생산단가를 낮춤과 동시에 역외국으로부터 수입을 방어하기 위해 보호무역주의를 강화했다(Buzan and Waever 2003).

사실 미주대륙 차원에서, 그리고 무역의 팽창을 도모한 경제통합 기구들은 1960년대 들어 세 종류의 기구가 등장하면서 현실화되기 시작했다. 라틴아메리카자유무역협정(LAFTA), 안데스협정(Andean Pact), 그리고 중미공동시장(CACM)이 대표된다. 지역통합 차원에서 모두 그다지 성공적인 기구들은 아니었지만, CACM의 경우는 나름대로 중앙아메리카 지역의 산업화와 지역 경제발전에는 많은 공헌을 하였다. 하지만 모든 초기 지역통합체들은 회원국들 간에 역내에서 발생한 경제적 이익의 분배를 공평하게 나누는 데에는 실패했다. 그 원인은 회원국들 중에서 빈곤국가들에 대한 경제적 보상을 마련할 수 있는 메커니즘을 창출하지 못한 데다 핵심적인 무역상품에 대해서도 공동관세 부과에 실패했기 때문이다(Felix 1970). 총 라틴아메리카 무역에서 1975년까지 역내 무역은 단지 18%밖에 지나지 않았다(Bulmer-Thomas 1994, 305).

그럼에도 불구하고 1980년대 초반 들어 이러한 구 지역주의는 점차 사라져 갔다. 비록 기존의 무역팽창을 위한 경제통합체들은 다른 이름으로 명명된 채—예를 들어 LAFTA의 경우는 라틴아메리카통합협정(LAFTA)—으로 존재하고 있었지만 발전전략으로서 통합의 의미는 무색해졌고, 이와 동시에 라틴아메리카 산업발전 정책인 수입대체산업화(ISI) 모델도 그 의미를 잃기 시작했다. 이렇듯 라틴아메리카는 1960년대 이후 경제통합의 살아 있는 실험장으로 주목받아 왔다. 유럽에서 EC의 출범에 고무된 중남미 국가들은 1960년대부터 수입대체산업화 정책의 일환으로 인근 국가들과 경제통합을 추진했다. 1990년대 중반까지 라틴아메리카 지역에서는 중미공동시장(CACM), 카리브공동시장(CARICOM), 안데스공동체(CAN), 남미공동시장(MERCOSUR) 등 소지역을 기반으로 한 다양한 형태의 경제통합체가 결성되었다(Riordan 1999).

라틴아메리카 국가들은 소지역 경제통합체 이외에도 중남미 독립의 영웅인 시몬 볼리바르의 이상을 실현하기 위해 라틴아메리카 지역 전체 통합을 목표로 한 느슨한 형태의 자유무역지대인 라틴아메리카통합연합을 구축한 바도 있다. 그러나 라틴아메리카 지역에서 오랜 경제통합의 실험은 빈번한 정치·경제적 혼란에다 경제주권 포기를 우려한 회원국들의 소극적인 태도로 일부 통합체를 제외하고는 명맥 유지에 급급한 실정이었다.

이에 대한 대안으로 친시장적인 신자유주의 경제 이데올로기가 등장했고, 이러한 이데올로기는 1980-1990년 라틴아메리카 지역을 휩쓴 외

채위기와 더불어 경제구조 조정의 지표가 되었다(Williamson 1990). '새로운 지역주의'는 1990년대 초반에 등장했고, 이러한 지역주의는 신자유주의 구조 하에서 거시경제의 안정화, 국가의 경제규제 프레임의 개혁이라는 경제구조 조정이라는 흐름 속에서 부분적인 전략이 되어 갔다. 국제통화기금(IMF), 세계은행(WB), 미주개발은행(IDB) 등 국제금융기구들의 지도 하에 지역통합의 논의는 새로운 통합방식으로 재점화되었다. 근본적으로 라틴아메리카 지역의 산업화를 추동하는 것이 아닌, 자유무역을 증진시킨다는 목적으로 '개방적 지역주의'(open regionalism) 방향으로 진행되기 시작한 것이다.

경제 부문에서 사적 부문의 역할 강화와 국가의 후퇴는 시장의 자유화와 함께 1980년대 말 냉전의 종식과 함께 급속하게 진행되었다. 새로운 이데올로기와 새로운 안보 논리가 글로벌 차원의 개방경제 환경이 조성되는 가운데 라틴아메리카 국가에서도 새로운 지역주의가 등장하기 시작했다(Lake and Patrick 1997). 남미지역에서 1991년 남미공동시장을 필두로 1993년 안데스공동체, 북미지역에서는 1994년 북미자유무역협정이 새로운 지역주의의 중요 행위자들로 떠올랐다. 이러한 지역통합들은 기존의 지역주의들과는 달리 다음과 같은 특징들을 갖는다. 기존 지역통합 논쟁들이 국가 주도로 이루어졌다면 새로운 지역주의 개념에서는 시장이 주도하는 통합 방식이었다는 것과 해외투자의 억제보다는 해외투자를 유인하는 방식의 통합이었다는 점, 그리고 기존에는 역외 무역관계 및 이에 대한 참여가 덜한 형태였지만 새로운 통합은 역외 참여에 적극적이었다는 점과 제도적으로도 통합체의 규모는 기존과 비교해 많이 축소된 형태로 존재했다는 특징들을 갖는다(Hirst 2006). 대륙적 관점에서 이러한 지역주의들을 비교해 보면 유럽연합(EU)의 경우도 친시장적이면서 경제규제 형태에서도 글로벌 차원의 통합체로 발전해 왔으며, 통합 과정에서 드러난 정치적 관점의 정체(polity)는 덜 국가 중심적이면서 다국적기업들처럼 보다 사적 기업들의 리더십이 강화되는 형태였고, 과거와 비교해 보다 국제기구들의 영향을 받는 통합으로 발전해 오고 있다(Mace and Jean-Philippe 2007).[13)]

2. 남미 에너지 안보 통합과 지역통합의 딜레마

특히 이러한 지역주의 흐름은 에너지 대국들이 주도하는 에너지 안보 국제협력과 에너지 안보 외교정책을 통해 더욱 구체화되고 있다(Fawcett and Hurrell 1995). 앞에서 고찰했듯이 베네수엘라와 브라질의 역내 에너지 안보 외교정책의 또 다른 목적은 지역통합이다. 지금까지의 형식적 · 제도적 경제통합에서 남미지역이 공동으로, 그리고 실질적으로 필요로 하는 에너지 분야에 대한 통합을 통해 미래 지역주의를 이끌어내고 있는 것이다.

2007년 4월 창설된 '남미에너지위원회'(CESA)는 남미국가연합(UNASUR)의 초석으로 간주되었다. 남미에너지위원회는 실제로 UNASUR의 에너지 협력을 조율하는 기관으로 회원국들이 에너지 협력과 통합을 위한 원칙 설정, 행동강령, 에너지 통합조약 등을 주관하는 임무를 맡고 있다. 실제로 UNASUR은 기존의 경제통합체보다는 전략 분야별 협력을 통한 실질적 통합을 추진하고 있다. 브라질과 아르헨티나, 브라질과 미국, 베네수엘라와 인근 국가들이 체결한 에너지교환협정과 다양한 에너지 프로젝트들은 지역 간에 잉여 에너지를 주고받을 수 있는 에너지 교환을 가능하게 하고 있다. 이를 통해 역내 에너지를 효율적으로 사용하고 있다. 즉 에너지 정책은 남미에서 지역통합의 방식도 바꾸어가고 있다.

남미지역 간 경제협력 증진을 위해 수송, 에너지, 통신 등을 축으로 한 대단위 남미지역인프라통합사업(IIRSA)도 일종의 에너지 통합을 염두에 둔 프로젝트이다. 베네수엘라는 풍부한 석유 및 천연가스 자원으로 남미지역에서 2005년부터 남미석유공사 설립 등 에너지 동맹을 주도해 오고 있다. 특히 2007년부터 베네수엘라 주도로 베네수엘라, 브라질, 볼리비아, 아르헨티나, 파라과이 및 우루과이를 잇는 약 1만 km, 총공사비 230억 달러 규모의 '남미 가스 파이프라인'(Gasoducto del Sur) 프로젝트가 진행 중이다. 또한 베네수엘라는 에너지 자원을 무기로 인근 라틴아메리카 좌파 정부들의 등장을 공공연하게 지원하는 한편, 기존 좌파 정권의 유지를 위한 경제적 지원에도 적극적이다.

대표적으로 차베스 대통령은 2003년 35억 달러의 아르헨티나 국채를 매입, 아르헨티나 경제가 위기를 신속히 극복하는 데 크게 일조했다. 남미의 에너지 강대국들인 베네수엘라와 브라질이 이끄는 남미에너지 동맹 강화전략은 두 국가 사이 불협화음을 만들기도 한다. 에너지 통합을 놓고 개최된 2007년 4월 '제1차 남미에너지정상회의'는 남미지역 에너지 통합 주도권 확보를 둘러싼 베네수엘라와 브라질의 팽팽한 신경전으로 긴장감이 크게 고조되기도 했다.[14] 예를 들어 오늘날 새로운 에너지 안보 차원에서 중요한 에탄올 바이오 에너지 개발정책에서 갈등이나 남미은행 창설과 운용에 대한 갈등, 남미가스수출기구(Opegas Sur) 결성을 둘러싼 대립 등에서 에너지 안보 및 통합에 대한 이해와 미래 비전이 크게 상이함을 보여주는 단적인 예들이었다.

위에서 살펴본 바와 같이 21세기 들어 남미지역에서는 에너지 통합을 기초로 한 새로운 지역통합 시도가 진행되고 있다. 지역통합의 성격도 자유무역지대에 기초한 경제통합에서 시작해 포괄적인 에너지 안보를 이슈로 한 정치통합 형태로 발전해 오고 있으며, 통합의 범위도 종전 자유무역에 기초한 경제통합에서 ALBA의 사회적 개념, 에너지 안보 등 포괄적 통합으로 확대되고 있다. 통합의 주도국도 북미의 미국과 남미지역의 브라질과 베네수엘라가 합세하며 보다 복잡한 양상을 띠어 가고 있다. 미주대륙 차원에서 고찰하면 미국과 브라질 그리고 베네수엘라가 혼전을 벌이고 있다. 이러한 경향은 미주대륙의 미래 지역통합 방향을 어둡게 하는 현상들로 분석될 수 있다. 특히 상이한 패턴의 에너지 안보 국제협력을 통한 통합방식을 취하고 있는 3국의 서로 다른 에너지 정책과 에너지 안보에 대한 주도권 싸움은 미주대륙 지역통합에 대한 각국의 정치 · 경제적 이해가 첨예하게 투영되어 있다. 미래 지역통합보다는 오히려 지역분열을 조장시킬 우려도 높다. 물론 이러한 배경에는 미주대륙 각국들의 지역통합에 대한 회원국들의 결속력이 그리 높지 않다는 한계도 존재한다. 많은 국가들이 에너지 선물거래 혹은 국제협력을 통해 자국의 경제적 이익만을 위해 참여하고 있을 뿐, 정치 및 사회적 결속력은 지극히 약하다는 많은 비판들이 있다. 예를 들어 많은 라틴아메리카 국가들은 남미지역 통합기구들의 회원국이면서 동시에 미국과 쌍무적인 자유무역 확대를 추구하는 경향이 높다(예를 들어 칠레, 콜롬비아, 페루).

현재 미주대륙에는 위처럼 각기 서로 다른 에너지 안보 국제협력 패턴과 지역통합 방향을 주도하는 다양한 지역주의가 존재한다. 특히 이러한 새로운 지역주의는 몇몇 에너지 강국들에 의해 주도되고 있으며, 때로는 정치적인 목적으로 그리고 때로는 경제적인 차원에서 다른 특징과 목적을 가지고 발전해 오고 있다. 이에 더하여 정치경제적으로 민감한 에너지 안보 부문에서 다양한 차이점을 보이면서 국제적 갈등을 고조시키고 있기도 하다. 다시 말해서 이러한 에너지 안보 갈등구조의 존재가 전체적인 미주대륙 차원의 지역통합 논의의 확대를 추동하거나 혹은 방해하고 있는 커다란 이유라고 볼 수 있다. 특히 오늘날 남미지역에서 이러한 현상은 더욱 확대되고 있다. 에너지 안보 확보를 위한 에너지 정책을 둘러싼 브라질 그리고 베네수엘라의 사례는 서로 경쟁적인 관계마저 보여주고 있다. 에너지 통합을 둘러싼 3국가의 서로 다른 지역통합 비전들은 때로는 협력으로 그리고 때로는 갈등관계로 이어져 역내 차원의 지역주의를 확대하는가 하면, 반대로 역외에는 상당히 배타적인 갈등을 부추겨 전체적인 미주대륙 차원의 통합 의지를 약하게 만들고 있기도 하다.

Ⅵ. 맺는 말

이 글은 현재 미주대륙에서 일어나고 있는 에너지 안보 국제협력 패턴과 이와 연관된 새로운 지역주의의 다양한 유형들을 비교 · 분석 · 조명해 보는 데 의의가 있다. 물론 보다 엄밀한 분석방법이나 더 깊이 있는 역사적 과정 속에서 더 많은 지역통합론에 대한 숙고가 있었다면 위에서 논하고 있는 3가지 유형보다 많은 결과들을 찾아낼 수 있었을 것이다. 하지만 이 글의 연구범주는 이 지역에서 등장한 '새로운 지역주의'

기간으로 상정해 1990년에서 2010년 오늘날로 한정한 근 20년 동안에 라틴아메리카 지역에서 가장 중심으로 부상한 3가지 유형의 지역통합에 한정되어 있다. 특히 오늘날 이 지역의 통합방식의 추진동력으로서 두드러진 특징을 보이고 있는 에너지 안보 국제협력 패턴에 나타난 에너지 강대국들의 에너지 정책 및 이의 에너지 통합을 통한 지역적 확대 과정에서 발견되는 서로 다른 지역통합의 미래 방향 논리와 유형들을 살펴보는 데 중심이 있었다. 이 3가지 유형은 정치적 혹은 이데올로기적 스펙트럼으로 보면 비록 많은 부분에서 겹쳐 나타나지만 우파로부터 좌파까지 다양하다(Castañeda 2006).

미국이 주도하는 NAFTA－플러스 유형은 일반적으로 친사적 기업과 친시장주의 유형이다. 에너지 안보 협력 및 통합에서도 라틴아메리카 에너지 생산국들과 다자 혹은 양자 간의 장기적인 계약과 해외직접투자를 혼합한 자유무역협정을 통해 미국 에너지 시장의 수요와 공급을 맞추고 있다. 국가는 최소한 규제국가로서의 역할만을 하고 있을 뿐이다. 베네수엘라 차베스 정권의 ALBA 유형은 이와는 정반대이다. 국가는 에너지 협력과 통합을 주도하는 강한 행위자로서, 그리고 에너지 정책의 책임자로서 중요한 역할을 하고 있다. 이웃 빈곤국가들에게 에너지 선물거래를 통한, 혹은 이와 관련된 재화와 서비스의 제공을 위한 투자와 금융지원은 베네수엘라를 중심으로 한 에너지 인프라 구축의 정치적 지지 역할을 하고 있다. 이러한 에너지안보 국제협력의 정당성은 '사회적 측면을 고려한 지역통합'이라는 논리에서 나온다. 마지막으로 브라질이 추구하는 UNASUR 유형은 미국과 베네수엘라 유형의 중간 정도에 있다. 에너지 안보 국제협력의 행위자는 국가와 사적 부문 양쪽 모두 강조된다. 에너지 통합으로는 미주대륙에서 '그린에너지'(바이오에탄올)의 증진과 양자 혹은 다자간 협정을 통해 IIRSA 같은 수력발전 통합 프로젝트를 통한 대륙 간 에너지 인프라 통합을 주장한다.

브라질의 UNASUR를 통한 에너지 안보 협력과 통합 및 지역통합 유형은 실용적이고 포용적 관점에서 보면 정치적 · 경제적 · 사회적 관점을 모두 수용한다. 이런 관점을 모두 수용하기 위해서는 브라질의 적극적인 참여와 에너지 인프라 구축을 위한 금융투자와 다양한 에너지 프로젝트들은 중요한 협상도구들이다. 오늘날 브라질의 지속적인 경제성장은 이를 보전해 주는 중요한 요소이며, 이를 통해 이웃 동맹국들에게 경제적 인센티브를 제공하고 있고, 잠재적으로 이웃 국가들과의 국제관계에서 정치적 선의와 리더십을 보여주고 있다. 최근 브라질의 억제된 혹은 실용적인 리더십은 이웃 국가들에게 많은 관심을 주고 있고, 에너지 정책을 통한 공동체의 지역정책과 사회정책을 포용적 관점에서 새로운 방향으로 유도하고 있다.

상기했듯이 브라질은 현재 역내 에너지 인프라와 에너지 협력 분야에 많은 투자와 더불어 에너지외교를 확대하고 있다. 미주개발은행(IDB) 같은 다자기구들과 공동협력으로 에너지 인프라 프로젝트(예를 들면 IIRSA)를 강하게 추진하고 있다. 세계적인 기업이자 금융기관으로 발돋움한 PETROBRAS나 BNDES는 사적 기업들, 해외 정부들, 국제기구들과 파트너십을 통해 에너지 통합 협력을 강화하고 있다. 브라질의 에너지 안보 국제협력 및 통합계획은 이 지역에서 새로운 개념의 지역통합 모델을 만들고 있다. 정치적인 관점에서도 브라질이 오랜 시기 동안 국가를 통한 경제의 관리, 생산, 투자 및 규제에서 미국과 베네수엘라 사이에서 중간자적인 실용주의적 입장을 견지해 왔다는 점에서 미국의 친시장주의 접근과 베네수엘라의 반시장주의 접근을 브라질의 대외정책에서 동시에 수용할 수 있는 절충주의 입장을 보이고 있다. 이러한 3유형의 미주대륙에서의 에너지 안보 협력과 통합은 미래 지역통합의 방향을 주도하고 있음이 분명하다.

결론적으로 이 지역의 미래 지역통합의 방향은 에너지 협력과 에너지 통합을 통해 결정되고 있으며, 향후 이 지역의 지역통합 구도는 남미에서 출발하여 미주대륙으로 점차 확대되어 갈 것으로 보인다. 남미지역의 새로운 에너지 매트릭스와 새로운 에너지 정책들이 새로운 지역통합 논리를 만들어내고 있기 때문이다. 물론 이러한 상이한 에너지 통합 패턴은 많은 한계를 가지고 있다. 에너지 협력이라는 상호 의존성을 통해 통합과정을 주도하지만 동시에 상호 배타적인 지역통합의 방향과 목표들을 가지고 있기 때문이다.

제2차 세계대전 이후 오늘날까지 유럽연합(EU)이라는 지역공동체 형성에 큰 영향을 준 것은 프랑스와 독일이 만든 유럽석탄철강공동체(ECSC)였다. 독일의 루르(Ruhr)와 자르(Saar)에 집중된 석탄과 철강은 '에너지와 산업 부문'에 대한 공동협력체로 거듭나 유럽통합의 초석이 되었다. 독일과 프랑스의 에너지 안보 협력 혹은 에너지 공동화는 유럽지역의 갈등을 해결해낸 '데우스 엑스 마키나' (deus ex macchina ; 최후의 해결 수단)이였다(이선필 2008, 40). 오늘날 남미지역을 포함한 미주대륙에서 이행되고 있는 에너지 안보 갈등과 통합의 딜레마는 존재한다. 이 지역 미래 지역통합론에서 에너지 안보 협력을 통한 하나의 데우스 엑스 마키나를 구하기에는 현재로서는 상당히 어려워 보인다. 통합의 정도와 이의 미래 발전에 대한 더욱 면밀한 연구가 요구된다.

주석

1_ "현재 이러한 대체 에너지로 논의되는 것이 신재생 에너지 11가지로 연료전지, 석탄액화 에너지, 수소 에너지 그리고 재생 에너지로서 태양열, 태양열 발전, 바이오매스, 풍력, 수력, 지열, 해양 에너지, 폐기물을 들고 있다. 하지만 당장 석유를 대체하여 사용할 수 있을 정도의 수준이 있는 것이 바이오 에너지, 특히 바이오에탄올 에너지이다" (윤택동 2010).

2_ BOE(Barrel of Oil Equivalent)는 원유와 천연가스 등을 통일 규격으로 표기하기 위한 단위로, 일반적으로 원유 1배럴과 천연가스 6,000입방피트를 1 BOE로 표기한다.

3_ 2007년 베네수엘라 정부는 오리노코 강 유역의 석유개발에 관여했던 6개의 회사들과도 마찰을 빚었다. 이 중 3개 기업은 미국에 근거지를 둔 회사들로 엑손모빌, 코노코필립스 그리고 셰브론 사였으며, 이러한 마찰과정에서 엑손모빌 사는 적당한 보상조치를 요구하며 투자분쟁국제센터(ICSID, 1966년 설립)에 제소하기도 했다. 최근 볼리비아, 니카라과, 에콰도르 그리고 베네수엘라는 ICSID 회원국으로서 철회의사를 밝혔다.

4_ 1991년 메르코수르의 결성 당시 많은 지역통합 관련 분석가들은 남미공동시장의 지속성에 대한 우려를 표명했다. 그 근본적인 원인은 브라질의 경우 단일국가로서 남미공동시장 전체 GDP의 70% 정도를 점하고 있어서 회원국 간 규모의 차이가 너무 커서 공평한 지역적 발전보다는 브라질에 의해 일방적으로 주도되는 비대칭성 문제를 안고 있었고, 이는 공동시장 공고화에 많은 의문점을 남겼기 때문이다(Lia Valls Pereira 1999, 7).

5_ 2008년 공식적인 회원국 가입에서 칠레, 기아나 그리고 수리남은 회원국으로서 정체성을 분명하게 하지 않았다. 2010년 오늘날 프랑스령 기아나(유럽연합회원국)를 제외한 모든 남미 국가가 가입했다.

6_ Dalla Costa(2010)은 남미국방위원회의 지속 발전 가능성에 대해 유럽연합의 공동방위 거버넌스와 비교했다.

7_ "지역정책이 공동체들의 낙후지역을 발전시킨다는 목표를 가지고 있다면 사회정책은 공동체 내의 시민들을 대상으로 하고 있다" (이무성 2008, 310).

8_ IIRSA의 경우 2000년 8월 남미지역 정상회담에서 브라질 정부가 남미지역 발전을 위한 기본 구상을 발표했다.

9_ Odebrecht의 사업영역은 건설 및 엔지니어링, 화학 및 석유화학, 인프라, 공공 서비스, 석유 및 가스, 관광, 펄프 생산 등 매우 다양하다. 또한 남미, 중미, 북미, 아프리카, 유럽 등 세계 전역에 진출해 있는 브라질의 대표적인 다국적기업이다.

10_ 물론 에너지 협력과 통합방식은 때때로 역내 국가들과 불협화음을 내기도 한다. 브라질의 Odebrecht의 에너지 사업에 대한 해외투자 방식은 남미 국가들과 많은 불협화음을 내고 있다. 2008년에는 베네수엘라, 에콰도르, 볼리비아 등에 의해 각각 세금징수, 사업의 중단, 볼리비아에 의한 국유화 조치 등의 보복을 당했다. 파라과이와는 이따이뿌(Itaipú) 댐 건설(1973)과 전력공급(생산전력의 90% 브라질이 사용) 문제로 1985년 이후 브라질과 마찰을 일으키고 있다.

11_ 브라질은 이미 2003년과 2007년에 미국과의 협력을 통해 재생 에너지 분야 '브라질리아 플랫폼'을 만들어 미주대륙에서 바이오 연료 산업의 증진을 도모한다는 계획을 이행 중에 있다.

12_ 남미지역에 대한 지역통합의 국내 연구로는 NAFTA와 MERCOSUR의 갈등을 다룬 서경태(2000)와 MERCOSUR의 경제적 성과를 분석한 윤현덕(2001), 그리고 제도적 관점에서 MERCOSUR를 연구한 조희문(1999) 등의 논문이 있다.

13_ 이와는 대조적으로 라틴아메리카에서는 새로운 지역통합체들의 특징에서 나타나듯이 여전히 통합 결정에 있어 지속적으로 국가 지배 현상이 두드러졌고, 게다가 방향에 있어서도 ECLAC의 구조주의적 비전을 대표하는 구 지역주의 개념과 신자유주의와 세계화를 포함하는 새로운 지역주의의 논쟁이 지속되는 가운데 나프타의 경우처럼 남미지역 통합도 이런 방향으로 진행되어야 한다는 제안이 많다.

14_ 남미 정상들은 남미 에너지 통합 인프라 개발 및 확장 촉진, 에탄올 등 재생 에너지 개발 촉진 및 회원국 간의 개발경험 공유, 남미석유공사 등 기존 에너지 통합 사업 협력 확대, 에너지 분야 공동연구 장려, 각국의 에너지 장관으로 구성된 '남미에너지위원회' 설립 등에 합의했다. 정치적으로도 회원국들은 기존의 남미 국가공동체를 대체할 남미국가연합(UNASUR)을 설립키로 하고 상설사무국을 에콰도르의 수도 키토에 설치하기로 합의했다.

참고문헌

권기수. 2009. "남미은행의 출범 배경과 전망." 『Regional Economic Focus』. 09-24호, KIEP.

서경태. 2000. "FTAA를 향한 NAFTA와 Mercosur의 갈등 및 시사점." 『라틴아메리카연구』. 13권 1호.

에리히 폴라트 · 알렉산터 융. 2008. 김태희 역. 『자원전쟁』. 서울 : 열림카디널.

이선필. 2008. "유럽연합의 발전과정 : 유럽연합의 정체성." 이무성 외 공저, 『유럽연합의 정체성 : 역사, 제도, 행위자, 정책』. 서울 : 높이깊이출판사.

윤택동. 2010. "브라질 에탄올 산업 II : 에탄올 산업의 등장과 변천." 『중남미연구』. 28권 2호.

윤현덕. 2001. "MERCOSUR의 경제성과 분석과 발전방향에 관한 연구." 『라틴아메리카연구』. 14권 1호.

조희문. 1999. "MERCOSUL과 법률공동체." 『이베로아메리카연구』. 제1집.

하상섭. 2010. "21세기 미주대륙과 대서양 해양안보의 딜레마 : 미4함대의 등장과 남미지역과의 갈등." 『국제지역연구』. 14권 2호.

Bulmer-Tomas, Victor. 1994. *The Economic History of Latin America Since Independence*. Cambridge : Cambridge University Press.

Buzan, Barry, and Ole Waever. 2003. *Regions and powers : the structure of international security, Cambridge studies in international relations* ; 91. New York : Cambridge University Press.

Caspary, Georg. 2007. "The Energy Sector in Latin America : Key prospects, Risks and Opportunities." *Latin America Current Issues*, 7. Frankfurt : Deutsche Bank Research.

Castañeda, Jorge. 2006. Latin America Left's Turn. *Foreign Affairs*, Vol. 83, No. 3.

Dalla Costa. 2010. "South American Defense Council : Towards a Framework for Sustainable Political Integration?." a PhD thesis in Eberhard-Karls University of Tübingen.

Fawcett, Louise and Andrew Hurrell. 1995. *Regionalism in world politics : regional organization and international order*. New York : Oxford University Press.

Gomez Mera, Laura. 2008. "How 'new' is the 'New Regionalism' in the Americas? The Case of Mercosur." *Journal of International Relations and Development*, Vol. 11, No. 3.

Hirst, Monica. 2006. Intermediate states, multilateralism and international security. In A. C. e. Vaz, *Intermediate states, regional leadership and security : India, Brasil and South Africa*. Brasília : Universidade de Brasília.

José Luís Fiori. 2009. "United States, South America, and Brazil : Six Topics for Discussion." *DEP (Diplomacy, Strategy & Politics)*/Raúl Prebisch Project, No. 9.

Lake, David A., and Patrick M. Morgan. 1997. *Regional orders : building security in a new world*. University Park, Pa. : Pennsylvania State University Press.

Lia Valls Pereira. 1999. "Toward the Common Market of the South: Mercosur's Origins, Evolution, and Challenges." in Riordan Roett ed. *MERCOSUR : Regional Integration, World Markets*. London : Lynne Rienner Publisher.

Lima, Maria Regina Soares de. 2007. Brasil en América Latina. Liderazgo regional en Am rica del Sur. *Foreign Affairs*, Vol. 7, No. 4.

Mace, Gorden and Jean－Philippe Thérien. 2007. "Inter－American Governance : a Sysyphean Endeavor?." in G. Mace, J. P. Thérien and P. Haslam (eds), *Governing the Americas : Assessing Multilateral Institutions*. Bolder : Lynne Rienner.

Nye, Joseph. 1968. *International Regionalism Readings*. Boston : Little Brown and Company.

Prebish, Raúl. 1963. *Towards a Dynamic Development Policy for Latin America*. New York : United Nations.

Riordan Roett. 1999. *MERCOSUR : Regional Integration, World Markets*. London : Lynne Rienner Publisher.

Snow, Nick. 2009. "Clinton : Energy Security a Major US Foreign Policy Element." *Oil and Gas Journal*, 28.

Williamson, John. 1990. What Washington means by policy reform. In *Latin American Adjustment : How Much Has Happened?*, edited by J. Williamson. Washington : Institute for International Economics.

Wu, Kang. 1995. *Energy in Latin America : Production, Consumption and Future Growth*. Westport : Praeger.

관련 기구 및 기관

US Energy Information Administration 2009
세계은행(World Bank) 2009
미주개발은행(IDB) 2009/2010
베네수엘라 국영석유기업(PDVSA) 2010
브라질국영석유기업(PETRPOBRAS) 2010
국제에너지위원회(IEA) 2009
라틴아메리카 카리브경제위원회(ECLAC)
브라질노동부
브라질국가개발은행(BNDES)

관련 웹사이트

www.proteger.org.ar/doc547.html
www.fp－es.org/las－rutas－latinoames
브라질 일간 폴랴 데 상파울루
Hattingh, Shawn. 2008. ALBA: Creating a Regional Alternative to Neoliberalism? in http://www.venezuelanalysis.com.
Alternativa Bolivariana para las Americas(ALBA). http://www.alternativabolivariana.org/
Comunidad Andina. http://www.comunidadandina.org/sudamerica.htm
Mercado Comun del . http://Sur: www.Mercosur.com

02

지역주의의 현황 및 가능성

중동 및 아프리카

REGIONAL
INTEGRATION
**INTERNATIO
NALPOLITICAL
ECONOMY**

REGIONAL
INTEGRATION

INTERNATIONALPOLITICALECONOMY

지역통합의 **국제정치경제**

중동 아랍지역 국가들의 지역주의 : 정치 · 종교적 통합과 분열

정상률(명지대학교)

Ⅰ. 들어가는 말

현재 중동지역에는 25여개 국가가 존재하며, 그 중 아랍연맹(League of Arab States)에 가입한 22개가 아랍국가(아랍지역)이다.[1] 아랍국가들은 오스만 제국 500여 년 통치기간을 거쳐 제1 · 2차 세계대전 이후 분열된 채로 현재에 이르고 있다. 독립 이후 주변 아랍국가들 간 국경분쟁이 지속되어 왔고, 아랍국가들 간 전쟁이 발생하기도 하였으며, 아랍국가들 간 전쟁 시 각 국가가 지지하고, 파병하는 국가가 다름으로써 여러 갈등선이 생겼다. 또한 아랍국가와 타민족 국가 간 갈등 및 전쟁 시에도 일부 아랍국가들은 타민족 국가, 예컨대 이란-이라크 전쟁에서 비아랍국가인 이란을 지지함으로써 아랍민족의 통합과 발전보다는 자국의 이익과 발전을 우선시하는 경향을 보이기도 했다. 또한 19세기 영국, 프랑스와 냉전기 미국, 소련 등 선진 제국주의 국가들에 대한 입장의 차이로 아랍민족 내 또는 아랍국가들 간 갈등선이 형성되기도 했다.

오늘날 중동지역은 영토, 민족, 이념, 종교 및 종파, 부족, 이해관계에 따라 매우 많은 갈등선이 형성되어 있다. 따라서 아랍국가들과 비아랍국가들의 정치적 · 경제적 통합뿐 아니라 아랍국가들의 통합도 요원한 상태이다. 그러나 1950－1960년대에 이집트의 나세르를 중심으로 아랍민족주의가 부상하여 통일아랍공화국이 형성된 바 있고,[2] 아랍국가들의 근대화 실패에 대한 대안으로 이슬람주의자들의 범이슬람주의 운동이[3] 일어나 현재에도 지속되고 있는 것으로 보아 약하긴 하지만 통합운동의 동력이 존재하고 있다고 할 수 있다.

중동의 평화와 안전을 확보하고 아랍 제국의 주권과 독립을 수호하기 위해 1945년 3월에 창설된 지역협력기구인 아랍연맹도 아랍국가들의 정치통합 운동의 하나라고 볼 수 있다. 이후 아랍연맹의 기능이 약화되고 1980년대 초에 걸프협력위원회(GCC : 사우디, 쿠웨이트, 바레인, 카타르, UAE, 오만), 1980년대 말에 마그렙아랍연맹(모로코, 알제리아, 튀니지, 리비아, 모리타니아)과 아랍협력위원회(이집트, 요르단, 이라크, 예멘) 등 하부 지역기구가 형성되는 등 완전한 하나의 국가나 연방정부는 아니지만 국가 연합 수준의 부분적인 통합운동은 지속적으로 진행되어 왔다고 할 수 있다. 또한 중동뿐 아니라 전 세계적 범위에서 이미 진행되어 온 지역주의화(regionalization), 세계화(globaliza-tion), 지방화(localization)와 최근 중동에서도 불고 있는 정보화, 민주화 현상에 대해 아랍국가들이 자국의 입장에 따라 대응하고 있으며, 이러한 현상들이 통합운동의 동력으로 작용할지 분열의 동력으로 작용할지에 대해서는 간단하게 판단할 수 없다. 2011년 중동 아랍국가들에서의 민주화 혁명과정에서 각 국가들의 상황은 매우 달랐고, 그만큼 중동의 다양성이 이미 진행된 것으로 보아 아랍민족주의, 범이슬람주의 등의 이념을 통한 통합의 동력은 약할 것으로 판단된다.

이 글에서는 일반적인 분쟁원인과 중동지역의 분쟁원인을 먼저 언급하고 정치통합 현황과 전망에 대해 논하고자 한다. 현대 중동은 분열요인(분쟁)과 통합요인이 동시에 잠재되어 있기 때문이다.

〈표 1〉 중동 아랍지역 개념

<table>
<tr><th colspan="6">중동국가 25개국</th></tr>
<tr><th colspan="2">언어권별 · 문화권별 분류</th><th colspan="2">석유의존 경제</th><th colspan="2">다변화 경제</th></tr>
<tr><td rowspan="2">아랍어권
(아랍지역)</td><td rowspan="3">이슬람
문화</td><td>왕정</td><td>공화정</td><td>왕정</td><td>공화정</td></tr>
<tr><td>GCC(사우디아라비아,
쿠웨이트,
카타르,
바레인, 오만,
UAE) 6개 국가</td><td>이라크,
리비아</td><td>요르단,
모로코</td><td>이집트, 시리아,
레바논, 수단, 예멘,
알제리, 튀니지,
소말리아, 팔레스타인, 모리타니아,
지부티, 코모로</td></tr>
<tr><td rowspan="2">비아랍어권</td><td rowspan="2"></td><td>이란</td><td></td><td>터키, (파키스탄,
아프가니스탄)</td></tr>
<tr><td>비이슬람문화</td><td></td><td></td><td>이스라엘</td></tr>
</table>

* 모리타니아, 지부티, 코모로는 아랍연맹 회원국으로 중동지역에 포함되지만 정치적 · 경제적 중요성에 있어서 아랍연맹에서 큰 비중을 차지하고 있지 않음. 파키스탄, 아프가니스탄, 중앙아시아 몇 개 국가를 확대 중동 개념에 포함하기도 하나 아직 정설로 정립되지 않았음.

Ⅱ. 중동 아랍지역의 분쟁원인과 협력(통합)의 흐름

1. 분쟁원인론과 중동 분쟁 원인

인류 역사를 전쟁과 평화로 설명하기도 하는데, 이는 그만큼 전쟁이 많았다는 의미이다. 허드슨(Conway W. Henderson)에 따르면 BC 3500–20C 말 사이에 14,500회의 전쟁이 있었고, 35억 명의 생명을 앗아갔으며, 평화의 시기는 겨우 300년뿐이었다(Henderson 2010 ; Beer 1981, 20).

21세기 초반에 세계는 계속성과 변화의 생소한 칵테일(strange cocktail of continuity and change)과 같다. 국제정치의 일부 측면들은 투키티데스 이후 변화한 것이 없다. 적대행위의 논리, 국제정치와 밀접한 관계에 있는 안보 딜레마 상황이 그렇고 동맹, 세력균형, 전쟁과 타협 사이의 정책 선택 등은 천 년 이상 동안 그대로 남아 있다. 다른 한편 투키티데스는 핵무기, 오존층 파괴나 지구온난화에 대해서는 전혀 걱정할 필요가 없었다(Nye 2003).[2] 나이(J. Nye)는 1947년 이후 아랍–이스라엘의 갈등은 2,400여 년 전 아테네 및 델로스 동맹과 스파르타 주도의 펠로폰네소스 동맹 사이에 일어난 펠로폰네소스 전쟁을 닮았다고 주장한다. 이스라엘–아랍 전쟁은 그만큼 전통적 갈등원인과 유사하다는 의미이다.

전쟁은 일반적으로 두 개 혹은 그 이상의 조직화된 그룹이나 패거리(parties)를 포함하는데, 그러한 갈등은 그러한 그룹들 사이의 평등(equality) 또는 우월성(domination) 같은 그룹 내 심리적이거나 물질적인 관계를 변화시키려는 시도이다.

모든 전쟁에서 갈등상태에 있는 최소한 한 당사자(그룹)는 심리적으로나 물질적으로 타참여자를 지배할 필요성을 인식하고 있고, 그룹 폭력(group violence), 즉 전쟁을 선택한 그룹들 사이에 존재하는 진정한 근본적 평등관계 가능성(the possibility of a true relationship of fundamental equality)을 수용하거나 허락할 수 없거나 그렇게 하지 않으려고 한다. 클라우제비츠(Karl von Clausewitz)는 나폴레옹 전쟁을 연구한 후, '국민전쟁론'을 언급하면서 전쟁이란 '다른 수단(폭력수단)에 의한 정치적 교섭의 연속', '우리의 적에게 우리의 의지를 행하도록 강제하는 힘'(War is thus an act of force to compel our enemy to do our will)이라고 주장했다(Clausewitz 1832).

국제정치, 국제관계에서 "전쟁이란 서로 다른 정치집단이나 주권국가 간의 정치적 갈등을 각기 상당한 규모의 군대를 동원하여 해결하려는 극한적인 군사적 대결"을 의미한다(구영록 1986, 126). 더 구체적으로 얘기하면 "적어도 일방은 하나의 '국가 또는 정부'로서 구성되는 두 개 이상의 행위자들(주체)이 각각의 존립이나 발전 등과 직결된 중대한 이익의 확보를 위해(쟁점과 목표) 조직적 무력을 기반으로 비평화적 · 비외교적 방법과 수단을 사용 또는 위협하여(방법과 수단) 상호간 대립 또는 충돌하는 사태"를 말한다(www.kida.re.kr/woww).

분쟁은 전쟁 개념보다 더 넓은 개념으로서 언어, 종교, 경제, 정치 등을 공유하는 사회단위 사이에 다툼이 있는 상황을 말하며, 전쟁 이전의 다툼 상황까지도 포함한다. 분쟁발생 원인론은 크게 두 가지로 분류된다. 하나는 인간 본성에서 그 원인을 찾는 생물학적 · 심리학적 원인론(미시적 분석)이고, 다른 하나는 국내 · 국제정치구조의 특성(거시적 분석)에서 찾는 구조적 원인론이다.

(1) 미시적 분석 : 생물학적 · 심리학적 원인론

프로이드(Sigmund Freud)는 인간의 공격성은 '성본능의 좌절 때문'이며, 생물학적으로 자기 파괴의 본능을 가지고 있다고 주장했다(죽음본능 이론). 로렌즈(Adolf L. Lorenz)는 인간을 포함한 모든 동물은 다른 집단을 쫓아냄으로써 자기 집단을 보호 · 발전시키려는 유전적 공격본능을 가지고 있으나(공격본능 이론) 공격은 생래적 · 잠재적 본능에 속하는 것이지만 일을 방해받아 좌절을 느낄 때만 발생한다고 보았다. 즉 '공격은 항상 좌절의 결과'이다. 베르코비츠(Leonard Berkowitz)는 좌절이 곧 공격행위로 직결되는 것은 아니고, 일정한 선택 계기나 단서, 즉 분노와 행위자의 사태 해석의 매개변수에 의해 비로소 공격행위로 유발된다고 주장했다(좌절 · 공격 이론). 또 인간은 외부로부터 어떤 자극을 받으면 그에 상응하는 반응을 보이지만(자극 · 반응 이론, B. F. Skinner) 자극과 반응 사이에는 또 하나의 변수인 인간의 인식이 개입된다(Hadley Cantril).

인간은 어떤 상황에 단순히 기계적으로 반응하는 것이 아니라 과거의 경험으로부터 형성된 인식에 근거해 반응한다. 에카르트(William Eckhart)는 개개인의 강박감(compulsion)과 동정(compassion)을 '학습된 반응'이라 하고, 강박감 자체가 전쟁 발발의 충분조건은 될 수 없지만 현대의 과학기술, 물질 위주의 가치관 및 생활태도와 같은 다른 조건들이 주어진다면 강박감은 적대감을 폭발시키는 데 중요한 영향을 미칠 수 있다고 주장했다(학습 이론). 또한 한 사람의 지도자가 타국에 대해 갖는 비교적 고정화된 지각(perception)이 전쟁의 요인이 될 수 있다(지각 이론, Kenneth Boulding).

인간의 생물학적 · 심리학적 원인이 모두 갖추어졌다고 해서 곧바로 국가 간에 분쟁 및 전쟁으로 이어진다고 할 수 없다. 그래서 많은 국제정치학자들은 생물학적 · 심리학적 원인 이외에 국내정치와 국제정치의 구조적 특성에 전쟁의 원인이 있다고 주장했다.

(2) 거시적 분석 : 국내 · 국제정치구조의 특성 원인론

라이트(Quincy Wright)는 1965년에 『전쟁연구』(*A Study of War*)에서 평화란 국제정치에서 여러 형태의 힘의 평형을 유지하는 배열의 상태로서, 전쟁은 국제정치체제의 구성체 상호간에 존재하고 있던 평형이 파괴되면서 발생한다고 주장했다. 왈츠(Walts)는 전쟁의 원인을 국제사회가 가지고 있는 제도적 결함(무정부적 국제체계), 국내 정치구조상의 결함(전쟁도발 야욕 제어장치를 결여한 국내 정치체제),[4] 정치지도자의 권력욕(인간 본성)에 있다고 주장했다(정치사회불완전론). 허츠(John Hertz)에 의하면 국가가 더 많은 권력을 추구하는 것은 무정부적 국제체계 때문이다. 국제사회의 무정부적 특성 때문에 각국은 타국의 배반을 우려해 더 많은 군비증강을 추구하며, 이는 결과적으로 모두의 안보라는 공공재의 실패 현상을 초래한다(안보딜레마론).

(국가 간) 분쟁은 ① 인간의 생물학적 · 심리학적 본성, ② 국가의 내부구조, ③ 국제체계 및 구조의 성격이 복합적으로 작용하여 발생하는 것으로 판단된다. 예컨대 이스라엘-팔레스타인 분쟁도 위의 세 가지 원인 중 하부 요인인 종교, 민족, 영토, 식민유산, 사회변동 등이 상호 복합적으로 작용하여 발생하고 진행되고 있는 것으로 판단된다. 종교적 원인 및 민족적 원인은 인간 본성과 심리적 요인의 하부요인이고, 영토적 원인, 제국주의 및 외세 원인(식민유산)은 국제체제 성격의 하부 요인이

며, 사회변동 원인은 국가 내부구조의 하부 요인이다. 그러나 분쟁원인이 존재한다고 해서 모두가 다 분쟁이라고 할 수는 없다. 예컨데 다민족 · 다종교로 구성되어 있는 미국이 분쟁지역이라고 할 수는 없는 것이다. 일반적으로 우리가 분쟁이라고 하려면 다음과 같은 조건을 갖추어야 한다(www.kida.re.kr/woww).

첫째, 분쟁 주체(당사자)가 존재해야 한다. 적어도 일방은 일국의 정부(또는 국가)이면서 타방은 대립의지를 갖는 조직화된 세력(국가, 정부, 조직, 단체)이나 동일한 이해를 갖는 집단이 존재해야 한다. 둘째, 중요한 쟁점(직접원인)이 존재해야 한다. 적어도 일방에게 그 존립이나 발전과 관련하여 중요한 상충적 이익, 즉 쟁점(분쟁의 기본 동인)이 존재해야 한다. 셋째, 대립행위가 본격화되어야 한다. 비평화 · 비외교적 방법을 본격적으로 동원하여 이를 공개적으로 표출해야 한다. 대립행위에는 무력행사 외에 폭동 · 파괴 등 비무력적 폭력의 사용이 포함된다. 넷째, 대립수단(무력)이 존재해야 한다. 극단적인 비평화 · 비외교적 방법, 즉 조직적 무력을 동원할 수단과 능력이 존재해야 한다. 대립수단이 미약한 세력의 경우에는 제3세력의 무력 이용이 가능해야 한다. 다섯째, 위에 열거한 4개 조건들은 상당 기간 동안 유지되는 지속성을 구비해야 한다.

현대 중동의 대부분 지역은 이슬람화된 오스만 제국 통치 500년, 20세기 초 영 · 프 등의 제국주의 통치를 받은 후 제2차 세계대전 후 근대국민국가가 형성된 지역이다. 따라서 중동의 근대는 거대한 오스만 터키가 상당한 정도로 와해된 1800년대 후반부터 시작되었다. 그러나 근대국가는 제2차 세계대전 이후 건설되었다.

18세기 이후 근대화 · 산업화를 달성한 서구는 19세기 말, 20세기 초에 그 힘을 바탕으로 중동, 아시아, 아프리카로 제국주의의 손을 뻗쳐 나아갔다. 제1차 세계대전을 전후하여 서구의 근대 산업자본주의는 제국주의화되어 '유럽의 환자' (the sick man of Europe) 인 오스만을 대신하여 중동에 둥지를 틀기 시작했다. 이때부터 오스만 터키 제국 아래 있던 아랍민족은 분열된 채로 근대 국민국가 체계로 정치변동을 하기 시작했다. 특히 영국과 프랑스 제국주의는 제1차 세계대전 이후까지도 '분할점령' 정책을 통해 아랍민족을 분열시키고, 결국 현재의 분열된 아랍 근대 국민국가 건설에 결정적인 역할을 했다. 아랍민족은 오스만 터키 제국으로부터의 독립과 서구 제국주의 침략 저지, 내적 갈등이라는[5] 삼중고 아래서 분열되고 찢기게 된 것이다.

2. 중동 아랍지역의 통합이념과 현황

분열된 채 독립된 중동 아랍지역에서 근대화 개혁주의, 아랍민족주의, 이슬람부흥주의(이슬람근대주의)가 싹트기 시작했다. 이러한 이념들은 오랜 기간 동안 유지되어 왔던 부족주의와 결합하면서 통합기제로서의 역할을 하기도 하고 아랍 분열의 동력으로 작용하기도 했다. 이러한 이념들은 중동 아랍지역에서 오랜 기간 동안 유지되어 왔던 정통성의 원천에 기반하고 있고, 현재에도 매우 강하게 남아 있다.

(1) 부족주의와 아랍 통합

(보수 왕정) 근대화 개혁주의 세력은 '부족적 귀속감', '집단 충성', '사회적 결합력 또는 연대'를 의미하는 아싸비야(asabiyya) 부족적 집단

정체성 의식을 기반으로 하여 근대화를 추진한 세력이다. 역사학, 철학, 사회학의 아버지라고 불리는 이븐 할둔(Ibn Khaldun)은 『역사서설』(*The Muqaddimah : an Introduction to History*)에서 아싸비아 부족적 집단(연대) 정체성 의식이 아랍의 역사발전에서 독립변수로 작용했다고 주장한 바 있다. 그는 부족집단의 '연대의식' 및 베드윈 족(Bedouins)을 매우 강조했다 : "연대의식으로 뭉친 부족들만이 사막에서 살 수 있다", "연대의식은 혈연집단(blood relationship)이나 그에 상응하는 어떤 것으로부터 나온다", "주어진 연대의식을 공유하는 사람들에 대한 지도력은 같은 혈통이 아닌 사람에게 주어질 수 없다", "연대의식을 공유하는 사람들만이 근본적으로 그리고 실제로 가문(house)과 고귀함(nobility)을 가질 수 있으며, 그렇지 못한 타인들은 은유적(metaphorical)으로 그리고 비유적인 의미(figurative sense)로만 그것을 가질 수 있다","연대의식이 이끄는(lead) 목표는 왕권(royal authority)이다"(Khaldun 1967, 91−122 ; Bonte 2003, 50−66).

뒤르켕(Emile Durkheim)의 '기제적 · 유기적 연대' 개념이나 마르크스의 '사적유물론'(역사발전단계설) 베버의 '리더십 유형론', 파레토(Vilfredo Pareto)의 '엘리트 순환론', 겔너(Ernest Gellner)의 '이슬람 진자운동론' 등도 이븐 할둔의 역사인식과 마찬가지로 아싸비아 부족적 집단정체성 의식을 반영하고 있다. 혁명 이전 이집트의 파루크 왕이나 이란의 팔레비 왕, 현재 아라비아 반도의 왕정 국가들은 아싸비아 부족적 집단정체성 의식을 바탕으로 하여 근대화를 추진했고, 지금도 추진하고 있다. 이라크의 사담 후세인도 티크리트 지역에 대다수 분포해 있는 자신이 속한 부족(알부 나시르 부족)을 권력 동심원의 중심에 두고 몇몇 대부족을 중심 주변에 배치함으로써 부족 충성에 의존하여 철권통치를 연장하려 했다(정상률 2006 ; 2007 ; 2008).

그런데 서구에 의해 인위적으로 근대국가가 건설되면서 아싸비야 부족적 집단정체성 의식이 파괴되기 시작했고, 이러한 아싸비아 부족적 집단정체성 의식의 붕괴는 아랍인을 '아노미'(anomie) 상태에 빠뜨렸다. 20세기 중반 이후 파키스탄 · 이스라엘의 건국, 이란 혁명, 알제리 · 아프가니스탄 · 중앙아시아 일부 지역에서의 내전 및 전쟁으로 수백만 명이 쫓겨나고 사망했으며, 공동체가 해체되고 가족이 흩어짐으로써 아싸비아 부족적 집단정체성 의식은 상처를 입기 시작했다. 또한 급격한 근대화 및 도시화와 인구변화, 인구폭발, 서구로의 광범위한 이주 및 서구 문화의 유입, 빈부 격차, 통치자의 광범위한 부패와 국가 경영의 미숙 등은 아싸비아 부족적 집단 정체성을 약화시키고 있다. 그러나 오늘날까지도 부족 정체성과 부족적 연대의식은 매우 강하게 남아 있는 상황이다. 중동 아랍국가들은 아직도 근대 국민국가 건설(nation-state building) 중이라는 주장들이 자주 나오는 이유이다.

국가가 위기에 처할 때마다 아랍국가들의 지도자들은 자신의 권력을 유지시키기 위해 부족주의를 이용하려고 했고, 일부 성공하기도 했다. 카다피도 2011년 민주화 혁명을 저지하기 위해 부족주의를 이용하려고 했다. 중동 민주화 혁명 과정에서 예멘에서도 부족주의 현상이 다시 부상했다.

한편, 학자에 따라 부족 개념은 이견이 있다. 공통의 혈통, 공통의 언어를 강조하는 학자와 공통의 문화를 강조하는 학자가 있으나 대체로 '공통의 혈통'에 의해 부족을 규정하는 것이 일반적이다. 중동의 부족은 오랜 역사 동안 때로는 결혼을 통하여, 때로는 전쟁과 같은 강제적 방법을 통하여 이합집산을 거듭하며 수많은 분파가 형성되었고, 그로 인해

부족의 개념도 확장되었다.[6)]

일반적으로 중동에서 부족은 4개의 단위로 분류된다. 5대까지의 가계가 포함되는 확대된 가족을 의미하는 함스(*khams*), 가문을 지칭하는 바이트(*bait*), 씨족공동체를 나타내는 파흐드(*Fahd* 또는 *fakhdh*), 그리고 부족 간의 연합체 또는 확대 부족으로 해석되는 까빌라(*qabila*)가 그것이다. 4개의 단위 중에서 까빌라(부족연합)가 우리말의 '부족'에 해당된다.[7)] 리비아의 경우 2011년 내전과정에서 가다파(Ghadafa) 부족, 바라사(Barasa) 부족(카다피의 부인 출신 부족), 마가라(Maghara) 부족 등 친카다피 부족과 투레그(Toureg) 부족, 와르팔라(Warfalla) 부족, 하사우나(Hasawna) 부족, 남부 오일을 통제하는 주와이야(Zuwayya) 부족 등 반카다피 부족으로 분리되는 현상이 나타났다. 즉 국민통합조차도 하지 못하는 상황에서 카다피가 내세운 아랍민족주의는 의미 없는 이념이 되고 말았다. 카다피는 『그린 북』(*Green Book*)에서 이라크 후세인과 마찬가지로 부족주의를 부인하고 일소하고자 했음에도 불구하고(http://www.bbc.co.uk/news/world-middle-east-12528996) 부족들의 충성을 조작함으로써 정권을 유지해 왔다.[8)] 카다피가 집권한 후 첫 10년 동안 또는 전 통치기간 동안 부족적 정체성(tribal identification)은 공식적으로는 배제되었다. 카다피의 광범위한 부족적 후원 네트워크가 느슨해짐으로써 카다피 정권의 기반은 약화되고, 결국 카다피의 통제능력 상실로 이어졌다. 따라서 리비아 정치경제체제 및 변동을 이해하기 위해서는 리비아 부족적 특수성을 이해해야 한다.

140개 이상의 부족과 씨족으로 구성된 리비아는 아랍세계에서 가장 부족적인 국가 중 하나로서 부족 및 부족주의는 카다피의 정치적 미래를 결정하는 데 가장 중요한 요인 중 하나였다(http://www.csmonitor.com).

가다파 부족은 아랍화된 베르베르 부족으로서 트리폴리 남쪽 알 가르얀(Al-Gharyan)에 묻힌 왈리(wali, saint)로 잘 알려진 시디 가다파담(Sidi Qadhafaddam)에서 시작되었다. 가다파 부족은 카다피의 부인 알 바라사(Farkash al-Haddad al-Bara'sa)의 출신 부족인 바라사 부족(Bara'sa)과 마가라 부족(Maghara)이 인도하는 사아디 부족연합(Sa'adi confederation) 소속 부족 동맹에 의해 시르테 주변 사막으로 이동했다. 카다피의 가다파 부족은 힘을 가진 다른 부족과의 동맹에 의존해 왔다.

가장 큰 부족인 와르팔라(Warfalla) 부족은 2011년 리비아 내전과정에서 반카다피에 가담한 첫 부족이었다. 와르팔라 부족은 전통적으로 카다피의 보안군 요원을 충원해 주었던 부족이었으나 2011년 민주화 과정에서 와르팔라 부족의 리더격인 알 와르펠리(Akram al-Warfelli)는 카다피의 하야를 요청했다. 그는 알 자지라 방송에 나와 "그(카다피)는 더 이상 형제가 아니다. 그는 나라를 떠나야 한다"라고 주장했다. 남부지역 석유지대를 통제하는 주와이야 부족의 알 주와이(Sheikh Faraj al-Zuway)는 카다피가 시위자에 대한 폭력을 멈추지 않으면 리비아 석유 수출을 중단할 것이라고 주장했다. 카다피의 차남 사이프 알 이슬람(Saif Al Islam)도 내전으로 진입하던 2011년 2월 20일 방송에 나와 "리비아는 정당에 의한 국가가 아니라 부족으로 이루어진 국가"라고 주장하면서 부족주의를 부추겼다. 런던 경제학교 북아프리카 프로그램의 센터장인 알리 브라히미(Alia Brahimi)는 "리비아에서는 군부보다는 부족체계가 세력균형을 유지할 것"이라고 주장했다.

예멘의 부족주의도 강력하고 복잡하다. 그만큼 예멘 민주화 시위도 왜곡될 가능성이 높다. 중동지역학의 주요 연구 지역인 아라비아 반도의 사우디아라비아를 포함한 왕정체제 및 이라크, 예멘, 리비아 등 중동의 세속적인 권위주의 체제에 대한 연구는 아싸비아 부족적 집단정체성 의식에 대한 이해 없이는 표피적인 연구에 그칠 것이다(정상률 역 2007, 111-133).

(2) 범아랍민족주의의 부침 및 국민국가 정체성의 확대와 아랍 통합

까우미야 아라비아(qawmiyyah arabiyah, 아랍민족주의)는 다른 제3세계 민족주의와 마찬가지로 식민지배로부터의 해방, 아랍민족의 통합, 근대화를 목표로 하고 있으면서도 정치인들이 자신의 정치적 입지를 확대하기 위해 국민 동원 수단으로 이용되기도 했다. 아랍민족주의는 까우미야 아라비아 정체성에 근거하고 있는데, 아랍어와 아랍의 사회적 · 지적 · 정치적 문화를 기반으로 하여 '아랍 대의'(Arab Cause)를 목표로 정체성을 형성하려고 하는 이념이다. 그렇다면 '누가 아랍인인가'라는 질문에 답해야 하는데, 후스리(Sati al-Husri)는 '아랍인이란 아랍어를 모국어로 사용하고 의식적으로 아랍어를 모국어로 사용하려고 하는 사람'이며, 아랍민족주의를 '아랍민족에 대한 사랑과 아랍민족과의 유기적 일체감'이라고 정의한다. 그리고 그는 그러한 민족적 집단성(national collectivity)의 기반은 '언어와 공동의 역사'라고 주장한다. 어떤 이는 '같은 환경에 의해 형성된 공동의 문화'뿐 아니라 '공동의 전통과 이익'을 추가하기도 한다. 아랍민족주의를 얘기할 때에 이슬람을 배제할 수 없다. 즉 아랍민족 개념에는 '아랍어와 이슬람'이 양대 기둥역할을 해왔기 때문이다.

아랍민족주의는 네 단계의 국면을 거쳤다. 첫 번째 국면은 19세기부터 제1차 세계대전까지로서 문화단체(cultural clubs)를 중심으로 터키로부터의 자율성 확대를 요구하면서 형성되었다. 제1차 아랍민족주의자회의가 1913년에 파리에서 개최되었다. 두 번째 국면은 제1 · 2차 세계대전 사이부터 1948년 이스라엘 건국까지로서 1916년 사이크스-피코 비밀협정, 1917년 발포어 선언 등으로 통합 아랍왕국 건설 희망이 사라짐으로써 아랍민족주의 운동은 지역적으로(regionally) 라기보다는 지방적으로(locally) 진행되었고, 세속 지향적이고 통합 아랍국가를 목표로 하고 있던 후스리 같은 범아랍 작가(Pan-Arab writings) 는 이러한 지방주의 민족주의 운동에 이념적 지식을 제공해 주었다. 세 번째 국면은 1945-1967년 기간의 수정주의, 대중 지향의 민족주의 운동 단계이다. 군부 등 새로운 중간계층이 부상한 시기로서 1945년에 아랍연맹이 창설되었고, 1948년 아랍-이스라엘 전쟁으로 이 지역에서 팔레스타인 문제가 부각되어 팔레스타인 민족주의가 나타나기 시작했다. 특히 나세르의 등장으로 아랍민족주의는 최절정기를 맞았다. 나세르 민족주의, 바아스 민족주의, 카다피(Muammar al-Qadhdhafi) 민족주의 같은 비교적 최근의 아랍민족주의는 페르시아 만으로부터[9] 대서양에 이르는 지역에 있는 아랍어를 말하는 국가들의 정치적 통합을 목표로 했다. 공동의 언어와 역사는 민족주의의 필요조건이긴 하지만 충분조건은 되지 못했다. 나세르의 민족주의는 충분조건을 갖추기 위해서 이집트를 기지국(base-region) 으로 하고 나세르와 같은 초국적인 카리스마적 리더십, 외부의 위협(이스라엘과 서구의 침식) 등을 필요로 했다. 1958-1961년에 걸쳐 이집트-시리아 통일아랍공화국의 탄생으로 아랍민족주의는 최고조에 달했다. 그러나 통일아랍공화국의 해체와 이라크 바아스당까지 포함된 1963년 통합 재협상의 실패, 이맘 바드르(Badr) 의 쿠데타로 발생한 예멘 내전에 이집트와 사우디아라비아가 서로 반대 입장에서 개입한 사건 등으로 아랍민족은 분열되기 시작했다. 또한 급진 아랍민족주의와 사우디,

요르단, 모로코 등 이슬람 회의 소집을 강조하는 보수적인 범이슬람(Pan-Islam) 세력 사이에 골이 깊어졌고, 산유국의 지위 부상, 1967년 제3차 아랍-이스라엘 전쟁으로 아랍민족주의는 뿌리부터 흔들리기 시작했다. 아랍민족주의의 네 번째 국면은 1968년 이후 시기로서 영토국가 또는 주권국가, 그리고 군사적 범이슬람주의(militant Pan-Islamism)가 부상하는 대신에 아랍민족주의의 통합운동의 동력은 약화되는 시기이다. 리더십 기반이 혁명으로부터 부(富)로, 이데올로기와 고위 공직자로부터 부유한 왕가나 상인에게로 이동한 시기이다. 아랍연맹의 기능이 약화되고, 1980년대 초에 걸프협력위원회, 1980년대 말에 마그렙아랍연맹과 아랍협력위원회 등 하부 지역기구가 형성되었다. 이란-이라크 전쟁(1980-88)에서 아랍국가인 시리아, 리비아, 알제리는 비아랍 혁명 이슬람 국가인 이란을 지원했다. 1990년 사담 후세인이 쿠웨이트를 침공하면서 제국주의 세력이 인위적으로 만들어놓은 국경을 파기하고, 아랍민족의 분열에 반대하며, 아랍 부(석유)의 공정한 재분배를 아랍인에게 요구했지만, 즉 범아랍민족주의를 내세웠지만 많은 아랍인들은 후세인을 신뢰하지 않았다. 후세인은 아랍국가가 아랍국가를 침범한 최초의 인물로 아랍인에게 각인되었다. 이 시기는 영토국가, 국민국가, 주권국가 개념인 와따니야(wataniyya) 정체성이 부상한 시기이다. 이집트민족주의, 팔레스타인민족주의, 리비아민족주의, 시리아민족주의, 이라크민족주의 등 지방적(국가) 민족주의는 애국심을 고취시키기 위한 국민동원 수단으로 이용되었다. 아랍국가들의 독재권력은 수십 년 동안 와따니아 정체성을 강조해 왔으나 아직까지도 국민국가 건설(nation-state building) 과정에 있다. 인위적으로 만들어진 중동 아랍국가들은 내부적으로 부족적 · 종파적 · 인종적 · 군-민 간 갈등선이 다양하게 형성되어 있어서 이것이 민주화 혁명을 저해하고 반혁명 · 반동의 요인으로 작용했다.

2011년 민주화 혁명 과정에서 아랍민족주의는 거의 드러나지 않았다. 이집트 무바라크가 '군 최고위원회'에 권력을 이양함으로써 이집트 민주화에 대한 반혁명 현상이 발생하기도 했지만, 3월 19일 새로운 헌법에 대한 국민투표를 실시하고 6개월 내에 대선과 총선을 하기로 결정함으로써 민주화의 진전을 이루었다. 리비아의 카다피도 기회 있을 때마다 아랍민족주의를 내세웠지만 2011년 민주화 혁명 국면에서는 부족주의를 내세웠다. 카다피는 UN, NATO가 개입한 내전과정에서 사살됨으로써 42년의 철권통치는 비극으로 끝났다. 향후 오랜 기간 동안 범아랍민족주의는 잠수할 것으로 판단된다. 범아랍민족주의의 잠수와 각 아랍국가의 민족주의(지방 민족주의)의 부상은 아랍 통합의 동력이 매우 약화되어 있음을 의미한다. 현재 아랍민족주의에 대한 연구도 침체기라고 할 수 있으나 아랍민족주의는 이슬람주의나 와따니야 국민국가 정체성과의 결합 형태로 나타날 가능성이 있기 때문에 중동 지역학 연구에서 아랍민족주의 연구는 계속되어야 할 것이다.

(3) 움마 정체성의 부상과 아랍 통합

이슬람부흥주의(이슬람 근대주의)는 근대 개혁주의 세력의 부패와 아랍민족주의의 실패, 4차에 걸친 아랍-이스라엘 전쟁에서의 아랍 패배, 신제국주의로 인식하고 있는 미군의 아랍 주둔 등에 대한 대안 · 대항 세력으로 급격하게 부상했다. 움마(Ummah) 종교 정체성이 급격하게 부상한 것이다. 이슬람부흥주의는 서구 제국주의 세력의 중동 이슬람 지배의 원인이 '진정한 이슬람으로부터의 일탈'에 있다고 판단하고 꾸란과 하디스에 기초하여, 즉 샤리아(이슬람법)에 기초하여 '원래의 이슬람으로 돌아가자'는 일종의 종교 운동임과 동시에 이슬람식 근대화를 추진하겠다는 근대화 운동이다. 남미에서 서구식 정치발전과 근대화가 실패하자 그에 대한 대안적 이념으로 종속 이론이 부상한 것과 마찬가지로 중동 이슬람 사회에서도 근대 개혁주의 세력의 근대화 실패에 대한 대안세력으로 슬람식 근대화 세력이 부상했다. 이슬람부흥주의는 9세기 초반의 개혁사상가였던 한발의 살라피야(al-Salafiyya) 사상까지 거슬러 올라간다. 살라피야 사상은 18세기 빈 압둘 와합의 와하비야 사상과 운동으로 이어졌고, 이 사상은 사우디아라비아 건국이념의 기초가 되었다. 그리고 19세기 말부터 20세기 초에 걸쳐 아프가니(Jamal al-in al-Afghani), 압두(Mohammad Abduh), 리다(Rashid Rida)와 같은 이슬람 근대주의자들(Islamic modernists)이 '중동에서 증대되고 있는 서구 헤게모니에 의해 초래된 도전과 변화에 이슬람이 어떻게 대응할 것인가'에 대해 열띤 논쟁을 했다. 이슬람부흥주의는 이슬람보수주의 · 전통주의, (이슬람)근대개혁주의, 이슬람원리주의로 분류되기도 한다. 최근 인구에 회자되고 있는 현대 이슬람원리주의는 1928년에 알 반나가 이집트에서 창설한 무슬림형제단(Muslim Brotherhood 또는 al Ikhwan al-Muslimun)에서 시작된다. 무슬림형제단의 팔레스타인 지부의 지도자들이 1987년 말에 가자지역에서 창설한 것이 하마스(Hamas)이고, 빈 라덴의 알 카에다 조직도 이슬람원리주의의 한 세력이라고 할 수 있다. 2004년 5월 말 김선일 씨를 납치하여 참수한 '알 타우히드 왈 지하드'(유일신과 성전)라는 단체도 알 카에다에서 세포분열해 나온 이슬람원리주의 세력 중의 하나라고 할 수 있다. 이슬람원리주의 단체인 팔레스타인 하마스 헌장을 통해 그들의 궁극적 목표가 무엇인가를 알 수 있다.

1988년 8월 18일 발표된 하마스 헌장(5장 36조)은 다음과 같이 규정하고 있다. 하마스의 기반은 이슬람이고(제1조), 하마스는 이슬람을 생활방식으로 채택하며(제5조), 팔레스타인 무슬림형제단의 여러 산하단체 중의 하나임을 공식 선언한다(제2조). 알라가 하마스의 목표이고, 예언자(무함마드)는 하마스의 모델이며, 꾸란은 헌법이고, 지하드(Jihad, 聖戰)는 그들이 가야 할 길이며, 알라를 위해 죽는 것은 가장 갈망하는 소망이다(제8조). 하마스는 유일성(uniqueness, 제6조)과 보편성(universality, 제7조)을 가진 운동단체이다. 하마스는 시오니스트 침략에 대항하여 지하드를 실천하고 순교자 알-카삼 · 무자히딘(Mujahidin)의 결합체와 연합한다. 하마스는 민족주의 운동에 대해 공산주의와 십자군인 서구에 충성하지 않는 한 지지하며(제25조), PLO는 하마스와 가장 가까운 운동단체이고 아랍-이스라엘 갈등에서의 그 역할을 과소평가하지는 않지만, 하마스는 현재 또는 미래의 팔레스타인의 이슬람적 성격(Islamic nature)에 대한 PLO의 세속적 사고(secular thought)를 사용할 수 없다(제27조).

이슬람부흥주의자들은 이슬람을 근대 세계와 결합하려고 한다. 그들은 움마(ummah) 정체성에 기초한 종교공동체의 힘과 생존은 이슬람의 정체성과 유일성을 재강조하는 데 있다고 주장한다. 그들은 또한 이슬람 문명사, 이슬람 과학, 이슬람 경제를 가지고 종교적 힘으로서 뿐만 아니라 정치적인 힘으로 근대성에 의해서 제기된 문제들을 해결할 수 있다고 주장한다. 새로운 무슬림 정체성을 통한 이러한 대응은 자치를 강화시키고 외국 통치를 배격할 것이라고 믿었다. '부활된 무슬림공동체'라는 생각은 근대주의자들과 무슬림 세계 전체에 범이슬람주의를 고무시켰다. 한편, 거의 동일한 의미로 사용되는 이슬람원리주의(Islamic

Fundamentalism), 이슬람주의(Islamism), 정치이슬람(political Islam), 이슬람극단주의(Islamic Extremism), 이슬람 테러리즘(Islamic Terrorism) 등의 이념은 서구식 세속적 근대화의 실패와 이슬람부흥주의, 이슬람근대주의에 기초한 이슬람식 근대화의 실패에 대한 반성에서 1980년대 전후부터 부상하기 시작한 일종의 극단주의이다. 사이드 꾸틉(PASSIA 1990),[10] 마우두디[11] 등 이슬람주의 사상가들의 이념을 바탕으로 1980년대에 정치이슬람 그룹이 부상했다. 이스라엘의 레바논 침공에 대한 대응으로 레바논 시아파 정치이슬람 그룹 히즈발라(Hizballah, '신의 당')가 1982년에(Saad−Ghorayeb 2002 ; Qassem 2005), 팔레스타인의 하마스가 1987년에(Milton−Edwards 1996 ; Tamimi 2007 ; Mishal & Sela 2000), 알 카에다가 오사마 빈 라덴에 의해 1988년에 창설되었다. 그 외 크고 작은 많은 정치이슬람 단체가 조직되어 현재 소멸한 조직도 있고 계속 활동하는 조직들도 있다. 2011년 민주화 혁명 과정에서 일부 정치이슬람 세력, 즉 이집트의 무슬림형제단, 리비아의 이슬람마그렙(AQIM, Islamic Maghreb)과[12] 이슬람투쟁그룹(LIFG : Libyan Islamic Fighting Group)이[13] 반정부 민주화 혁명에 동참하기도 했다.

샤리아(이슬람법)에 기초한 이슬람 국가(Islamic state) 건설을 목표로 하고 있는 정치이슬람 세력 중 일부가 테러 및 무장투쟁을 수단으로 이용하고 있다. 즉 정치이슬람 세력 모두가 항상 극단적인 테러 수단을 사용하는 것은 아니다. 하나의 정치이슬람 세력은 때로는 사회복지를 위해 헌신하기도 하고 때로는 극단적인 테러를 사용하기도 한다. 이슬람 사회에서 정치이슬람 세력은 이슬람 국가 건설, 제국주의 침략으로부터의 해방, 부정부패한 정권의 타도라는 대의명분을 내세우고 있다. 이러한 이슬람 부흥사상이 정치운동으로 발전하면서 이슬람부흥주의의 궁극적 목표인 움마공동체, 이슬람 국가에 대한 연구가 진행되고 있고, 우리 학계에서도 '국가론' 논쟁과 함께 중동 지역학 연구의 주요 부분인 '이슬람국가론' 연구가 필요할 것으로 판단된다.

정치이슬람을 포함한 이슬람부흥주의가 아랍 통합의 동력으로 작용했는가에 대해서는 '아니오' 라고 해야 할 것으로 판단된다. 왜냐하면 일부 범이슬람주의를 주장하는 종교사상가도 있었지만 이슬람 내에서도 여러 종파와 분파가 있고, 정치이슬람 세력들은 이슬람을 정치적으로 이용했을 뿐 아랍 통합에 저해요인으로 작용했기 때문이다. 이슬람주의를 국가이념으로 하여 건설된 사우디아라비아도 아랍국가들을 통합하는 데 거의 역할을 하지 못하고 있다. 2011년 중동 아랍국가들의 민주화 혁명 과정에서 위성방송이나 SNS 등 1인 미디어가 크게 영향을 미친 것으로 보아 아랍국가들도 매우 빠른 속도로 세속화가 진전될 것으로 판단된다. 즉 움마 정체성 이념은 점차 약화될 것이기 때문에 이슬람부흥주의를 통한 통합의 동력은 크게 약화될 것이다.

3. 2011년 중동 아랍국가들의 민주화 혁명과 통합 전망

(1) 중동 아랍국가들의 민주화 혁명 원인

2010년 12월 17일, 튀니지 중부 도시 시디 부지드(Sidi Bouzid)에서 공권력의 모욕적 횡포에 맞서 분신으로 항거한 26세의 대학 중퇴 과일 노점상 모함메드 부아지지(Mohammed Bouazizi)의 사망사건은 중동 아랍 민주화 혁명 및 '민주화 나비효과' 의 시발점이 되었다. 가난과 차별, 신분상승의 기회가 거의 없고 이를 호소할 곳도 꽉 막힌 '봉쇄된 사회' 의 민중들이 최후 수단으로 선택할 수 있는 것 중의 하나는 분신자살이다. 부아지지가 지핀 민주화 불길은 폭풍 속의 산불처럼 중동 전역으로 활활 타올랐다. 1월 14일 이집트,[14] 1월 20일 전후 알제리,[15] 1월 26일 예멘,[16] 1월 29일 요르단,[17] 2월 14일 리비아,[18] 바레인,[19] 이란,[20] 2월 17일 사우디아라비아,[21] 2월 19일 쿠웨이트,[22] 2월 10일 모로코[23] 등 중동 전역에서 빵, 자유, 민주화, 부정부패 척결, 종파와 부족 간 차별 중지 등을 요구하는 시위가 시작되었다. 빵의 혁명, 자유와 평등이라는 가치의 혁명이 동시에 발생했고, 두 달이라는 짧은 기간 안에 중동 전역에 민주화 폭풍이 거세게 불어닥친 것이다. 중동지역에서 민주화는 '쓰레기통에서 장미를 피우는 것만큼이나 어렵다'는 '중동예외주의' 가설은 이제 쓰레기통에 버려야 할 판이다.

1980년대 아시아와 중남미에서 민주화 파고가 발생했었다. 한국은 1980년 '서울의 봄'과 '5 · 18 광주 민주화 혁명'이 좌절되면서 실패하는 듯 보였지만 1987년 6월 민주항쟁의 성공으로 절차적 민주주의는 달성되었다. 1990년대와 2010년 이전 기간에는 기존 사회주의권 국가들의 자본주의 정치경제체제로의 변동과 동시에 민주화 혁명이 발생했다. 2003년 11월 그루지아의 장미혁명, 2003년 12월 우크라이나의 오렌지 혁명, 2005년 3월의 키르기스스탄의 레몬혁명(튤립혁명), 2005년 5월 우즈베키스탄의 민중혁명 등 제2의 민주화 파고가 발생했다. 2000년대 초반 중동지역 일부 국가에서도 산발적인 민주화 시위가 있었다. 2005년 2월 레바논의 백향목(삼나무) 혁명(Cedar Revolution)과[24] 대통령 선거부정 의혹으로 촉발된 2009년 6월 이란에서의 민주화 시위가 그것이었다. 그러나 이번 민주화 혁명은 달랐다. 2010년 12월 17일 튀니지에서 발생한 한 청년의 분신자살 사건은 세계 역사에서 그 유례를 찾아볼 수 없을 정도의 빠른 속도로 민주화를 확산시켰다. 중동의 지도자들에게 무슬림들의 '금요예배'는 이슬람정체성, 국가정체성을 형성하는 상징적인 날이 아니라 '지옥행의 날', '피의 금요일'이 되고 말았다.

어떤 이는 중동의 민주화 혁명을 우연성, 냄비성, 폭력성으로 폄하시킨다. 그러나 이 지역 민중들은 기본적으로 지긋지긋한 장기 독재정권에 대한 염증을 가슴에 품고 살아왔고,[25] 따라서 이를 타도하려는 의지를 보여주었다. 역사적 경험이 보여주었듯이 중동의 모든 권위주의 독재정권과 왕정들도 각종 자유권의 억압 내지는 통제라는 특징을 가지고 있다. 경제적 부정의와 사회적 차별도 심한 편이었다. 이에 대한 저항이 이번 중동 아랍 이슬람 사회의 민주화 혁명이었다. 우리나라의 4 · 19 혁명, 1980년 5 · 18 광주 민주화 혁명, 1987년 민주대혁명을 합해놓은 것과 같은 그러한 민주화 혁명이 '민주화 예외지역'에서 발생한 것이다.[26] 정치, 경제, 사회의 각종 모순들이 용암 분출하듯이 축적된 에너지가 여러 곳에서 거의 동시에 폭발함으로써 이 지역의 민주화 혁명은 가능했다. 만약 산발적으로 어느 일부 국가에서만 발생했다면 거의 실패했을 것이다.

중동 아랍 이슬람 지역에서도 가끔 권위주의에 대한 산발적인 민주화 시위가 있었고, 곡물값 상승에 대한 저항으로 '빵의 혁명'이 있었다. 특히 2011년 민주혁명은 빵의 혁명이라 할 충분한 이유가 있다.[27] 이전의 민주화 시위는 이번과 같은 파급효과를 미치진 못했다. 그렇다면 '민주화 대혁명의 나비효과'에 영향을 미친 요인은 무엇인가?

첫째, 장기 독재정권이 초래한 가난의 문제, 즉 중동 아랍 이슬람 사회 전반에 퍼져 있는 경제적 빈곤 문제가 주요 요인이었다. 부의 집중과 절대빈곤, 청년실업, 물가고 등 경제문제는 젊은이들을 절망에 빠지게 하고, 이는 저항 에너지로 축적되어 왔다.[28] 인구학적 측면에서 볼 때 이 지역의 평균 연령이 다른 지역보다 훨씬 낮기 때문에 국가 정책 중 청년실업의 문제를 해결하려는 노력이 우선적인 과제임에도 불구하고 위정자들은 이를 개선하는 일에 게을렀거나 무관심했다. 이에 더하여 물가고의 문제도 매우 심각한 사회문제로 부상하여 대졸 고학력자들에게 절망을 안겨주었다. 중동 민주화 혁명은 '빵의 혁명'임과 동시에 '자유와 평등이라는 가치의 혁명'이었다. 비교적 부유한 걸프협력위원회 6개국 중 사우디아라비아와 바레인에서도 민주화 혁명이 발생했다. 빵의 혁명이라기보다는 자유 및 차별의 해소를 요구한 것이다.

둘째, 장기 권위주의 공화정 정권 및 왕정에 대한 불만이 폭발했다. 절대권력은 절대 부패하게 되어 있다.[29] 장기 절대권력은 권력의 사유화뿐 아니라 국가 재정의 사유화를 통해 자신들의 배를 불리고 민중들을 도탄에 빠지게 만든다. 이집트의 호스니 무바라크는 30년 집권기간 동안 약 700억 달러의 재산을 축적했고, 42년 집권한 리비아의 카다피는 약 1500억 달러의 재산을 축적했다. 튀니지의 벤 알리와 그 일가도 문어발식 족벌체제를 통해 많은 재산을 축적했다.[30] 그 외 예멘의 살레, 이라크의 고 후세인, 시리아의 바샤르 등 장기 집권자 및 세습권력들은 부정부패의 중심세력이라는 특징이 있다. 왕정 국가들은 제도적으로 국가의 많은 재산이 왕가 사유재산으로 되어 있다.

셋째, 종파 간, 부족 간 갈등과 같은 이 지역 특수성을 보여주는 사회적·종교적 문제가 갈등 심화의 원인이 되었고, 민주화를 왜곡시키는 부정적 역할을 했다. 바레인의 민주화 시위는 사우디아라비아가 1천 여 명의 병력과 무장차량 150대, 구급차 등 군용차량 50대를 바레인에 파병하고 UAE도 군병력을 파병한 데 대해 이란이 '외국군의 바레인 개입'

을 강력하게 비판함으로써 '민주화 운동의 지역주의화' 현상이 나타났다. 시아파의 종주국인 이란은 이란–이라크 남부지역–시리아–바레인–사우디아라비아 동부지역으로 연결되는 시아벨트의 강화를 염두에 둔 것이고 사우디아라비아, UAE, 카타르 등 GCC 왕정 국가들은 왕가 보호와 이란으로부터의 안보를 고려한 것이었다. 리비아의 민주화 시위는 트리폴리를 기반으로 하는 친카다피 부족과 벵가지 지역을 기반으로 하는 반카다피 부족으로 갈리어 부족 간, 지역 간 갈등으로 왜곡되었다. 리비아 내전은 2월 26일 '유엔안보리 결의 1970'과 3월 17일 '유엔안보리 결의 1973'을 통해 국제기구가 개입함으로써 '민주화 운동의 국제화' 현상을 초래했다.[31] 리비아와 바레인에서의 민주혁명은 심각한 왜곡 현상으로 변질된 것이다. 시리아, 예멘에서 지속되고 있는 민주화 시위도 왜곡될 가능성이 높아 보인다. 이러한 민주화 혁명의 왜곡현상은 반혁명, 반동으로 나타날 가능성이 매우 높아 보이지만 결국에는 민주화와 정치발전을 가져올 것이다.

넷째, 분신자살, 시위, 노동운동 등을 통해 사회적 모순이 지속적으로 표출되어 왔음에도 불구하고 이번에서야 비로소 민주화 에너지가 폭발한 데에는 웹 2.0 기반 인터넷, 알 자지라 등 위성방송, 웹 3.0 시대 소셜네트워크 서비스(SNS)의 역할이 컸기 때문이다. 중동의 민주화 혁명을 SNS에 의한 소통혁명, 인터넷 혁명이라고 하는 이유이다. 인터넷을 통한 위키리크스 폭로,[32] 알 자지라 등 위성방송, 그리고 트위터, 페이스북, 블로그 등 뉴 미디어, 1인 미디어라고 하는 SNS가 상호 연계되어 수많은 정보를 생산하고 전파하는 역할을 했다. 현대 정보화 문명은 국가도 통제할 수 없는 상황으로 이미 진입했다. 뉴 미디어 그룹은 현장에서 벌어지고 있는 사실들을 실시간으로 국내외에 확산시키는 데 크게 기여했다.[33] 정치권력에 불만을 가진 젊은 세대에게 이제 막 보급되기 시작한 SNS는 일종의 소통혁명을 가져왔고, 이는 곧 민주화 혁명을 견인했다. 정치 · 경제 · 사회 모순과 SNS 사용자 수의 증가가 결합됨으로써 정치변동과 사회변혁을 유인하고 있고, 심지어 중동 아랍 이슬람의 전통 문화와 문명의 변동을 가져올 것으로 예측되기도 하다.

(2) 중동 아랍국가들의 민주화와 통합

중동지역은 다른 어느 지역보다도 갈등요인이 많은 지역이다. '민주평화론'은 '사회의 민주화가 그렇지 않은 사회보다 갈등을 약화시키고 평화를 증진시킨다'는 논리이다. 2011년 중동 아랍국가들의 민주화 혁명 경험이 평화를 증진시키고 아랍국가들을 하나로 통합시키는 동력으로 강하게 작용할 것인가? 몇 가지 점에서 아직은 '아니다'라고 할 수 있다.

첫째, 국가정체성이 아랍 민족정체성보다 강하게 작용하고 있고, 그 추세도 국가정체성 강화 쪽으로 변화하고 있다. 2011년 민주화 혁명 과정에서 '아랍민족주의'를 내세우는 세력은 거의 없었다. 일부 정치이슬람 세력이 민주화에 동참했고, 몇몇 나라에서는 부족주의가 부상했다.

둘째, 아랍연맹(AL), 걸프협력위원회(GCC), 석유수출국기구(OPEC)와 아랍석유수출국기구(OAPEC), 아랍협력위원회(ACC), 아랍마그렙연합(AMU) 등 중동 국제기구들이 아랍 각 국가들의 민주화 혁명에 거의 개입하지 못했다. 특히 22개국으로 구성되어 있는 아랍국가들의 연맹인 AL이 아랍 각 국가들의 내부 문제를 해결하는 데 거의 개입하지 못했다. 역으로 중장기적으로 아랍 민주화가 진전된다 해도 아랍연맹이 강화되어 아랍 통합의 동력으로 크게 작용할 것으로 보이지 않는다.

〈 중동지역 국제기구 〉

	League of Arab States (아랍연맹)	OPEC (석유수출국기구)	GCC (걸프협력위원회)	ACC (아랍협력 위원회)	AMU (아랍마그립 연맹)
가입국	2011년 8월 현재 팔레스타인 포함 22개 아랍국가 (1945년 3월 결성됨. 첫 회원국은 시리아, 요르단, 이라크, 사우디아라비아, 레바논, 이집트, 예멘)	이란, 이라크, 사우디아라비아, 쿠웨이트, 베네수엘라의 5대 석유수출국이 국제 석유자본에 대한 발언권을 강화하기 위해 1960년 9월에 바그다드에서 결성. 2011년 현재 이란, 이라크, 쿠웨이트, 사우디아라비아, 카타르, 아랍에미리트, 알제리, 앙골라, 나이지리아, 리비아, 베네수엘라, 에콰도르 (12개국)	1981년 5월 걸프지역 세습 아랍 왕정국가인 사우디아라비아, 쿠웨이트, 카타르,아랍에미리트, 바레인, 오만(아랍어, 이슬람, 세습왕정체제, 석유수출국이라는 공통점 있음)으로 결성	요르단, 이라크, 이집트, 북예멘	모로코, 알제리, 튀니지, 리비아, 모리타니
결성배경	전쟁으로 혼란스러운 상황 탈피욕구, 식민지 상태의 국가들을 독립시키고 아랍민족의 통일을 지향하는 범아랍민족주의가 널리 퍼짐	* OAPEC : 석유산업의 국제적인 협력을 위해 설립된 아랍국가들만으로 1968년 1월에 결성된 기구 자원민족주의, 메이저에 의한 원유 공시가격 하락에 대한 대응	정치: • 1970년대 말 – 1980년대 초 걸프만의 정치적 불안에 대한 대응 • 1979년 이란 혁명 • 1979년 소련의 아프간 침공 • 1980년 이란 –이라크전쟁 경제: 경제체제 불안해결(경제통합 추진 중임 : 역내 단일시장, 단일통화, 역내 자유무역지대 형성, 관세동맹, 중앙은행 설립…등)	인적 · 물적 자원의 협력, 역내 산업구조의 효율적인 배분→아랍 지역 내의 경제 협력	대유럽국가와 협상에서 발언권을 강화하고 인접의 경제블록에 대해서도 경쟁할 수 있는 경제공동체의 결성이 필요
목적	중동의 평화와 안전 확보+ 아랍 제국의 주권과 독립 수호	가격 카르텔 →생산 카르텔	정치 · 사회 · 경제 · 문화 및 교육 분야에서의 상호 협력, 경제통합	회원국 간 결속 달성+ 점진적인 경제통합 달성	북아프리카 지역 6700만 인구를 결속+유럽의 경제통합 모델 모방

협력 내용	연맹국가 내 정치적 협력, 분쟁처리, 경제, 커뮤니케이션, 문화 · 사회 문제에 대한 전문 위원회 활동, 여러 조약과 기구 창설 등	테헤란 · 트리폴리 협정, 제네바 · 신제네바 협정, 1 · 2차 석유파동	• 무역자본, 노동, 경제 이동의 자유, • 개발의 상호 조정, 기술협력, 운수 · 통신 협력 • 최근 세계 여러 국가들은 GCC와 FTA 추진 중 (한-GCC FTA 추진 중)	과학 및 기술, 도시 계획, 공업, 석유 및 가스, 관광, 육상 운송 및 종교 문제 해결	기존 경제 및 산업구조를 바탕으로 한 국가별 전문화→상호 보완관계의 제도화 및 역내 간 생산율 국제경쟁력 제고
전망	산유국으로서의 경제력, 세계적 영향력을 고려할 때 기대할 만함	중동 산유국 수입 증대, 유가조절의 정치압력수단화. 국제사회서 중동국의 발언권 강화	걸프투자법인 설립과 막대한 대외 자산 보유	GCC 회원국에 비하여 매우 취약한 경제구조	세계시장 진출 모색

Ⅲ. 맺는 말 : 중동 아랍국가들의 통합 딜레마

오늘날의 중동지역 및 아랍지역에서는 오랜 역사 동안 여러 나라들이 부침했다. 중동지역 어디를 가나 로마 유적지가 남아 있다. 622년 무함마드에 의해 아라비아 반도 메카-메디나 지역에서 창설된 이슬람은 종교일 뿐만 아니라 오늘날까지도 통치이념으로, 생활세계의 총체로서 큰 역할을 하고 있다. 무함마드 시대-정통 칼리파 시대(632-660)-우마이야조(661-750)-압바시야조(749-1258) 시기에 이슬람과 아랍의 황금기였다. 투르크 족 중심의 오스만 제국 시기(1340-1922)의 식민지와 근대 서구 제국의 식민지를 경험한 후 오늘날과 같은 분열된 국가 구조가 만들어졌다. 아랍국가들은 아직도 근대국가 건설과정에 있다. 때로는 이슬람부흥주의 및 범이슬람주의 같은 종교이념이, 때로는 아랍민족주의가 통합이념으로 작용했으나 아랍국가들을 완전히 통합시키는 데는 실패했다. 모든 보편적 종교와 마찬가지로 이슬람도 부족주의 및 종족주의, 국가중심주의를 배제해 왔다. 그럼에도 불구하고 기존의 이슬람 제국과 근현대 정치지도자들은 부족주의를 이용하기도 하고 국가 중심의 민족주의를 주창했다. 아랍민족 전체의 통합과 발전을 지향하는 범아랍민족주의의 동력은 약화되었고, 지방 또는 국가 중심의 민족주의가 난립하고 있다. 국민국가 중심 체제, 즉 근대 국민국가 체제로 편입되고 있는 중이다. 또한 정보화 · 세계화 · 민주화가 아랍국가들을 하나로 통합할 것으로 보이지 않는다. 2011년 민주화 혁명은 '빵의 혁명', '가치(자유와 평등)의 혁명'이었으며, 범아랍민족주의 혁명이나 범이슬람 부흥주의 혁명은 아니었다. 아랍국가들의 정치체제는 국가 수만큼 다양하고, 경제 수준도 다양하며, 종교성(이슬람 정체성에 대한 수준)도 다양하다. 급격한 도시화 · 서구화 · 정보화 · 민주화가 진행되고 있고, 이는 아랍사회 전체를 세속화로 유인할 것이다.

많은 아랍인들 및 아랍 지도자들이 아랍국가들 및 주민들의 연대를 통한 통합 필요성을 인식하고 있으나 국내외 여건들은 분열로 유인하고 있다. 기존의 중동지역 국제기구들 내에서도 아랍 회원국들은 자국의 국가이익을 더 적극적으로 추구해 왔다. 자국민의 통합과 발전을 지향하는 것이 현 중동 아랍국가들의 가장 큰 현안이다.

주석

1_ 중동지역과 중동 아랍지역 개념은 시기에 따라 변해왔다. 여기서는 다음과 같이 개념 정의한다.

① 중동 아랍지역은 7세기 이래 오늘날까지 이슬람에 바탕을 둔 문화(이스라엘 제외)를 공유하고, 이슬람이 정치 · 경제 · 사회 일반에 지대한 영향을 끼치면서 아랍어를 모국어로 하는 문명권 지역이다(이란, 터키가 제외됨). 아랍연맹은 1945년 3월 결성된 지역협력기구로서 시리아, 요르단, 이라크, 사우디아라비아, 레바논, 이집트, 예멘 등 7개 아랍국으로 시작하여 2011년 현재 22개국이 가입되어 있다. ② 중동지역 개념은 시기적으로, 그리고 패권국의 정의에 따라 유동적이었으며, 지리적으로 확대되어 왔다. ③ 현재 국내외 학계에서는 협의의 중동지역, 광의의 중동지역, 확대 중동지역으로 개념 정의하고 있다.

㉠ 협의의 중동지역 : 동으로 이란, 서로 이집트, 북으로 터키, 남으로 예멘에 이르는 핵심 지역

㉡ 광의의 중동지역 : 협의의 중동지역+북아프리카 마그립지역(서쪽으로 모로코, 모리타니아까지)으로서 서구에서는 주로 중동-북아프리카(MENA : Middle East & North Africa) 지역으로 하는 지역

㉢ 확대 중동지역(Broader Middle East) : 광의의 중동지역에 파키스탄과 아프가니스탄을 포함한 지역. 최근 확대 중동지역은 중앙아시아 이슬람 지역을 포함하려는 시각도 있음. 본 글에서 '중동지역'은 '광의의 중동지역' 의미로 사용함.

2_ 1958-1961년 간의 3년 동안 이집트와 시리아가 통합하기로 함으로써 '통일아랍공화국'이 탄생하였다.

3_ 이슬람에 의한 중동 아랍의 통합운동

4_ 민주평화론(Democratic Peace Theory)은 민주주의 국가들 간에 서로 전쟁을 하지 않는다는 이론[구조적/제도적(Structural/Institutional) 해석과 문화적/규범적(Cultural/Normative) 해석]이며, 전쟁원인을 국내 정치구조상의 결함에서 찾는 경우와 유사한 이론이다. 그러나 민주평화론에 대한 비판적 사례 연구도 있다(김재천 2004).

5_ 지역 간, 부족 간, 친서구 세력과 반서구 세력 간 갈등 등

6_ Jabar는 1968-1998년 사이의 이라크 세습적 전체주의(patrimonial totalitarianism)

하에서의 부족주의 형태를 토지부족주의(estate tribalism), 사회부족주의(social tribalism), 군사-이념부족주의(military-ideological tribalism)로 분류하여 부족주의를 설명하기도 한다(Jabar 2003, 69-109).

7_ 다우드(Dawood)는 이라크부족주의를 연구하면서 이라크에서 사용하는 부족과 관련된 용어들을 다음 <표>와 같이 정리한다(Dawood 2003, 115-116).

명칭	의미
sha'b	소부족(small tribe=peuplade). 멀리 떨어져 있는 공통의 기원(distant common origin)으로부터 출발. 예컨대 남부 아라비아의 아랍인 기원인 까흐탄족(Qahtan)과 북부 기원인 아드난 족(Adnan)이 여기에 속한다.
qabila	부족 또는 부족 연합을 가리키는 일반적인 용어
imara	하부 부족(sub-tribal) 구조. 신체의 부분, 즉 *sadr*(가슴), *unuq*(목)을 은유적으로 환기시키는 드물게 사용되는 용어. 실제로 *imara*는 번영(flourishing)을 의미
ashira	하부 부족(sub-tribe) 또는 부족. 터키인과 쿠르드인들에게 *ashira*는 씨족(clan)을 의미
batn	씨족. 고대 히브리인에 따르면 이 용어는 위(stomach)를 의미하는 단어로부터 유래. 다른 히브리인과 아랍인에 따르면 자궁(womb)을 의미함. Robertson Smith의 진화론에서 *batn*은 부계사회 이전의 모계 씨족(matrilineal)을 의미
fakhith (*fakhdh*)	이라크 북서부 아랍 부족들에게 부계 씨족을 의미. 아랍어로 넓적다리(thigh) 의미. 다른 아랍 사회의 부족과 마찬가지로 이라크의 남부 부족들은 (명문가의) 혈통(lineage)을 의미
fasila	대가계[large house, *maison* 또는 확대 가족(extended family)]. 신체의 은유적 표현으로는 '다리 아래 부분'
firqa	혈통
hamoula	가족(household. *maisonnee*). 또는 북서부 부족들에게는 혈통을 의미하나 남쪽 부족들에게는 씨족(clan) 의미
bayt (*bait*)	*maison* 또는 가계(house)
mashaykh	추장이 지배하는 지역(chiefdom)

이라크에서는 현재 ashira, fakhith, hamoula, bayt만 사용되고 있으며, 일부 용어, 예를 들면 albu, fenda, al-gurmeh는 이 지역(이라크)에서 특별한 다른 여러 용어와 함께 사용된다. ashira, fakhidh, hamoula, bayt, albu, fenda는 이라크 사회적 부족기구(social tribal organization)를 구성하는 근본적인 관계들(fundamental relations)을 표현하고 있다.

한편, 자바르(Jabar)는 부족 단위를 다음 <표>와 같이 분류한다(Jabar 2003 : 74).

qabila (*tribe*)	비교적 넓은 수준의 단위(larger unit)로서 *qabila*와 관련된 씨족들은 공통의 혈통과 후손이라고 주장함
ashira (*clan*)	두 번째 수준의 조직. 부족장(sheikhs)이 통합역할(unifying role)을 하고 그 구성원인 여러 하부 씨족들(sub-clans), 즉 *fakhdh* 또는 *afkhadh*의 영토적 근접성(territorial proximity)에 고마워하는 목적 지향의 통일체(unity of purpose)이다.
fakhdh 또는 *afkhadh*	세 번째 수준의 조직으로서 생산의 기본 단위이다. 독자적인 목초지와 수자원을 가지며, 강한 영토권(territoriality)을 가진다. *fakhdh*는 *hamoula*라고 불리는 작은 부계 그룹들(patrilineal groups), 즉 확대 가족으로 구성된다.
hamoula	실질적으로 공동생활을 하고 진정한 친족관계(kinship group)를 구성한다. 각 *hamoula*는 작은 가계(small households), 즉 *bait*로 나누어진다.

qabila와 ashira는 정치적 · 군사적 단위이고 fakhdh, hamoula, bait는 경제적 · 공동 주거(camping and housing)의 단위이다. 각 씨족(ashira) 내의 가장 강력한 fakhdh 중 출중한 hamoula가 리더십을 갖게 된다. 따라서 가장 강력한 씨족이 부족의 지도력(headship)을 가지게 된다. 범부족연합(pan-tribal confederation)이 출현하는 경우에는 가장 강력한 부족이 sheikh al-mashayikh 지위를 차지한다.

8_ 베두윈 출신임에도 불구하고 카다피는 부족을 시대에 뒤떨어진 것(anachronistic), 근대화에 장애가 되는 것으로 보았다. 카다피는 오랜 부족 경계를 가로질러서 여러 지역으로 나누고, 서로 다른 부족을 공동구역(common zone)으로 만들었으며, 전통적인 제도와 지방의 친족군(force of local kinship)을 약화시키는 방안으로 부족들을 파편화시키려고 노력했다. 고대의 리더십 자격의 기준이 되었던 혈통, 부, 종교성은 공식적인 시험으로 결정되도록 경쟁과 교육을 장려했다. 그러나 이러한 노력은 성공하지 못했고, 이번 민주화 시위 과정에서 부족주의 현상이 부상하게 되었다.

9_ 이란인들은 페르시아 만이라고 부르나 아랍인들은 아라비아 만(Arabian Gulf) 또는 줄여서 걸프라고 부른다.

10_ 사이드 꾸틉(Said Qutb, 1906-1966)은 1930-1950년대에 활발한 활동을 했던 이슬람 정치사상가이다. 그는 영국의 식민주의, 제2차 세계대전 이후의 미-소 중심의 냉전 이데올로기, 1952년의 나세르 군사혁명의 세속적 사회주의와 민족주의 등을 경험하면서 이집트 사회가 직면한 병리를 치유하는 방안으로 이슬람식 근대화를 주장했다. 그는 영국의 식민제국주의로부터 세속적 물질주의와 개인주의적 자본주의의 병폐를 발견했고, 그에 대한 대안으로 이슬람 이념을 이상적 사회 기반으로 내세웠다. 그는 이슬람에 기반을 둔 무슬림공동체, 즉 현대식 움마공동체를 건설하고자 했다. 꾸틉은 『이슬람에서의 사회정의』(1949), 『세계평화와 이슬람』(1951)에서 이슬람부흥주의를 주장했다.

11_ 알 마우두디(Mawlana Mawdudi, 1903-1979)는 이슬람 국가 신학을 발전시킨 대표적 인물이다. 마우두디는 인도에서 이슬람이 소수 집단, 소수 종교로 전락해 버린 상황을 보고 강력하게 이슬람 국가 건설을 주장한 대표적 이슬람 국가론자이다. 그는 1941년 이슬람 혁명의 전위대 역할을 할 Jammat-e-Islami를 창설하고, 생활 전 영역에서의 이슬람적 해석과 적용을 강조하는 현대 이슬람 신학을 발전시켰다.

12_ 알 카에다의 북아프리카 조직이다. AQIM은 카다피 퇴진을 요구하는 반정부 시위를 적극 지원한다는 성명을 발표한 바 있다. 성명은 카다피를 '냉혹하고 악질

적인 사기꾼' 으로 규정하고 리비아 민중봉기는 "알라를 사랑하는 모든 무슬림들의 싸움이며, 알라로부터 부여받은 힘으로 도울 수 있는 모든 것을 할 것"이라고 하였다. 성명은 카다피가 아프리카 용병을 고용해 시위 진압하는 것과 전투기를 동원하여 리비아 국민을 공격하는 것에 대해서도 규탄했다.

13_ 이 그룹은 1990년대 초반 아프가니스탄에서 조직되었고, 1995년 카다피 체제 전복을 위한 무장투쟁을 시작하였으며 카다피를 살해하려고 시도하였다. 2007년 11월 알 카에다는 LIFG가 알 카에다에 합류했다고 밝힌 바 있다.

14_ 1월 14일 무바라크 장기집권에 반대하는 시위가 시작되었다. 1월 17일－18일 사이에 3명이 분신했다. 이집트 민주화 혁명을 '코샤리 혁명' 이라고도 하는바, 이는 '빵의 혁명' 임을 상징적으로 말해주고 있다.

15_ 알제리에서는 1월 12일 전후로 분신자가 속출하면서 긴장이 고조되었다.

16_ 이전에 시작된 시위가 계속되다가 1월 26일 경찰 발포로 4명 사망

17_ 1월 28일 금요예배 후 총리 사퇴를 요구하는 시위가 시작되었다.

18_ 벵가지 중심으로 반정부 시위. 2월 20일 트리폴리에서 시위대와 보안군 간 유혈충돌

19_ 아파 거주지인 남서부의 네위드라트에서 시위

20_ 이란 정부는 1월 31일 이집트 시위대를 지지한다는 입장을 밝혔다. 2월 14일 테헤란 중심부 엥겔랍(혁명) 광장과 이맘 호세인 광장에 모여 '독재자에게 죽음을' 외치며 반정부 시위를 하였다.

21_ 사우디 동부지역 시아파 지역에서 소규모 시위 발생

22_ 유목민들이 시위 시작

23_ 국왕 권한 축소, 정부 부패척결 요구 시위

24_ 2005년 1월 시리아에 적대적이었던 라피크 하리리 전 총리가 암살되었고, 그 배후로 시리아가 지목되면서 발생한 사건이다. 2005년 2월, 레바논의 친시리아 내각이 '피플 파워'에 굴복하여 총사퇴하였다.

25_ 중동 주요 국가 지도자들의 통치기간

국가	지도자	통치기간
튀니지(공화정)	벤 알리	1987－2010
이집트(공화정)	호스니 무바라크	1981－2011. 2. 11 (1952년 나세르 혁명 이후 2011. 2. 11 현재까지 군부정권 무바라크 하야 후 국내 사법기관에서 재판받음)
알제리(공화정)	압델 아지즈 부테플리카	1999－ 2011. 4 현재
리비아(공화정)	무아마르 카다피	1969－2011. 10. 20 (카다피 사망)
예 멘(공화정)	알리 압둘라 살레	1978－2012. 1 현재(하야하기로 했으나 확정날짜는 결정되지 않음)

시리아(공화정)	바샤르 알 아사드	2000-2012. 1 현재(1970년 아버지 하페즈 알 아사드가 혁명을 통해 집권했고, 바샤르 알 아사드는 2000년에 권력을 세습했음)
요르단(입헌군주제)	압둘라 2세 국왕	1999-2012. 1 현재
카타르(입헌군주제)	하마드 빈 할리파 알 사니	1995-2012. 1 현재
사우디아라비아(세습군주제)	압둘라 빈 압둘 아지즈	2005-2012. 1 현재
모로코(입헌군주제)	모함메드 6세 국왕	1999-2012. 1 현재
오만(세습군주제)	카보스 빈 사이드 알 사이드	1970-2012. 1 현재

26_ '중동예외주의'란 부족주의 문화, 이슬람 문화, 지대추구 경제 등 특수한 정치문화로 인하여 동아시아와 중남미의 민주화, 근대화와 같은 길을 가지 않음으로써 서구식 근대화와 민주화가 달성될 수 없다는 논리이다.

27_ 2011년 4월 발표된 세계식량농업기구(FAO)의 식품가격 인덱스에 따르면, 3월 현재 식품가격은 전년 대비 37% 상승했으며, 3월 현재 국제 곡물가는 지난해 같은 기간에 비해 60% 올랐다. '곡물가 상승=사회(특히빈곤층)의 불안정 고조'라는 등식이 성립될 수 있다. 지구촌의 20억 명 빈곤층은 소득의 50-70%를 식량 구입에 사용해야 한다. 포린 폴리시(FP)에 따르면, 지속적 국제 곡물가 상승과 올 수확기 곡물생산량 감소 예측, 높은 인구 증가율, 용수 부족, 변덕스런 날씨 등으로 중동, 아프리카 사회의 불안감은 증가할 것으로 예측되었다(곡물가 상승의 구조적 문제화). 시리아, 이라크에서는 곡물 생산이 이미 줄었고 예멘에서도 감소 중이다(FP 인터넷 판 4월 26).

28_ 2010년 절대빈곤층은 예멘 41.8%, 이집트 16.7%, 알제리 22.6%, 모로코 19% 등 몇몇 나라에서 비교적 높게 나타났지만 실제로는 훨씬 높은 것으로 알려지고 있다. 청년실업률도 예멘 15%, 이집트 42.8%, 시리아 24.4%, 튀니지 30.4% 등으로 나타나고 있지만 역시 실제로는 훨씬 높다는 것이 정설이다. 비교적 시간이 지난 자료이긴 하지만(2005, 2009년) 비교해 보면 다음 표와 같이 중동지역 실업률이 매우 높음을 알 수 있다.

국가(지역)	실업률(2005)
세계	6.3%
동아시아	3.8%
부유 국가	6.7%
미국	5.1%
EU	8.7%
일본	4.5%

국가	실업률(2009)
예멘	35
이라크	18
바레인	15
오만	15
요르단	13
사우디	12
레바논	9
시리아	9

<table>
<tr><td>오스트레일리아</td><td>4.8%</td><td>이스라엘</td><td>6</td></tr>
<tr><td>라틴아메리카</td><td>7.7%</td><td>UAE</td><td>2</td></tr>
<tr><td>아프리카</td><td>9.7%</td><td>쿠웨이트</td><td>2</td></tr>
<tr><td>중동</td><td>13.2%</td><td>카타르</td><td>0</td></tr>
</table>

출처 : CIA World Factbook(2009).

29_ 중동 국가들의 부패순위는 매우 높은 편이다. 2010년 자료에 의하면 178개국 중 예멘, 리비아, 이란은 146위, 시리아 127위, 알제리 105위, 이집트 98위 등 비교적 높은 편이다(Transparency International : EIU).

30_ 2011년 4월까지 보도된 벤 알리 축적 재산

<table>
<tr><th colspan="2">주체</th><th>내용</th></tr>
<tr><td rowspan="3">동결
자산</td><td>과도정부와
중앙은행</td><td>벤 알리의 처남 소유 토지와 은행, 사위 소유의 지투나은행의 관리권을 확보. 두 은행은 벤 알리 일가의 은닉재산을 관리해온 것으로 알려짐
(벤 알리 일가는 금융권에서부터 언론사에 이르는 족벌 경영체제 형성하여 막대한 부 축적)</td></tr>
<tr><td>스위스</td><td>팰컨9000 제트기 한 대와 제네바 중심가의 빌딩 한 채가 벤 알리 소유로 밝혀짐(동결함)</td></tr>
<tr><td>데일리텔레그래프
(영)</td><td>벤 알리 일가의 재산이 총 50억파운드(약 8조9000억원)에 달할 것으로 추산</td></tr>
<tr><td>레일라 트라벨시
(부인)</td><td colspan="2">망명 중 15 t 의 금괴를 챙겼고, 프랑스에도 수백만 유로의 예금을 예치해놓음.
시가 560억원의 파리 고급 아파트와 알프스 스키장의 호화 별장 소유</td></tr>
<tr><td>벨하센
(처남)</td><td colspan="2">시멘트회사 시멘트 드 카르타지의 주인이며 지중해 휴양지 감마르트의 5성급 리조트호텔 카르타고 르 팔라스도 갖고 있다</td></tr>
</table>

31_ 우리나라에서는 중동 민주화 혁명이 중국, 북한까지 퍼져나갈 것인가에 대한 논쟁이 부상했다. 특히 현재와 같은 동북아 정세 속에서 북한에서 민주화 혁명이 발생한다면 '북한의 리비아화', 즉 '북한 민주화의 국제문제화' 현상이 발생할 것이라는 우려의 목소리가 높았다.

32_ 위키리크스 폭로의 음모설도 있다. 국경없는 기자회는 '인터넷의 적' (internet enemies) 을 선정했는데, 미얀마, 중국, 쿠바, 이집트, 이란, 북한, 사우디아라비아, 시리아, 튀니지, 투르크메니스탄, 우즈베키스탄을 '인터넷의 적' 리스트에 올려놓고 있다. 국가의 통제 속에서도 2011년 이집트 인터넷 사용자는 전체 인구의 20%였다.

33_ 튀니지의 언론자유지수는 세계 178개국 중 164위이다. 그럼에도 전체 국민의 18%가 페이스북 가입자이며, 위키리크스를 본딴 튀니리크스(Tunileaks)가 정보를 실시간으로 전파하는 데 크게 기여했다.

참고문헌

김재천. 2004. "민주평화론(Democratic Peace Theory)과 비밀전쟁(Covert War) – 미국의 대(對) 칠레 비밀전쟁 연구를 중심으로." 『한국정치학회보』 제38집 제3호.

Ahmed, Akbar. 정상률 역. 2007. 『포위당한 이슬람(*Islam under Siege*)』. 서울 : 울력.

정상률. 2006. "이라크 부족주의 연구 – 사담시대 정치엘리트와 부족주의 관계를 중심으로." 『한국중동학회논총』 제27–1호.

정상률. 2007. "이라크 종교엘리트와 부족주의 관계연구–사담시대 정치시아주의를 중심으로." 『한국중동학회논총』 제28–1호.

정상률. 2009. "이라크 군부엘리트와 부족주의 관계연구–사담시대 군부엘리트의 부족기반을 중심으로." 『한국중동학회논총』 제29–3호.

http://en.wikipedia.org/wiki/War (검색일 : 2011. 9. 8)

http://www.csmonitor.com/World/Backchannels/2011/0224/Libya–tribes–Who–s–who (The Christian Science Monitor 인터넷판) (검색일 : 2011. 10. 11)

Ayubi, Nazih N. 1991. *Political Islam: Religion and Politics in the Arab World*. London & New York : Routledge.

Bonner, Michael. 2006. *Jihad in Islamic History : Doctrines and Practice*. Princeton University Press.

Bonte, Pierre. 2003. "Ibn Khaldun and Contemporary Anthropology : Cycles and Factional Alliances of Tribe and State in the Maghreb." Jabar, Falhe A. & Dawod, Hosham(eds.). *Tribes and Power : Nationalism and Ethnicity in the Middle East*. London : SAQI.

Clausewitz, Carl Von. 1832. *On War*. in Howard, Michael & Paret, Peter. (eds.). New Jersey : Princeton University Press(1984).

Cubert, Harold M. 1997. *The PFLP's Changing Role in the Middle East*. London : Frank Cass.

Cook, David. 2005. *Understanding Jihad*. Berkeley : University of California Press.

Henderson, Conway W. 2010. *Understanding International Law*. Oxford : Wiley–blackwell.

Hroub, Khaled. 2000. *Hamas : Political Thought and Practice*. Washington : Institute for Palestine Studies.

Jabar, Faleh A. 2003. "Sheikhs and Ideologues : Deconstruction and Reconstruction of Tribes under Patrimonial Totalitarianism in Iraq, 1968–1998," Faleh Abudl–Jabar and Hosham Dawood(eds.). *Tribes and Power : Nationalism and Ethnicity in the Middle East*. London : SAQI.

Khaldun, Ibn. 1967. Translated and Introduced by Franz Rosenthal with a New Introduction by Bruce B. Lawrence. *The Muqaddimah : an Introduction to History*. Princeton and Oxford : Princeton University Press.

Milton–Edwards, Beverley. 1996. *Islamic Politics in Palestine*. London : I.B. Tauris Publishers.

Mishal, Shaul & Sela, Avraham. 2000. *The Palestinian Hamas : Vision, Violence, and Coexistence*. New York : Columbia University Press.

Musallam, Adnan. 1990. *Sayyid Qutb: the Emergence of the Islamicist(1939–1950)*. PASSIA(Palestinian Academic Society for the Study of International Affairs).

Nye, Joseph S. & Hoffmann, Stanley(eds.). 2003. *Understanding International Conflict : An Introduction to Theory and History*. New York : Longman.

Qassem, Naim. 2005. Translated from the Arabic by Dalia Khalil. *Hizbullah : the Story from Within*. London : Saqi.

Saad–Ghorayeb, Amal. 2002. *Hizbullah : Politics Religion*. London : Pluto Press.

Tamimi, Azzam. 2007. *Hamas : Unwritten Chapters*. London : Hurst & Company.

REGIONAL INTEGRATION

INTERNATIONALPOLITICALECONOMY

지역통합의 **국제정치경제**

아랍마그렙 국가들의 통합 가능성과 한계 : 아랍마그렙연합(AMU)을 중심으로

금상문(한국외대 아프리카연구소)

I. 들어가는 말

북아프리카에서의 통합운동은 1920년대 아랍민족주의자들에 의해 주창되었고, 이후 제2차 세계대전과 1950년대 1960년대 독립운동을 거치면서 아랍민족의 통일이 구체화되었다. 이어 1956년 모로코와 튀니지가 맺은 경제협력이 AMU의 모태가 되었다. 1964년에 튀니지에서 마그렙 경제장관회의가 열리면서 알제리, 리비아, 모로코, 튀니지 간의 마그렙상설자문위원회(CPCM : Conseil Permanent Consultativ du Maghreb)가 설립되었다. 이 위원회는 4개국의 역내 무역과 유럽 국가들과의 관계를 증진시키기 위하여 상호 협조와 발전계획을 내놓았다. 그렇지만 이 계획은 4개국 간의 영토분쟁, 정치적 이유, 서로 다른 이데올로기로 인해 실현되지 못했다. 특히 모로코와 알제리 간의 반목이 결정적으로 AMU의 출범을 방해했다. 그러나 1987년 들어와 모로코와 알제리의 화해가 AMU의 결성에 결정적으로 작용했다. 1988년 6월 북부아프리카 정상들이 알제리 제라드에서 만나 대아랍마그렙을 강조했다.

이후 1989년 알제리, 모로코, 튀니지, 리비아, 모리타니아 등 북아프리카에 있는 5개국(<표 1 참조>)이 모로코의 마라케시에서 최초로 지역경제협력기구인 아랍마그렙연합(AMU, 프랑스어로는 UMA : Union du Maghreb Arabe)을 출범시켰다. 이후 AMU에 1994년 알제리의 수도 알제에서 열린 AMU 외무장관회의에서 이집트가 정식으로 가입되지는 않았지만 공식적 참가가 허용되었다. AMU의 활동은 북아프리카 국가들의 민주화와 반정부 사태로 인하여 아라비아 반도 내에 있는 걸프협력기구(GCC)만큼 활발하지는 않지만 기본적인 활동을 하고 있어 적어도 북아프리카 국가들 간의 협력을 위한 활동을 전개할 것이라는 것이 중론이다. 따라서 이 글에서는 AMU에 대해 살펴봄으로써 마그렙 국가들의 지역통합 가능성과 그 한계를 살펴본다.

〈표 1〉 AMU 회원국 현황

국가	면적(km²)	인구	GDF (PPP)	GDP (nominal)	HDI
AMU	6,041,261	88,894,000	607,631	375,932	–
알제리	2,381,741	36,300,000	252,189	158,969	0.677 (high)
모로코	710,850	32,034,000	152,619	91,702	0.567(medium)
튀니지	163,610	10,648,000	100,048	43,863	0.683 (high)
리비아	1,759,540	6,546,000	96,099	77,912	0.755 (high)
모리타니아	1,025,520	3,366,000	6,676	3,486	0.433 (low)

출처 : http://en.wikipedia.org/wiki/Arab_Maghreb_Union

Ⅱ. 아랍 마그렙 지역주의의 특징

아랍 마그렙 지역주의는 정부 주도와 이 지역 국가들의 복합적 정체성과 회원 국가들의 복잡한 내부 사정으로 인하여 지역적인 통일과 협력이 이루어지지 않고 있다. 게다가 북아프리카에 불어닥친 민주화 운동으로 인하여 튀니지 부르기바 정권의 붕괴, 리비아 카다피 정권의 붕괴가 있었다. AMU 옵서버인 이집트에서도 무바라크 정권의 붕괴가 있었다. 이러한 이유로 AMU는 커다란 난관에 봉착해 있다. 즉 AMU 회원국 정부들은 자국의 사정을 돌보아야 하기 때문에 국가적 차원의 AMU에 대한 지원활동은 미약한 수준이다. 또한 이미 구성된 AMU와 AMU 사무총장도 회원국 내에서 벌어지고 있는 사회 · 정치적 상황변화에 대하여는 정치적 관여를 삼가고 있는 실정이다. 오히려 아랍 마그렙 지역 국가들 내부의 시민사회 차원에서 통합된 지역주의화에 대한 기대를 표출하고 있는 실정이다.

아랍 마그렙 지역주의에 내재된 구조적 · 기능적 취약성에도 불구하고 이 지역 역내 지역주의의 상징적 대표성을 갖고 있는 AMU의 현황적 특징을 살펴보면 다음과 같다.

AMU의 설립목적은 지역 이해 보장과 아랍 통일의 실현을 위하여 모든 회원국들의 정치 · 경제 · 사회적 체제를 존중하고 대외문제와 국가방어에 대한 것을 전제로 회원국들 간의 경제협력을 강화하는 것이다. 즉 AMU의 목적은 궁극적으로 5개국의 경제통합이다. 이를 위하여 AMU는 회원국들 간의 유대를 강화하는 것뿐만 아니라 상품과 서비스에 있어서 자유무역을 실현하는 것이다. 회원 5개국들은 경제 · 사회 · 문화 분야에서 다양한 30개 이상의 다각적 협정에 조인했다.

나아가 AMU는 리비아의 전 국가원수 카다피가 제안한 바와 같이 차드, 말리, 수단과 같이 중부 아프리카에 위치하고 있는 국가들과 동맹을 맺고 유대를 강화하는 것을 목적으로 하고 있다. AMU는 현재 아프리카경제공동체(AEC : African Economic Community)와 의정서를 체결하고 있지 않지만 AEC의 기둥이 될 것으로 기대하고 있다.

역시 AMU는 공식 관계를 맺고 있지 않지만 서아프리카경제공동체(ECOWAS : Economic Community of West African States), 동남아프리카공동시장(COMESA : Common Market for Eastern and Southern African), 남아프리카개발공동체(SADC : Southern African Development Community), 중앙아프리카경제공동체(ECCAS/CEEAC : Economic Community of Central African States)들과도 협력관계를 구상하고 있다.

AMU의 최고 권위기관은 알제리, 모로코, 리비아, 튀니지, 모리타니아 국가원수로 구성된 정상회의이다. AMU 정상회의는 정기적으로 1년에 한 번씩 열리도록 처음에 규정했으나 이후 1993년에 6개월 단위로 한 번씩 가지기로 하였다(German 1999). AMU 정상회의의 결정은 만장일치제이다. 모든 국가원수는 1년마다 바뀌면서 차례로 의장직을 수행한다.

AMU의 주요 제도는 외무장관회의, 상임사무총장, 자문위원회이다. 마그렙 국가들의 외무장관으로 구성된 외무장관회의는 정규적으로 정상회의가 열리기 전 사전에 모든 문제를 조율하기 위한 기능을 한다. 이 외무장관회의는 정규적으로 만나서 정상회의와 4개 장관급회의, 즉 경제와 재정장관회의, 인적자원장관회의, 산업장관회의, 식량안보장관회의에서 제기된 안건을 심의한다.

1992년에 AMU의 사무총장 제도가 모로코 수도 라바트에서 상주하면서 마그렙 관련 업무를 보도록 확립되었다. 사무총장은 마그렙 국가들로부터 나온 매년 170만 달러 이상의 예산을 사용하도록 되어 있다. 사무총장은 프랑스, 이탈리아, 스페인, 포르투갈, 말타와 대화를 가진다.

현재 사무총장은 튀니지 외교관 출신으로 2006년 이래 사무총장직을 수행하고 있는 하비브 벤 야히야(Habib Ben Yahia)이다.

〈그림 1〉 AMU 상임 조직도

〈그림 2〉 AMU 기와 엠블럼

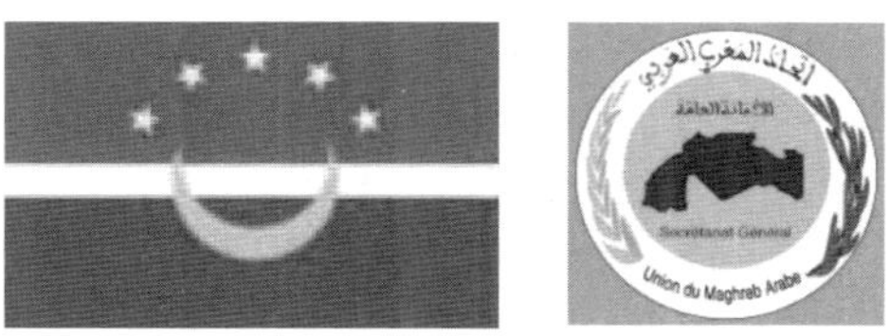

AMU는 다른 행정위원회와 회원국 간의 분쟁을 방지하는 10명으로 구성된 사법재판소를 두고 있다. 사법재판소는 리비아와 모리타니아의 수도 누악쇼트에 각각 상주해 있다. 정상회의를 자문하기 위한 마그렙

국가들로부터 각 30명씩으로 선발된 자문위원회가 있다. 1989년 이래 여러 조직들이 만들어졌다. 1989년 AMU는 회원국 간 침략을 방지하는 국방위원회를 설립하였다. 또 1999년 이래 국제이민조직(the International Organization for Migration), 투자와 무역을 위한 마그렙은행, 어업을 위한 그룹, 마그렙 사막화 감시기구 등 많은 AMU 산하조직들이 설립되었다(Encyclopedia 2011).

AMU의 조직은 과거 유럽경제공동체(EC)가 그 모델이었고, 1992년 말까지 단일 유럽시장과 같이 만드는 것(Arabic German 1999)이라고 하였으나 아직 실현되지 못하고 있다. 이러한 것은 AMU 정상회의의 비정기적 개최와 맥락을 같이하는 것이다. 예컨대 1999년 5월 AMU 위원회가 알제리에서 35차 회의를 개최했는데, 이 회의에서 10월에 18차 외무장관회의를 개최하기로 합의했고, 그해 말에 7차 정상회의를 알제리에서 개최하기로 합의한 바 있었다. 그러나 그해 7차 정상회의는 개최하지 못했다. 시간이 흘러 19차 마그렙 외무장관회의가 2002년 알제리에서 개최되었다.

Ⅲ. AMU 기능화

1. 마그렙경제공동체 설립 추진

AMU 회원 국가들의 국내총생산(GDP)은 아르헨티나 파키스탄 경제규모와 비슷한 3000억 달러 정도이다. 그렇지만 마그렙 국가들은 국민소득 측면에서 볼 때 1인당 GDP가 4천 달러에 불과한 가난한 국가군에 속한다. 1989년 마그렙 5개국이 무역장벽에 직면하자 2000년 공동시장을 위한 계획이 추진되었다. 마그렙 공동시장은 1957년 EC의 전신인 EEC(European Economic Community)와 비슷한 것이었다. 그렇지만 마그렙 공동시장 설립에 대한 진척은 기대보다 느렸다.

경제공동체의 궁극적인 목적은 공동 관세 법규, 공동 재정 법규와 경제계획의 협조를 포함한다. AMU를 위해 공동 관세 법규는 AMU 회원국 밖의 국가들로부터 내부 관세 의무의 철폐와 상품에 대한 공동 관세율의 부과를 포함한다. 공동 재정 법규는 마그렙 재정지대, 마그렙 통화, 투자와 유동자금을 조화시킨 발전 마그렙 펀드, 지역 세금을 통해 모금된 지역예산 등을 포함하고 있다. AMU 회원국들의 경제계획은 자유경제라는 틀 속에서 공공자금 지출, 세금법안, 투자, 일자리, 수출입 정책을 포함하고 있다. AMU는 1990년 정상회담에서 1995년까지 관세동맹의 이행을 결정한 바 있고, 이 회의에서 튀니지는 투자와 무역은행의 대표가 될 것이라고 결정한 바 있다.

공동시장으로 이행하기 위한 초기 단계는 회원국 사이에 상품과 개인들의 자유로운 이동을 포함하고 있다. 회원국 사이에 비자(visa)는 더 이상 필요치 않고, 공통의 신분증을 만들 계획이다. 튀니지의 투니시아와 모로코의 마라케시 사이의 수송과 철도개선에 대한 협정이 체결되었다. 알제리로부터 모로코를 통하여 유럽으로 수출될 가스 파이프라인이 건설되었다. 이 외에 합작항공, 합작농업, 합작산업, 마그렙 내부 도로 개선 프로젝트를 포함하는 여러 안건이 논의되었다. 그렇지만 표준화된 환율, 완전한 자본과 상품 이동의 자유에 관한 문제는 아직도 의견 조율이 필요한 분야이다. 즉 마그렙 통합의 첫 단계가 마그렙 공동시장을 설립하기 위한 조치로 기대보다는 다소 느슨하게 진행되었다. 그렇지만 1990년대 초반에 세금, 관세, 중앙은행 등 26개의 분야에서 협정이 이루어졌다. 지금까지의 진척은 계획과는 다소 거리가 있다.

2. 자유무역지대 설립

2008년에 들어와서 모로코는 AMU 국가들에게 농업에 대한 자유무역지대 설치를 역설하였다. 이와 함께 AMU 사무총장 벤 알리 야흐야도 AMU 회원국들 간의 자유무역을 강조한 바 있다. 이에 대한 결실로 아랍 마그렙 국가들은 2010년에 들어와 2011년 효력을 발하는 농업에 관한 자유무역지대 설립을 합의했다. AMU의 사무총장 하빕 빈 야흐야는 알제리에서 개최된 제16회 마그렙 식품안보와 관련된 장관급회의 개막연설에서 2012년 자유무역지대를 설립한다고 발표했다. 리비아, 모로코, 모리타니, 알제리, 튀니지 등 마그렙 5개국 간의 자유무역지대 설립은 이미 1991년부터 계획된 프로젝트이다. 마그렙 국가들이 자유무역지대 설립을 가시화하려는 배경은 EU에 대해 경제공동체로서의 이권수호를 목적으로 이루어진 것이다.

이번 AMU 식품안보회의에서는 회원국가들 간에 안정적이고 지속적인 식품공급을 위한 대책회의가 이루어졌으며, 현재 문제가 되고 있는 '식량위기'에 대한 공동대처 방안도 논의되었다. 특히 2030년까지 농업을 지속할 수 있는 발전전략 및 농업정책 연구, 수자원의 합리적인 이용, 사막과 환경에 적합한 농업전략, 그리고 농업연구 및 농업교육 등에 관한 의제가 다루어졌다. 마그렙 국가들이 자유무역지대를 서두르는 이유는 무엇보다도 유럽연합(EU)과의 경제관계 개선에 제일 큰 목적을 두고 있기 때문이다(홍성민 2010).

3. 대유럽 발언권 강화

지중해를 끼고 있는 마그렙 국가들은 한때 유럽의 통치 하에서 보호령이었고, 지리적 인접성뿐만 아니라 역사적 관계에 있어서도 밀접성을 갖고 있었기에 경제 또한 유럽 국가들에 크게 의존하고 있었다. EC 통합에 대응하기 위해서 언어, 지리, 역사에 있어서 공통점을 갖고 있는 마그렙 국가들은 EC와의 협상에서 발언권을 강화하고 자국의 이익을 대변하고자 경제공동체의 결성이 필요했던 것이다.

예컨대 진 엘 압비디네 벤 알리 전 튀니지 대통령은 아프리카연합과 아랍마그렙연합에게 프랑스가 튀니지의 내정에 간섭한다고 불만을 토로한 바 있었다. 프랑스는 벤 알리가 말하기 이전에 튀니지와 북아프리카 국가들의 인권사항에 대하여 우려를 표명한 적이 있었다. 또 벤 알리는 의회연설에서 프랑스는 아랍마그렙연합과 아프리카연합 국가들의 고유한 주권을 침해하였다고 피력했다. 이에 대하여 아랍마그렙연합은 튀니지의 벤 알리 편에 서서 프랑스를 비난한 바 있다.

Ⅳ. 마그렙 지역통합의 가능성과 한계

마그렙 국가들의 지역통합은 마그렙 국가들이 독립을 쟁취한 이후에 아랍민족주의, 즉 까우미야란 이름으로 계속 추진되어 왔다. 그래서 마그렙 국가들은, 특히 알제리는 이슬람주의자들의 발흥에도 불구하고 (Ismail 2003, 114) AMU을 결성하여 지역통합을 달성하고자 하였다. 하지만 공통의 역사적 정체성에 바탕을 둔 아랍어를 말하는 무슬림들의 문화적 일치에도 불구하고 통합에 이르기까지 다른 정치적 입장 및 분쟁 등이 있다.

1. 정치 · 경제적 입장의 차이

AMU는 서류상으로는 10년 이상 존재해 왔고, 정부 간 조직도 모로코의 라바트에 있으나 결실을 맺지 못하고 있다. 그 이유는 지역 내 정치적 관계 때문이다. 특히 알제리와 모로코는 1990년대 중반 이래 해묵은 정치적 갈등과 불신을 겪어왔다. AMU 회원국 내에서 국민들의 AMU에 대한 지지에도 불구하고 정부들은 논쟁을 계속함으로써 AMU가 기능을 하지 못하도록 했다. 예를 들어 리비아는 자국이 테러의 중심이라는 미국과 영국의 주장에 대하여 다른 마그렙 국가들이 제대로 항변하지 못하였다고 이의를 제기했다.

게다가 경제통합은 회원국들의 서로 다른 경제구조에 의해 방해를 받고 있다. 즉 모로코와 튀니지는 어느 정도 자유시장경제 체제를 갖고 있는 반면 알제리와 리비아의 경제는 중앙에 의해 통제되는 경제구조를 갖고 있다. 다섯 개 국가 중 가장 빈약한 경제구조를 갖고 있는 모리타니아는 농업에 의존하고 있고, 모리타니아의 GDP는 회원국 중 가장 낮은 28억 달러이다.

마그렙 국가들 지도자들과 많은 국민들은 모든 장애와 좌절에도 불구하고 AMU는 언제가 다시 부흥될 것이라고 믿고 있다. 1989년 AMU 창립 10주년 기념식에서 알제리와 모로코 지도자들은 AMU를 실제적 존재로 만들기 위한 강한 의지를 표명했다.[1)]

2. EU 결성으로 인한 위협

AMU 결성에 작용한 원초적 원동력은 유럽에서 유럽 경제의 통합으로 마그렙 지역의 무역 파트너가 되지 못할 것이라는 위협이었다. 동시에 마그렙 국가들의 교역의 2/3는 EEC라고 불렸던 유럽 국가들과 이루어졌고, 3% 미만이 마그렙 국가들끼리의 교역이었다. 마그렙 국가의 지도자들은 자신들끼리의 상보적인 자연자원과 노동력의 풀(pool) 제 등을 고려해 볼 때 잠재적 교역역량은 실현되지 않았음을 알았다. 그렇지만 유럽에 대한 경제적 의존은 목적이었고, 동시에 AMU가 서구 유럽 국가들과 친밀한 관계를 맺고 더 나은 조건을 이루기 위한 대화 창구로서 역할을 할 수 있을 것이라는 것을 마그렙 지도자들은 인식하였다.

AMU 국가들이 경제통합을 추구하는 이유는 개별 마그렙 국가들이 자체적으로 경제위기로 자국의 경제가 고통받고 있고, 이것이 통합을 통해서만 극복될 수 있다는 인식 때문이다. 원유 생산이 많은 리비아와 알제리는 너무 원유 재정에 의존하고 있기에 유가가 떨어지면 재정에 타격을 받게 되어 있다. 튀니지와 모로코는 경제 재건에 힘쓰고 있고, 모리타니아는 경제침체와 많은 대외부채로 고통을 겪고 있기에 이들 국가들은 AMU을 통해 어느 정도의 경제문제를 해결하려고 한다.

3. 회원국 간의 분쟁

마그렙의 통합은 모로코와 튀니지가 1950년대 프랑스로부터 독립한 이래 북아프리카 국가 사이에서 계속 존재해 온 문제이다. 그러나 당시에 마그렙 국가들은 통합을 부르짖었지만 정치적인 문제로 인해 통합에 접근조차 하지 못했다. 즉 마그렙 국가들 중 가장 큰 국가인 모로코와 알제리가 서부 사하라 문제로 분쟁에 휩쓸려 양국 간에 마찰이 있었다. 이러한 이유로 마그렙 국가들은 뭉치지 못하고 서부 사하라 분쟁이 고착상태로 된 1988년 들어와서야 관계를 정상화하기 시작했다.

모로코와 알제리 간의 서부 사하라 문제를 대하는 태도에 따라 아랍마그렙연합은 어려운 국면을 맞고 있다. 이를 살펴본다. 스페인은 이전 서부 사하라 지역을 점령했다. 스페인 정부는 이 지역에 1958년 총독부를 설치하면서 이 지역을 통치하였다. 이에 따라 스페인의 식민지 지배를 받고 있던 서부 사하라인들은 1973년 5월 10일, 모리타니아 수도 누악쇼트에서 폴리사리오(Popular Front For the Leberation of Segular el-Hamra and Riode Ore)를 결성하여 스페인 식민정부에 대항하여 서부 사하라 주민들의 독립국가를 수립하기 위한 독립투쟁을 전개했다(Cock and

Killinnight 1983, 121). 하지만 서부 사하라인들은 스페인으로부터 독립 국가를 쟁취하지 못하였다.

한편, 이웃한 모로코는 '대모로코주의' 를 주창하는 가운데 1963년에 스페인을 '식민주의자' 로 비난하면서 유엔에 제소하였다. 이후 1974년 스페인에서 민주화 운동이 확산되어 정국이 혼란해지자 모로코는 이때를 계기로 서부 사하라 국경지역에 군대를 집결시켜 스페인 정부에 압력을 가했다.

이러한 상황에서 스페인은 1974년 8월 유엔 감시 하에 주민투표를 실시하여 서부 사하라의 귀속문제를 결정한다는 데 합의했다. 그러나 모로코는 주민투표에서 서부 사하라 지역을 독립시키는 결과가 나올 것에 위기감을 느끼고 극비리에 모리타니아와 이 지역의 분할문제를 협의했다.

이후 1975년 여름 스페인에서 프랑코가 사망하고 군사 독재체제가 막을 내리자 11월 6일 스페인은 서부 사하라 지역에서 식민통치를 종식하고 군대를 철수시켰다. 스페인 군대가 물러가자 모로코 정부는 즉시 이 지역을 차지하려는 목적으로 35만 비무장 민간인으로 하여금 3일 동안 녹색행진(Green March)이라 불리는 시위를 조직하여 서부 사하라 지역의 북부를 장악했다. 스페인은 마침내 모로코와 모리타니아 사이의 분할병합안을 사실상 받아들여 1976년 2월 군대를 철수시켰고, 4월에는 서부 사하라 지역의 2/3가 모로코 영토이고 나머지는 모리타니아 영토라고 선언했다.

한편, 서부 사하라 주민들은 1976년 2월에는 '사하라아랍민주공화국' 의 수립을 일방적으로 선언했다. 그러자 모로코는 즉각 군대를 파견하여 폴리사리오 인민해방전선에 대한 공격을 감행했고, 폴리사리오는 모로코와 모리타니아에 대해 게릴라 투쟁을 전개했다. 이로써 폴리사리오 인민해방전선과 모로코 정부군 사이에 1974년부터 이른바 서부 사하라 분쟁이 시작되었다.

이때 알제리는 소련에서 만든 무기들을 폴리사리오에게 적극 지원했다(William R. Keylor 2003, 293–294). 알제리는 폴리사리오의 국가수립 선포 이전에도 서부 사하라인들에게 군수물자를 지원한 바 있다. 더욱이 폴리사리오가 사하라아랍민주공화국을 수립 · 선포하자 알제리는 이를 국제적으로 승인하면서 곧바로 외교관계를 수립하였다. 이전 알제리 국가원수이자 좌익 민족주의자였던 부메디엔(Boumediene)은 폴리사리오와 모로코 간 전쟁 중 발생했던 피난민을 위하여 알제리 틴도우프(Tindouf) 남쪽 사막에 난민 캠프를 마련해 주었고, 유엔을 비롯한 국제무대에서 항상 폴리사리오의 민족자결권을 지지했다. 이후 국가원수직을 승계한 벤 자디드(Ben Jadid)는 폴리사리오에게 그동안 제공한 무기, 식량, 의약품 등의 지원에 따른 경제적 어려움으로 인해 서부 사하라 분쟁의 평화적 해결을 바라는 쪽인 소극적 지원으로 방향을 전환했다. 그래서 벤 자디드(Ben Jadid)는 모로코와 아랍마그렙연합(AMU)을 결성(The Middle East 1990, 20) 한 이후에 서부 사하라 문제에 대해 서부 사하라인들의 민족자결권을 위하여 서부 사하라인들의 모로코로의 병합인가 또는 서부 사하라인들의 독립선택인가에 대한 자유스런 투표분위기를 마련하자는 쪽으로 선회했다. 한편, 전 리비아 국가원수 카다피도 폴리사리오에게 자금과 무기를 지원한 바 있었다. 하지만 모로코는 리비아의 카다피가 싫어하는 미국, 프랑스와 함께 서부 사하라의 독립을 쟁취하고자 하는 폴리사리오의 반군운동을 억압하고 있다.

4. 회원국 간의 라이벌 관계

AMU 안에는 전통적인 라이벌 관계가 있었다. 즉 1994년 알제리는 AMU 의장국을 리비아에게 양도했다. 이것은 알제리와 다른 AMU 회원국들 간에 외교적 갈등을 불러왔는데, 특히 모로코와 리비아 간에 외교적 갈등이 그것이다. 그래서 이후 알제리에서 열렸던 AMU 회합에 모로코는 참가를 거부했다. 알제리 관리는 1년마다 의장국이 바뀐다는 AMU 헌장에 부합된다고 주장하면서 리비아에 의장국을 양도한 것을 정당화시켰다. 알제리는 1994년 튀니지로부터 의장국을 맡기로 수락했으나 AMU 헌장에 규정한 의장국을 수임하기 위한 모든 필요한 조건의 부재로 인하여 의장직을 양도할 수밖에 없었다. AMU 의장국을 양도한다는 결정이 발표된 이후 리비아 무아마르 알카다피는 AMU를 얼어붙게 만들었다고 말했다.이것은 AMU에 대한 리비아의 위상에 관해 문제를 일으켰고, 이러한 염려는 리비아가 AMU를 압도하는 부정적인 영향을 끼쳤던 것이다.

특히 모로코와 알제리 간의 전통적인 라이벌 관계와 서부 사하라의 주권문제는 정치적으로 문제를 해결하려는 노력에도 불구하고 AMU 회합에 장애요인이 되었다. 2005년 중반 고위급 회담은 알제리가 서부 사하라 독립을 지지하기 때문에 모로코가 이를 거절함으로써 무위로 돌아갔다. 서부 사하라가 자국 영토라고 주장하는 모로코에 의해 모로코의 남부로 재병합되었기 때문이다. 반면 알제리는 끊임없이 서부 사하라의 독립을 위해 투쟁하는 폴리사리오를 지지하고 있다.

이외 리비아와 모리타니아는 AMU 조직을 원활하게 만들지 못하고 있다. 모리타니아는 리비아의 비밀정보조직이 모리타니아 대통령 마오야 오울드 시드 아흐메드 타야에 대하여 쿠데타를 시도하는 데 관여되었기 때문에 리비아를 비난하고 있다. 물론 리비아는 모리타니아의 비난을 규탄하고 있다. 모로코와 알제리와의 이러한 외교적 냉각은 AMU를 활성화하는 데 장애요인이 되고 있다.

5. 회원국들의 민주화와 반정부 문제

지역통합은 민주화를 통해 달성될 수 있다는 조사연구 결과가 있다(Martinez 2006, 3). 이러한 논리에 따르면 AMU 회원국들의 민주화는 필수적이라 할 수 있다.

2011년 튀니지의 자스민혁명으로 촉발된 민주화 운동은 24년 동안 튀니지를 통치해 온 벤 알리 대통령을 권좌에서 밀어냈다. 튀니지 시위는 젊은 노점상의 분신에서 시작되었지만 실상은 최근 튀니지의 경제악화로 인한 빈부격차와 높은 실업률, 그리고 벤 알리 대통령의 부정부패 등에 대한 튀니지 국민들의 불만과 분노가 폭발한 것이다. 튀니지에서는 과도정부를 반대하는 시위대와 경찰 간의 충돌로 인해 최소한 5명의 시위대가 사망했다. 시위대는 독재자를 축출한 튀니지 혁명의 성과를 과도정부가 빼앗아 갔다고 우려하고 있다. 과도정부를 이끌던 튀니지 모하메드 간누치 총리는 시위대의 압박에 못 이기고 사임했다. 군부가 시위 진압에서 손을 떼자 결정적인 순간이 찾아왔다. 그의 정권에 대한 군부의 지지 거부가 분명해지자 벤 알리는 프랑스가 그의 망명을 거부한 후 사우디아라비아로 도피했다. 이렇게 튀니지에서의 벤 알리 축출은 민주화 운동의 결과라 할 수 있다. 국제무역조직(ITUC) 중동 담당 소장인 무스타파 트릴리(Mustapha Tlili)는 튀니지 혁명은 많은 아랍국가 지도자들에게 자유의 범위를 확대시켜 주고 인권을 강화시켜 줄 것이라 말했다(Magharebia 2011).

반면 리비아에서는 2011년 2월 22일 인권변호사 2명의 석방을 요구하던 시위 군중 중 2명이 사망하자 단순 시위가 반정부 시위로 변질되었다. 이후 반정부 시위가 변하여 카다피 측과 반카다피 측으로 나뉘면서 리비아 상황은 내전국면으로 치달았다. 반카다피 측은 벵가지를 비롯한 주요 지역을 장악하고 수도 트리폴리로 진격했고, 반면 카다피 측은 탱크와 헬기를 동원하면서 반격에 나섰다. 리비아 해안선을 따라 전투를 치르면서 친카다피 측과 반카다피 측은 엄청난 희생자들을 낸 바 있었다. 양측은 주요 지역을 서로 뺏고 빼앗기는 가운데 와팔라 부족과 알주와이야 부족이 중심이 된 반카다피 측은 카다파 부족이 중심이 된 카다피 측을 압박했다. 리비아 반군의 대표기구인 국가위원회는 발표한 성명에서 카다피가 권좌에서 축출되면 국가위원회는 자유롭고 공정한 선거를 실시해 리비아를 민주주의 국가로 이행시킬 것이라고 밝혔다(연합뉴스 2011년 3월 29일). 이후 2011년 2월 18일 리비아 국가원수 무아마르 카다피는 벵가지에 군 병력을 투입하기 시작했다. 그러나 2011년 2월 20일 민주화 시위대를 지지하는 군인들의 지원으로 반정부 시위대가 리비아 정부군과 교전 후 벵가지를 점령했다.현재 리비아 반군은 미국 등 서방세계의 도움으로 리비아 군을 괴멸시켰다. 이처럼 리비아는 반정부 사태가 부른 내전에 휩싸였지만 카다피가 사살되어 리비아 사태는 일단락되었다.

AMU 설립 22주년을 맞아 모로코는 이슬람주의자와 민주화에 효과적으로 대처하고 있다(Keylor 2003, 309). 전반적으로 마그렙 지역 지도자들의 관심은 국민들의 민주화와 반정부 문제로 AMU가 그동안 활성화되지 않았고, 앞으로 어떻게 하면 이를 활성화시킬 것인가에 관해 생각을 할 여지를 잊게 만들고 있다.

V. 맺는 말

이상에서 살펴본 바와 같이 AMU는 지역 이해 보장과 아랍 통일의 실현을 위하여 모든 회원국들의 정치 · 경제 · 사회적 체제를 존중하고 대외문제와 국가방어에 대한 것을 전제로 회원국들 간의 경제협력을 강화하는 것을 목적으로 하고 있다. AMU의 중요 제도는 정상회의이다. 이 회의 외에 외무장관회의, 상임사무총장, 자문위원회가 있다. 마그렙 국가들의 외무장관으로 구성된 외무장관회의는 정규적으로 국가원수들의 회의가 열리기 전 사전에 모든 문제를 조율하기 위한 기능을 한다. 이 외무장관회의는 정규적으로 만나서 정상회의와 4개 장관급회의, 즉 경제와 재무장관회의, 인적자원장관회의, 산업장관회의, 식량안보장관회의에서 제기된 안건들을 심의한다.

이 외에도 1999년 이래 국제이민조직(the International Organization for Migration), 투자와 무역을 위한 마그렙은행, 어업을 위한 그룹, 마그렙 사막화 감시기구 등 많은 AMU 산하조직들이 설립되었다.

AMU는 아랍마그렙경제공동체 설립, 관세동맹, 자유무역지대 설립, 공동의 대학교 설립, 유럽 국가들에 대한 발언권 강화 등을 중심으로 활동해 오고 있다. 즉 경제공동체의 궁극적인 목적은 공동 관세 법규, 공동 재정 법규와 경제계획의 협조를 포함한다. AMU를 위해 공동 관세 법규는 AMU 회원국 밖의 국가들로부터 내부 관세 의무의 철폐와 상품에 대한 공동 관세율의 부과를 포함한다. 마그렙 5개국은 1995년 관세동맹을 현실화하기 위한 전략을 확립하였고, 2000년까지 경제공동체 설립을 추진했다. 또는 정치 · 경제 · 사회문화적 분야에서 협력을 다지기로 이미 조약을 체결 한 바 있었다. 그러나 AMU는 1995년 이래 많은 정치적 문제로 답보상태에 놓여 있고, 아직 정상들 간의 회합도 열지 못하고 있다. 단지 1998년 AMU 설립 9주기에 즈음하여 AMU 정상들은 축하 메시지를 교환한 바 있다.

마그렙 국가들의 지역통합은 마그렙 국가들이 독립을 쟁취한 이후에 아랍민족주의, 즉 까우미야란 이름으로 계속 추진되어 왔다. 그래서 마그렙 국가들은 AMU을 결성하여 지역통합을 달성하고자 하였다. 공통의 역사적 정체성에 바탕을 둔 아랍어를 말하는 무슬림들의 문화적 일치에도 불구하고 통합에 이르기까지 다른 정치적 입장과 분쟁 등이 있었다. 즉 정치 · 경제적 입장의 차이, 회원국 간의 라이벌 관계, 회원국들의 민주화 문제가 그것이다.

알제리와 모로코는 1990년대 중반 이래 오래 묵은 정치적 문제와 불신을 하여 왔다. AMU 회원국 내에서 국들의 AMU에 대한 지지에도 불구하고 정부들은 논쟁을 계속하고 AMU가 기능을 하지 못하도록 하였다. 예를 들어 리비아는 리비아가 테러의 중심이라는 미국과 영국의 주장에 다른 마그렙 국가들이 제대로 항변하지 못했다고 이의를 제기했다.

더욱 경제통합은 회원국들의 서로 다른 경제구조에 의해 방해를 받고 있다. 즉 모로코와 튀니지는 다소 자유시장경제 체제를 갖고 있는 반면 알제리와 리비아의 경제는 중앙에 의해 통제되는 경제구조를 갖고 있다. 또 AMU 국가들이 경제통합을 추구하는 이유는 개별 마그렙 국가들은 자체적으로 경제위기로 자국의 경제상황이 좋지 않고, 이것은 통합을 통해서만 극복될 수 있다는 점을 강하게 의식하고 있기 때문이다. 원유생산이 많은 리비아와 알제리는 원유 재정에 너무 의존하고 있기에 석유가가 떨어지면 재정에 타격을 받게 되어 있다.

마그렙 국가들 중 가장 큰 국가인 모로코와 알제리가 서부 사하라 문제로 분쟁에 휩쓸려 양국 간에 마찰이 있었다. 이러한 이유로 마그렙 국가들은 뭉치지 못하고 서부 사하라 분쟁이 고착상태로 된 1988년 들어와서야 관계를 정상화하기 시작했다.

2011년 튀니지의 자스민 혁명으로 촉발된 민주화 운동은 그동안 튀니지를 24년 동안 통치해 온 벤 알리 대통령을 권좌에서 밀어냈다. 또 리비아에서는 반정부 시위가 변하여 카다피 측과 반카다피 측으로 나뉜 가운데 내전을 겪으면서 국가통합의 문제를 나타내고 있다. AMU 국가들은 민주화 과정에 있기 때문에 AMU가 활성화되지 못한다고 볼 수 있다.

이처럼 AMU의 활성화는 여러 요인으로 인하여 당장 이루어지지 않고 있다. 그렇지만 세계 정치경제의 흐름 속에서 지역 내 협력과 통합은 역내 국가들이 생존할 수 있는 길이고, 북아프리카 지도자들과 국민들이 AMU의 활성화를 바라고 있는 입장이기 때문에 북아프리카의 상황이 호전되면 AMU의 기능도 활성화될 것이다.

주석

1_ 자세한 것은 다음 웹사이트를 참조할 것. http://www.referenceforbusiness.com/encyclopedia/A-Ar/Arab-Maghreb-Union.html

참고문헌

『연합뉴스』 2011년 3월 29일.

Cock, Chars and Killinnight David. 1983. *African Facts since 1945*. New York : The Macmillian Press Ltd.

Ismail, Salwa. 2003. *Rethinking Islamist Politics—Culture, the state and Islamism*. London : I. B. Tauris.

Keylor, William R. 2003. *World of Nations*. Oxford : Oxford University Press.

Martinez. 2006. *Algeria, the Arab Maghreb Union and Regional Integration*. EuroMeS Co.

The Middle East, August 1990.

홍성민. 2010. 『마그렙연합(AMU)의 자유무역지대 설립과 중동의 경제협력』. http://www.emerics.org/dportal.do?module=posts&action=list&code_value=0&service_id=2&topic_id=1263509&open_approval=Y&user_list_count=10&start=0&user_sort=0&user_class1=&user_class2=&user_class3=&user_class4=&user_class5=&oldSearch_keyword=&search_target=－1 (검색일 : 2011년 8월 1일)

Arabic German. 1999. Union of the Arab Maghreb. 〈http://www.arab.de/arabinfo/uam.htm (검색일 : 2011년 7월 7일)〉

Encyclopedia. 2011. 〈http://www.encyclopedia.com/topic/Arab_Maghreb_Union.aspx (검색일 : 2011년 8월 3일)〉

아프리카 지역통합의 가능성 : 남아프리카개발공동체(SADC)의 정치안보지역주의를 중심으로

황규득(한국외국어대학교)

I. 들어가는 말

역사적으로 반목과 차별로 특징지을 수 있는 지역적 갈등관계가 주를 이루었던 남아프리카 지역은 냉전기에 남아프리카공화국(Republic of South Africa)의 인종차별법인 아파르트헤이트(Apartheid) 체제에 크게 영향을 받으면서 역내 우호협력보다는 적대적 외교관계가 양산되었다. 그러나 1992년에 남아공의 인종차별법이 철폐된 이후 남아프리카조정협의회(SADCC : Southern African Development Coordination Conference) 회원국들이 남아공에 대한 적대관계를 청산하면서 1993년에는 SADCC가 남아프리카개발공동체(SADC : Southern African Development Community)

로 새롭게 출범했다.[1] 마침내 이들 회원국들은 1994년에 남아공을 SADC의 회원국으로 영입함으로써 이 지역은 비로소 화해와 공존의 안보 무드를 모색하게 되었다.

냉전시기에 SADCC의 국제정치는 안/밖, 흑/백, 우리/타자, 선/악 등의 이분법적 대결구도로 특징지을 수 있었으나 탈냉전기의 SADC는 조직 변화에 따른 제도적 발전을 추구하면서 지역적 자율성을 특징으로 하는 신지역주의(new regionalism)적 안보 개념에 입각하여 화합과 협력을 중시하게 되었다(Swatuk 1996, 3). 이러한 신지역주의적 시각에서 바라본 정치안보지역주의(politico-security regionalism)라는 용어는 정치안보(political security)와 지역주의(regionalism)라는 두 개념이 혼합된 것으로 지역적 상황에서의 정치안보를 말한다. 여기서 정치안보는 사회적 현실로서의 분쟁 및 협력의 안보 정치(security politics)를 말하며 국가를 주요 행위체로 규정한다. 한편 지역주의는 지역국가(regional states)에 의해 사회적으로 구성 및 재구성되는 정치적 사상, 규범 및 이해관계의 묶음으로 이해할 수 있다.[2]

다양한 정의를 내포하고 있는 정치안보와 지역주의 두 개념을 개념화하는 것은 그다지 쉽지 않다. 먼저 안보의 개념은 부잔의 견해와 같이 충분한 논쟁의 여지를 가지고 있다(Buzan 1991, 7). 이는 그 핵심 축으로 도덕적, 이념적, 규범적인 요소를 동반하고 있어 경험적 자료의 산출이 어려우며 일정한 정의의 도출 역시 쉽지 않은 특성을 지닌다. 일반적으로 안보는 군사, 정치, 경제, 사회, 환경 부문의 안보로 구성된다. 그러나 '모든 종류의 안보 위협(security threats)은 정치적으로 정의된다'고 하는 특성을 감안하면 안보의 개념은 정치적 맥락에서 보는 것이 가장 타당하다고 할 수 있다(Ayoob 1995, 8-12 ; Buzan et al. 1998, 141-162).

지역주의의 개념 역시 복잡하고 논의의 여지가 많다. 허렐(Hurrell 1995a, 333 ; 1995b, 38)이 주장하는 바와 같이 지역주의의 개념이 함축하는 바는 경제 · 사회 · 정치 · 문화 및 역사적 차원을 포함할 정도로 매우 광범위하다. 단, 지역주의가 국가적 또는 정치적 사안(political project)이라는 점에 근거하여, 이 역시 국가 간 다양한 상호작용을 통해 사회적으로 구성되는 정치 역학의 맥락에서 이해할 수 있다.

더욱이 탈냉전기의 세계화에 대한 대응 차원에서 지역적 접근방식에 초점을 맞추는 신지역주의적 시각은 남아프리카의 안보 차원에서 SADC의 지역적 접근방식과 역할을 강조한다. 즉 신지역주의는 세계화의 도전에 대한 지역적 대응으로 볼 수 있으며 SADC는 아프리카 대륙 내 지역국가가 주도하려고 하는 신지역주의의 여러 특성들을 이해하는 데 도움을 준다고 말할 수 있다. 또한 종전의 지역협력과 통합이 주로 북대서양조약기구(NATO : North Atlantic Treaty Organization), 유럽연합(EU : European Union) 등 유럽 중심의 지역협력 또는 통합 사례에 제한되어 왔던 데 반하여, 최근 아프리카와 같은 저개발 지역국가들로 이루어진 지역기구들의 협력 또는 통합의 사례로서 남아프리카의 SADC는 새로운 모본이 될 수 있는 가능성을 가지고 있다.

따라서 이 글은 탈냉전기의 변화된 국제체제 환경 속에서 남아프리카의 SADC 안보지역주의를 정치적 맥락에 초점을 두고, 남아프리카 지역통합의 가능성을 예측하기 위한 첫 번째 단계로서 지역주의와 정치안보가 어떻게 서로 연결될 수 있는지에 대해 알아보고자 한다. 또한 지역주의의 성격을 신지역주의(new regionalism)의 맥락에서 논하고자 하는데, 지역주의의 다차원적 분석 수준의 접근방식인 국내적(domestic), 지역적(regional), 그리고 지역 외적(extra-regional) 수준을 고찰함으로써 향후 여러 아프리카 지역통합 사례들의 가능성을 분석하는 데 하나의 준거 사례로서 SADC 정치안보지역주의의 개념화를 시도한다. 한편, 아프리카 지역통합 연구에 있어서 특별히 지역기구 회원국들이 SADC와 같은 지역기구를 주도한다는 점을 가정할 때, 이 글은 SADC 정치안보지역주의의 개념과 분석 수준의 작업이 특히 지역적 개념과 수준에 주안점을 두고, 지역국가에 초점을 두고 있다는 점을 강조한다.

Ⅱ. SADC 지역안보 개념의 정의 : 정치안보

정치안보(politico-security)란 국가를 주요 행위체로 하는 분쟁과 협력의 정치에 관한 것이며, 일반적으로 분쟁과 협력의 정치는 사회적으로 구축되는 정치적 실재(political reality)로 간주된다(Vasquez 1995, 221). 따라서 정치안보는 권위, 인식, 타협, 그리고 합의와 같은 분쟁처리 방식의 상호 관계를 중시한다. 이러한 맥락에서 부잔(Buzan et al. 1998, 7-8)은 정치안보가 국가 · 정부 시스템, 그리고 이에 합법성을 부여하는 이념과 같은 사회 질서의 조직 안정성과 연관성을 가지고 있다고 주장한다.

아프리카를 포함한 저개발국가의 정치안보에 대한 위협은 외부로부터가 아닌 자국 내에서 주로 발생해 왔는데, SADC 국가들의 정치체제 또한 소수층의 독재체제로 얼룩진 강압적 지배가 지역 정치안보의 주된 위협요인으로 작용했다. 이는 소수 지배층의 이익 증대를 위해 차별적 · 임의적 통치방식으로 지역국가의 여러 행정적 및 기능적 기구들을 독점하여 이용하는 것이다. SADC 지역국가들은 이에 맞서 국내외의 저항세력을 규합하여 파업, 폭동, 반란, 심지어 폭력 저항 등의 형식으로 소수 지배층에 항거하였다(Matlosa 2001, 393–405).

아프리카 지역안보 차원에서 SADC의 정치안보를 설명하기 위해서는 아파르트헤이트 시기의 남아공을 대표적인 예로 들 수 있다. 남아공의 집권층은 배타적 인종주의와 소수층 지배에 기반한 비합법적 정권을 이룩하였고, 이 집권층의 안보는 남아공의 흑인과 혼혈인을 포함한 다수의 안보를 희생한 대가로 유지할 수 있었다. 그러나 당시 SADC의 전신이었던 SADCC는 인종차별적 남아공에 대한 대응으로서 아프리카 대륙 및 국제사회의 지원을 받는 인종평등(racial equality) 규범을 마련하여 아파르트헤이트 남아공의 정치적 안보의 보장을 모색하였다(Booth and Vale 1995, 307).

이와 같이 SADC(C)의 정치안보는 내부적(국내적)인 세력과 외부적(국제적)인 세력과의 관계 속에서, 즉 각 지역 회원국들 사이에서 벌어지는 정치적 역학 속에서 이해할 수 있다. 정치적이라고 하는 용어가 역사성(historicity), 변화성(change) 그리고 일시성(temporality)의 속성을 내포한다는 점과(Walker 1995, 307–309) 그 안에서 안보가 정치 · 사회적으로 계속 구성 및 재구성된다는 점을 고려해 볼 때, 정치안보의 개념은 제한적이 아니라 개방적인 과정으로 이해되어야 한다.

사실 (지역)안보의 정의는 시대의 변천에 따라 안보 개념 속성의 변화를 초래했는데, 우선 전통적으로 안보는 거의 국가안보와 군사안보를 지칭하는 대명사로 여겨져 왔다. 안보는 곧 국가안보를 의미하여 방위(defence)와 유사하게 사용되어져 왔고(Booth 1994, 3), 또한 안보의 전통적 개념에서는 국제정치에서 가장 중요한 대상과 행위체로서 국민국가

(nation-states)에 초점이 맞춰졌다. 여기에는 두 가지 내재적 전제가 있다. 첫째로 국가안보에 대한 위협은 주로 국가의 국경 외부에서부터 시작되었다는 점이며, 둘째 이러한 위협은 근본적으로 정치적인 특성을 가지고 있었고, 대상 국가의 안보 유지를 위해서는 군사적 대응이 요구되었다는 점이다(Ayoob 1994, 225).[3)]

냉전시기에 들어와서 구조적 현실주의자(structural realists) 또는 신현실주의자(neo-realists)들은 곧잘 안보 딜레마(security dilemma) 개념을 사용했다. 이 용어는 1950년대에 허츠가 고안했는데, 이는 자체적 안보 요구에 부응하기 위해 국가가 자력구제를 시도하는 구조주의적 방법이 오히려 타국에 불안을 조성하는 경향이 있다는 것을 말한다. 왜냐하면 각국이 자신의 안보수단은 방어적인 것으로 해석하고 타국의 수단은 잠재적 위협으로 해석하기 쉽기 때문이다(Hertz 1950, 157).

한편, 1980년대 초기에 부잔은 안보 딜레마를 완화시키기 위해 성숙한 무정부 상태(mature anarchy) 개념을 소개했다(Buzan 1983). 그는 성숙한 무정부 상태를 높은 수준의 질서와 안정적 체계를 갖춘 상태로 주장하며, 이러한 체계 안에서 국가는 자체 역량과 성숙성에서 비롯된 상당한 안보력을 갖추게 될 것이라고 하였다(Buzan 1991, 177). 성숙한 무정부 상태의 최고의 수준은 지역안보공동체(regional security community)로 볼 수 있는데(Deutsch et al. 1957), 이 지역안보공동체 내에서 국가는 국가 간 관계의 무력 사용에 대한 기대심리와 전쟁 준비를 포기하게 된다. 단, 국가는 지역안보 레짐 내에서 상대국을 여전히 잠재적 위협으로 취급하긴 하지만 국가 간 안보 딜레마를 경감시키기 위한 재확인 절차를 만들게 되는데(Jervis 1982, 357-378), 이는 성숙한 무정부 상태의 최고 수준으로 분류되지는 않으며, 다만 성숙한 무정부 상태로 향해 가고 있는 과정에 있다고 말할 수 있다.

성숙한 무정부 상태의 개념에 따라 냉전기간 동안의 SADC(C) 저개발 지역국가들의 안보 유형을 진단해 보면 어느 정도까지는 미성숙한 무정부 상태로 분류할 수 있을 것이다. 미성숙 선상의 끝에는 베리넨이 말한 분쟁형성(conflict formation)이 있는데(Vayrynen 1984, 337-359), 이는 식민지 유산으로 인해 이루어지는 것으로 인식되고 있다. 한편, 탈식민지적 관점에서 좁은 저개발국가들이 직면한 '비(非)안보 딜레마'(insecurity dilemma) 개념을 제기하였다(Job 1992, 11-36). 그는 사회 속에서 다양한 위협이 경쟁하게 된 결과 비안보 딜레마 개념이 등장한 것으로 설명했다. 즉 ① 전체 인구 또는 특정 인구에 대한 효과적인 안보의 보장이 어렵거나, ② 질서유지와 서비스 공급을 위한 국가 기관으로서의 역할을 잘 감당할 수 없거나, ③ 국가 취약성 증대와 함께 국민들이 타국가나 공공조직, 다국적기업 등의 외부 행위체의 영향, 간섭 및 규제하에 있게 될 때 사회가 비안보 딜레마에 빠진다는 것이다(Job 1992, 18).

좁이 저개발국가 내에서의 비안보 딜레마 개념을 주장했지만, 중요한 사실은 그 역시 안보 딜레마 자체를 부정하기보다는 저개발국가와 제1세계 간의 중요한 차이점을 더욱 강조하고 있다는 사실이다(1992, 11-36). 즉 그는 안보 딜레마를 제3세계 국가의 국내적 (비)안보에 연관시키려 하였다. 반면 아욥은 다수의 저개발국가들이 복잡다단한 안보문제로 인해 고통받고 있는데, 이는 저개발국가의 신현실주의자들이 단언하듯이 안보 딜레마 때문이라기보다는 국내적인 요인에 기인한다는 사실을 더욱 강조하고 있다(Ayoob 1995).

전통적으로 신현실주의자들은 현대 국제관계에서 가정하는 안보의 개념을 일차적으로 서구적 상황에 적용시키는 데 주안점을 두었다. 서구 상황에서 안보는 이미 주어진 수동적 현상으로서 저개발국가의 국내적 상황을 무시한 채 외부 지향적인 특성을 지니고 있었다. 더욱이 안보에 대한 전통적인 신현실주의 개념은 국제체제의 물질적인 구조가 국가행위를 크게 결정한다고 설명한다. 즉 안보의 전통적인 개념은 그러한 무정부 상태 논리와 같은 실체적인 요소에만 초점을 맞추었을 뿐 규범, 제도, 정체성과 같은 관념적인 요소의 효과와 역할은 도외시하였다. 여기에서 주목할 것은 신현실주의가 국가주의적인 제3세계 국가들을 국제체제의 구조 안에 묶어두려고 했던 반면, 구성주의(constructivism)는 안보체계와 구조가 역사적으로 발전되었고, 따라서 역동적인 것으로 바라본다는 것이다. 또한 군사안보와 국가안보에 중심을 둔 냉전시기에는 사회 및 환경적인 안보 위협과 같은 비전통적인 안보문제들이 도외시되었는데, 그 결과 냉전종식 이후에는 다양한 비군사적 안보 위협에 대한 관심이 증대되었다.

한편, 부잔에 따르면 인간집단의 안보는 크게 다음과 같은 다섯 가지 부문에서 유발되는 위협에 의해 영향을 받는데, 이는 곧 군사 · 정치 · 경제 · 사회 및 환경적 부문의 안보이다(Buzan 1991, 19). 냉전종식 이후 이러한 새로운 논의는 (지역)안보의 전통적 정의의 수정을 유도했다. 그러나 이것은 비전통적 (지역)안보 위협이 과거에 존재하지 않았다는 것을 의미하는 것은 아니다. 오히려 비전통적 (지역)안보 위협은 늘 존재해 왔지만 단지 탈냉전 시기에 더욱 큰 주목을 받게 되었을 뿐이다. 이는 군사적 위협이 완전히 소멸되었다는 것을 의미하는 것도 아니어서 냉전 이후 남아프리카 지역에서는 그동안 베일에 가려졌던 많은 갈등과 미해결 과제들이 드러나게 되었다. 그 대표적인 예가 SADC 지역에서의 콩고민주공화국(DRC) 사태이다.[4)]

Ⅲ. SADC 지역주의 : 정치안보지역주의의 개념화

1. 지역, 지역주의, 지역화

지역(region), 지역주의(regionalism), 지역화(regionalization)라는 용어들은 다소 정확성이 결여되어 있고 모호한 용어이며, 광범위하게 여러 정의를 내포한다고 말할 수 있다. 허렐이 주장하는 바와 같이 지역주의의 영역은 논의의 여지가 많고 정의 도출을 위한 논의 역시 큰 성과를 거두지 못했다(Hurrell 1995a, 333 ; 1995b, 38). 단지 지역주의의 성장이 함축하는 요소의 범위는 아주 폭이 넓고, 경제 · 사회 · 정치 · 문화 · 역사적 차원을 포함한다는 정의가 도출되었을 뿐이다.[5)]

그럼에도 불구하고 이 지역 개념은 다양하게 사용되고 있는데, 지역을 개념화하는 데에는 적어도 세 가지 접근방식이 고려될 수 있다. 첫째, 지역은 지리학적인 공간지표에 의해 정의된다. 그러나 비록 전통적으로 공리주의적 이론가들이 지리학에 의한 지역 범위 설정을 주로 사용했지만(영토권이 지역 구분의 필수조건이긴 하지만) 지역은 자연적으로 만들어진 지리적 단위로 환원될 수는 없다.[6)] 둘째, 지역은 사회적 조직이나 거래 및 통신구조에 의해 정의된다는 주장이다. 도이취(Karl Deutsch)의 북대서양 지역에 대한 고전적인 연구가 이 주장의 가장 일반적인 사례이다. 즉 모든 지역은 사회적으로 구성되며, 정치적으로 논의될 수 있다는 것이다. 마지막으로 지역은 인식적 지도(cognitive maps)와 집단 정체성이라는 방식으로 정의된다. 이 경우에 지역은 사람들의 인식 속에서 존재할 수 있지만 꼭 객관적이거나 조직화된 공동체를 의미하는 것은 아니다(Grugel and Hout 1999, 9 ; Hettne 1999, 10 ; Hurrell 1995a, 334 ; 1995b, 38–9 ; Hveem 2000, 72 참조).

이와 같이 지역이라는 개념은 광범위하게 서로 다른 개념을 포함할 뿐만 아니라, 서로 다른 개념들 사이에 존재하는 여러 정의들을 또한 포함한다. 이에 대해 여러 학자들이 다양한 견해를 제시했는데, 우선 나이는 "적절한 지리학적 경계는 여러 목적을 가지고 다양한 특성을 가지는데, 예를 들면 안보적 지역공동체가 반드시 경제통합을 위한 공동체가 될 수 있는 것은 아니다"라고 했다(Nye 1968, vi). 사실 다양한 지역안보협정을 위한 지역의 구분은 협력과 통합의 깊이와 정도에 따라서 다르다. 이는 여러 방법적 분류를 통하여 이루어지는데, 대표적인 예로 지역안보복합체와 지역안보공동체를 비교할 수 있다. 지역안보복합체에 있어서는 친선/적대(amity/enmity)와 경쟁적 상호 의존의 주된 요소들로 구분되며,[7] 지역안보공동체에 있어서는 갈등 회피(conflict avoidance)와 분쟁의 평화적 해결을 통한 공통 이익과 정체성의 상호 의존 요소들로 분류될 수 있다.[8]

사실 고전적 지역안보공동체의 개념을 처음으로 발전시킨 도이취는 지역안보공동체가 외부 적으로부터 가해지는 압력 없이는 발전된다고 믿지 않았다. 왜냐하면 함께 대항할 공동의 위협이 존재하지 않는 상황에서는 안보영역에 있어서 현실적으로 지역안보협력 또한 기대할 수가 어렵기 때문이다. 물론 그의 결론은 제2차 세계대전 이후 서유럽 정세를 지나치게 배타적으로 연구한 결과로 나왔다고 할 수 있다. NATO를 통해 군사적으로, 그리고 EC를 통해 정치 · 경제적으로 이루어진 서유럽 통합은 실로 소련의 위협으로 더욱 가속화되었다.

그러나 실제로 공동 적국은 강력한 통합유인이지만 지역안보통합의 필수요소는 아니다. 서유럽 이외에 공동 위협 없이 시작된 지역안보통합의 예를 SADC의 정치방위안보기관(OPDS : Organ on Politics, Defense and Security)에서 찾을 수 있다. SADC의 OPDS는 1974년 아파르트헤이트 당시 남아공에 대항하여 동맹 성격의 전선국가(FLS)가 형성된 후, 이것이 진화 · 발전하여 1996년 SADC의 정치방위안보기관 설립으로 이어졌다.[9] 이는 현재 남아프리카 지역에서 무기와 마약밀매, 국제적인 조직범죄, AIDS 그리고 불법 이주와 같은 광의의 비군사적 안보 위협들의 조정뿐만 아니라, 분쟁방지 및 해결을 위해 필요한 SADC 지역안보의 틀로서 자리매김하였다.

지역주의의 맥락 속에서 살펴본 『상상의 공동체 : 민족주의의 기원과 확산에 대한 성찰』(*Imagined Communities : Reflections on the Origin and Spread of Nationalism*, 1991)에서 앤더슨(Anderson)이 펼친 주장에 따르면, 국가와 같이 지역도 인간 행위에 의해 존재하는 상상된 공동체로 볼 수 있다. 이와 유사한 맥락에서 뉴만은 지역 구축의 정치적 사안을 통해 공동체의 대표자는 지역에 대한 특정한 공간 및 연대기적 일체성을 상상하게 되고, 그 상상된 일체성을 타자에게 보급한다고 주장한다(Neumann 1994, 58). 결국 정치안보지역주의를 지역 건설의 정치적 사안(project)으로 간주할 수 있으며, 이는 분쟁과 협력을 둘러싼 안보 정치를 다루는 주된 행위체로 지역 회원 국가들에 의해 구성되고 재구성되는 것으로 볼 수 있다.

이와 관련하여 지역주의를 다른 형태의 국가 사안인 세계주의(globalism)와는 구별된다고 주장하는 학자들이 갬블과 페인이다(Gamble and Payne 1996, 250). 이들은 일반적으로 국가 사안을 국내 정치 행위체

사이에서 도출되는 협상과 거래의 결과물로 이해할 수 있다고 말한다. 그루겔과 호우트도 지역주의를 국가 주도의 사안으로 정의하지만 국가 전략 자체가 국가 수행능력을 의미하지는 않는다고 주장한다(Grugel and Hout 1999, 10). 이것은 비록 지역주의를 위한 국가 전략이 세계화와 지역화 과정을 형성하려고 할 뿐만 아니라 수정과 변모도 시도하고 있지만, 이러한 국가 전략의 실패 가능성도 잠재되어 있다는 것을 뜻한다(Grugel and Hout 1999, 12). 따라서 국가 주도 사안으로서의 지역주의는 SADC 정치안보지역주의를 단순히 국익과 국가주의에 대한 확실한 대안으로 제시하기에는 어려움이 있다. 그러나 국가 주도 사안으로서의 지역주의는 상호 의존적 세계질서 가운데 지역국가의 역할과 자국 정부력을 보완 및 보호하며 향상시키는 수단으로 가장 적절하게 설명될 수 있다(Hettne and Soderbaum 1998).[10]

지역이라는 개념이 광범위한 정의를 내포하는 것과 마찬가지로 지역주의 역시 불명확한 정의 수준에서 세계 정치의 지역화, 지역적 국제관계, 지역국가의 이익과 정책, 지역분쟁과 지역협력을 포함하는 지역에 관련된 일체를 의미하는 용어로 사용되었다(Alagappa 1995, 362). 한편, 지역협력과 통합의 관점에서 지역주의와 지역화라는 용어가 때때로 동의어처럼 쓰이기도 하지만 지역화는 지역과 지역주의와는 대별되는 개념이다. 지역은 공간 및 장소를 의미하고 지역주의는 지역적 아이디어 및 목적을 나타내는 데 반하여 지역화는 특정한 교차 국가적인(cross－national) 지리적 공간 안에서 협력, 상호작용, 상보성(complementarity) 및 수렴 현상적인 집중성(convergence)과 같은 양태로 유도하는 과정을 의미한다(Schulz et al. 2001, 238). 즉 지역주의는 구체화된 공간을 조성하는 목표, 목적 및 사안의 실체이며 특정 지역을 대표하는 정체성 형성을 그 목적으로 삼고 있다.

이와는 대조적으로 일반적인 지역화 개념은 지리적 근접성에 상관없이 특정 지역에서의 지역 시스템 창설에 목표를 두어 사회적인 상호작용 과정과 이를 위한 전략 추구 과정을 의미한다(Hettne 1994, 7 ; Hurrel 1995a, 334). 결국 지역화는 지역주의로 인해 발생하지만지역주의 사안이 반드시 지역화를 주도한다고 말할 수는 없다. 왜냐하면 지역주의와는 무관하게 지역화에 참여하는 행위체들에게 있어서 지역의 경계는 보다 실용적으로 정의되며, 지역적 행위는 일시적인 성향을 띠기 때문이다(Hveem 2000, 72).

그러나 지역화가 여러 수준 또는 단계의 지역성(regionness)을 대표하면서 전개되는 과정이라는 점을 전제로 할 때, 지역화는 정치안보지역주의를 포함한 지역주의의 생성 및 재생성에 있어 중요한 토대가 된다고 볼 수 있다.[11] 따라서 위에서 언급한 바와 같이 지역주의는 공간과 장소를 의미하는 지역과는 구분되는 것이며, 지역적 목표 또는 목적으로서의 과정을 의미하는 지역화와도 구별된다. 특히 지역주의는 문헌상에서 기술적이고 규범적인(prescriptive) 개념으로 이해된다(Poku 2001, 70−74 ; Poku and Edge 2001, 8−11). 기술적인 측면에서 지역주의는 지역통합 과정의 결과 또는 과정으로서 이해할 수 있다. 이와 관련하여 도이취는 『국제통합의 분석』(*The analysis of International Integration,* 1988)에서 통합을 과정으로 간주하며 다음과 같이 통합의 네 가지 목표를 기술하였다. 이는 바로 첫째로 평화 달성의 목적, 둘째로 평화 유지의 기능, 셋째로 특정한 과업 성취의 도모, 넷째로 새로운 이미지와 역할 정체성 형성이다. 이와 같은 주요 목표에 기반하여 도이취는 지역주의를 설명함에 있어서 융합적 안보공동체(amalgamated security community) 또는 다원론적 안보공동체(pluralistic security community)와 같은 일종의 지역통합으로 발전한다는 진화론적 통합론을 주장했다.

반면에 에치오니(Etzioni)는 통합을 과정으로서 보지 않고 결과물로 보는데, 통합을 자기 지속적 기제(self-sustaining mechanism)로 정의한다. 통합의 자기 지속적 기제란 한 공동체가 외부의 힘에 의존하지 않고도 자체적으로 존속 및 지속될 뿐 아니라 형태를 유지할 수 있다는 것이다(Etzioni 1965, 4). 그는 정치공동체에 기인한 통합의 세 요소를 소개하는데, 첫째, 통합은 폭력 수단의 사용에 대한 규제 능력을 가지고 있고, 둘째, 통합은 공동체에서 자원분배 및 보상에 영향을 미칠 수 있는 의사결정권을 가지며, 셋째, 통합은 정치의식을 갖춘 시민 대부분의 정치적 정체성을 표출하는 주요한 형태라는 점이다(Etzioni 1965, 8). 이렇게 기술적인 측면에서 학자에 따라 정의의 차이가 어느 정도 존재하지만, 결국 지역주의는 기술적인 측면에서 지역통합 과정의 결과로 정의될 수 있거나 과정과 결과 모두라고 말할 수도 있다.

한편 규범적인 측면에서 에반스(Evans)와 뉴햄(Newnham)은 지역주의를 사람들이 지역으로 인식하는 정신적 개념에 초점을 맞추어 이에 대한 태도, 충성도 및 사고의 집합으로 규명했다(Evans and Newnham 1990, 346). 여기서 규범적인 측면의 지역주의의 개념은 헤트네(Hettne)와 그의 동료학자들이 함께 주창하여 최근에 각광을 받고 있는 신지역주의와 연결될 수 있다.

2. 신지역주의의 등장

신지역주의는 지역협력과 통합의 '제2의 물결'로서, 1980년대 중반에 이미 발의되어, 1990년 이후에 널리 보급되었다(Asante 1997, 3–8). 신지역주의는 일반적으로 다음과 같은 측면에서 구지역주의와 대별된다. 즉 구지역주의가 양극체제의 냉전시기에 형성되었다면 신지역주의는 다극체제의 세계질서 속에서 형성되었다고 할 수 있다.[12] 신지역주의는 정치안보에 있어 구지역주의 개념과 같이 하향식(top–down) 군사적 안보에만 치우치지 않고 상향식(bottom–up)의 포괄적인 정치안보 개념을 중시하며, 정치안보의 물질적 구조뿐만 아니라 관념적인 구조까지 포함하여 안보 개념을 보다 폭넓게 보고자 하는 시도이다. 예를 들면 정치적 안보구조의 측면에서 냉전기의 남아프리카 지역은 세력균형과 같이 무정부적 국제체제의 본질적 산물로 보는 지역안보복합체에 가까운 형태를 띠고 있었으나 탈냉전기에 와서는 SADC를 상상의 지역안보공동체로 보는 경향이 있다. 신지역주의의 대표 학자들은 더 나아가 안보지역주의(security regionalism)를 발전시켰는데, 이는 지역국가나 다른 행위체가 특정한 지리적 공간에서 지역안보복합체를 지역안보공동체로 발전시키는 과정과 노력의 일환으로 정의된다(Hettne 2001, 13).

허렐(Hurrell)은 신지역주의와 구지역주의의 이러한 차이점에 기초하여 신지역주의의 다른 중요한 특성들을 제시하고 있는데, 그 중 첫째는 제도화(institutionalization)의 수준에 여러 변이가 있다는 것이다. 이는 많은 지역 기구들이 유럽연합(EU)이 표상하는 지역주의 모델과 전통적 국제기구의 조직 및 관료적 구조를 의식적으로 회피하고 있다는 의미를 내포한다. 둘째, 신지역주의가 냉전종식과 안보문제의 탈집중화 또는 지역화에 의해 양산되고 있는 현 세계화 시대에 정치적 지역주의와 경제적 지역주의를 구분하기란 더욱 어려운 실정이다. 셋째, 비록 지역협력을 위한 구체적인 계획으로 반드시 이어지지는 않을지라도, 세계의 여러 지역에서 지역적 인식(awareness) 또는 지역적 의식(consciousness)의 중요성이 크게 향상되고 있다는 점이다(Hurrell 1995a, 332).

아민에 따르면, 신지역주의의 역할은 개방지역주의(open regionalism)의 역할과는 상당한 차이가 있다(Amin 1999, 54). 아민은 신지역주의를 개방지역주의와는 완전히 다른 세계 체제를 구성하기 위한 기초 요소로서 간주하며, 이를 바탕으로 신지역주의를 현재 진행 중인 세계화에 상반되는 대안으로 본다. 또한 오덴은 신지역주의에 대한 견해에서 국가들로 구성된 지역집단은 세계 질서를 재편성할 수 있고, 이들 중 몇몇 지역 집단은 유럽연합(EU), 북미자유무역협정(NAFTA), 아시아-태평양경제협력체(APEC)와 같은 주요 무역 블록에 반드시 구속될 필요가 없다고 주장한다(Oden 1999, 156).

더욱이 신지역주의 등장의 한 가지 주된 원인은 미스트리가 주장한 바와 같이, 현행 다자주의 체제가 세계 속에서 정치적 전환을 도모하는 데 기능적으로 장애가 있다는 데 있다(Mistry 1995, 47). 미스트리는 헤트네와 브라가를 비교하면서 지역주의의 비무역 부문이[지역주의는 1950년대 초반 바이너주의(Vinerian) 경제통합 분석방식이 제시된 이후 지역통합 연구를 독점해 온 무역 경제학자가 늘 주도했는데] 무역 관련 부문보다 더욱 중요할 것이라고 강조한다(Mistry 1995, 47 ; Hettne 1994 ; Braga 1994).

한편, 중요한 사실은 신지역주의가 지역적 수준에서 세계화에 대한 다양한 대응에 초점을 맞추고 있다는 것이다(Hettne 2001, 84-88). 폴라

니의 연구에 기초하여 헤트네는 1930년대 자유시장 체제에서 벌어졌던 최악의 상황을 조절하기 위해 국가 수준에서 사회 민주세력이 조직되었던 것처럼 신지역주의는 현 세계화의 세력에 대항하는 지역적 대응이라고 주장한다.[13)]

더 나아가 안보 면에서 헤트네의 신지역주의에 대한 논지는 사실 부잔과 부잔 외 동료 학자들의 안보 개념 틀에 기초하고 있는 것이다(Hettne 1994 ; 2001 ; 2003). 부잔의 안보 개념 틀은 정치 · 군사 · 경제 · 사회 및 환경적 측면을 포함한 세계화적 특성이라는 상황에서의 지역안보를 나타낸다. 그러므로 안보 측면에서의 신지역주의는 세계화가 지역주의적 반응을 유발시키는 외부적 원인에 의한 도전으로 볼 수 있다(Hettne 2003, 29). 따라서 안보적 상황에서 신지역주의라는 용어는 세계화에 대한 지역적 접근방식으로 풀이될 수 있다. 이러한 헤트네의 신지역주의 개념 속에서 필자는 SADC 정치안보지역주의가 세계화의 세력을 형성하거나 또는 변혁을 시도하는 지역적인 국가 주도 사업으로 볼 수 있다고 논한다. 여기서 남아프리카를 포함한 아프리카 대륙 내에서 SADC 정치안보지역주의는 내부적 및 외부적 도전들을 포함한 세계화 세력에 지역적으로 대응하는 데 중점을 둔다는 점이 중요하다.

탈냉전 국제체제의 현실 속에서 인도주의적 차원의 외부 간섭과 위기관리를 위한 요구가 증대되어 왔음에도 불구하고 미국과 UN 모두 이러한 지역 위기에 대해 전적인 책임을 회피하고 있다(Vayrynen 2003, 29 ; Alagappa 1995, 359). 사실 탈냉전 시대의 국제안보는 그 체제의 구조적인 변화로 인해 최근 지역분쟁 처리에 있어서 지역기구들의 자립이 독려되고 있는 추세이다. 즉 UN의 행동범위 가능성과 한계, 그리고 미국과 같은 강대국들이 지역분쟁에 직접적인 개입을 꺼리는 현 상황에서 탈냉전

환경은 세계 평화와 안보를 위해 더욱 효율적인 지역 주도의 분쟁해결 방식의 필요성을 강조하고 있다(Fawcett 2003, 16).

Ⅳ. SADC 정치안보지역주의의 다차원적 분석 수준

비록 현 상황에서 지역기구가 주도하는 분쟁 해결 방식의 중요성이 강조된다 할지라도 신지역주의의 틀 속에서 정치안보지역주의는 다차원적인 접근을 필요로 한다. 따라서 탈냉전 시기에 안보지역주의는 지역 외 수준에서 연구될 필요성이 제기되고 있다(Fawcett 2003, 16-17). 지역 외 수준에서의 지역주의는 동의나 강제에 기초한 외부 세력에 의해 주도되기도 하고, 콩고민주공화국(DRC) 사태에서와 같이 UN의 인도주의적 개입을 허용하기도 한다.

그러나 아챠리야, 아욥, 좁과 같은 학자들이 주장하듯이 안보 분석에 있어서 국내적 요소는 저개발국가에서의 정치안보 지역주의 메커니즘을 이해하며 설명하기 위해 빼놓을 수 없는 중요한 요소이다. 실제로 저개발지역국가의 안보문제가 훨씬 복잡하고 분쟁의 원인이 외부 위협보다는 국내적인 위협에 의해 더욱 주도된다는 사실을 생각할 때, 저개발국가의 안보문제는 지구적 차원에서 뿐만 아니라 국내적 수준에서 함께 고찰되어야 한다.

또한 이 연구에서 정치안보지역주의가 주요 행위체로서 지역 회원국가들에 의해 구성 및 재구성되는 지역 건설의 정치적 사안으로 여겨진다는 점을 고려할 때 지역적 요인은 강조되어야 할 필요가 있다. 정치안보지역주의를 주도하는 지역적 요인들은 사실상 개발도상국들에게 있어서 더욱 효율적인 지역적 역할에 대한 갈망과 같은 역내의 필요와 관심으로 이루어져 있다(Fawcett 2003, 17). 특히 지역적 요인은 정치안보지역주의의 개념에 세계화 질서, 상호작용의 수단, 영향력, 규범 창설 및 문제 설정을 제공하는 중요한 역할을 한다(Fawcett 2003, 17). 지역적 분석 수준은 국내 및 지역 외 수준이 상호작용하는 장일 뿐만 아니라 제도, 규범, 정체성과 같은 지역적 아이디어들이 우세한 장이기도 하다(Pugh 2003, 40).

그러나 비록 지역적 수준이 SADC의 정치안보지역주의를 설명하는 초점으로 간주될 수 있지만 정치안보지역주의는 국내적(domestic), 지역적(regional), 그리고 지역 외적 수준(extra-regional level)의 다차원적인 상황에서 가장 잘 접근하여 이해할 수 있다. 이러한 견해에 기초하여 아래에서는 남아프리카 지역에서 SADC의 정치안보지역주의에 대한 세 가지 분석 수준을 제시하도록 한다.

1. 국내적 수준

SADC 지역을 포함한 저개발 지역국가에서 가장 심각한 안보문제는 국내적 수준에서 발견할 수 있다(Ayoob 1995). 왜냐하면 저개발국가에서 가장 치명적인 탈냉전적 안보문제가 대부분 국가 사이의 합법성에 기인하기보다는 이들 국가 자체 내에 있는 비합법성으로 인한 것이기 때문이다(Hurrell 1995a, 354). 사실 국내 분쟁은 인접국에게까지 여파를 미치기도 하고 또는 외부 간섭을 불러오기도 한다. 이는 지역평화와 안보를 위협하는 결과까지 낳는다(Alagappa 1995, 379-380). 그리하여 지역 협력과 통합의 가능성은 국가와 국가 구조의 생존능력과 응집력에 달려 있다고 할 수 있다(Hurrell 1995a, 354). 이는 넌지시 SADC와 같은 지역 기구의 출현이 국내적 수준에서의 안보와 평화에 대한 지역주의의 공헌으로 비춰질 수 있다.

그러나 제도가 규칙들의 묶음이며, 이들 규칙을 실행하는 행위자들 간의 관계를 총괄하는 사회적 관습임을 고려할 때(Young 1989, 32) 지역 기구로서 SADC도 이러한 사회적 관습으로서의 규범을 가지고 각 지역 기구의 정치안보지역주의 메커니즘을 보다 잘 이해할 수 있다. 일반적으로 이러한 지역 기구의 제도는 현 정권의 비호를 위한 내정불간섭 원칙의 규범을 강조한다. 국내적 수준에서 분쟁을 방지하려 한 시도가 종종 실패했음에도 불구하고 적어도 이론상 지역 규범은 분리론자와 영토 회복주의자들의 의지를 단념시키고 격렬한 정치변화를 방지하는 데 도움이 될 것이다(Alagappa 1995, 381).

그러나 국내 문제에서 내정불간섭 원칙과 같은 지역 규범은 인권을 희생시키는 대가를 치르게 된다. 특히 SADC의 회원국으로 짐바브웨(Zimbabwe)는 1998년부터 2002년 기간 동안 짐바브웨 사태(Zimbabwe's crisis)를 경험하였고 그 여파가 현재까지 지속되고 있는데, 이는 국가주권 원칙 및 내정불간섭 원칙에 대한 지나친 집착과 자결권에 대한 향후 부인이 결국 극심한 인간 고통을 가중시킬 뿐만 아니라 지역적 갈등과 분쟁을 심화시킨다는 사실을 입증했다.[14] 이러한 견지에서 볼 때 저개발 지역국가 내에서 내정불간섭 원칙의 존엄성은 종종 위기에 놓인다. 실제로 냉전종식 이후 보편적으로 요구되는 각국의 대외정책 방향은 인권과 민주주의의 보호 및 강화이다. 이러한 시대적 요구에 발맞추어

SADC 회원 국가들은 2001년 8월 블란티어(Blantyre) 정상회담에서 정치방위안보기구(OPDS)를 정치방위안보협력기구(OPDSC : Organ on Politics, Defense and Security Cooperation)로 개칭하면서 OPDSC의 의정서를 발효시켰다. 이로써 SADC 회원국은 지역안보문제를 법적 틀 안에서 다룰 수 있게 되었다. 즉 SADC는 OPDSC의 의정서를 발효시킴으로써 역내 회원국들 중에서 비민주적이고 인권침해에 대한 국내적 이슈에 대해서 더 이상 묵인하지 않을 것이며, 이를 지역적인 주요 안보 어젠다에 상정하여 필요할 경우 주권과 내정불간섭의 원칙들을 절충하려는 의지를 보였다.

따라서 탈냉전 시기에 SADC 지역을 포함한 아프리카 국가들은 국내 문제에 있어 불간섭 원칙과 같은 규범을 조화시키고 실행하는 데 더욱 어려움을 겪고 있다. 즉 존속 가능한 국가의 부재는 결국 정치안보지역주의의 구축을 어렵게 한다고 말할 수 있다(Hurrell 1995a, 354). 그러나 허렐이 지적한 바와 같이 지역주의와 국력은 서로 양립상태에 있는 것이 아니라 국내적 수준에서 민족국가들이 지역국가로 통합될 수 있으며, 이는 국내적 수준에서의 국가가 지역 기구를 구축하는 중요한 초석으로 남을 때 비로소 가능하다(Hurrell 1995a, 354).

2. 지역적 수준

지역적 수준에서 지역 (회원) 국가들은 많은 분쟁 해결을 시도한다. 여기서 중요한 것은 역내 회원국들이 정치안보지역주의를 통해 만들어진 지역 정체성에 무게를 두고 있다는 것이다. 지역 정체성의 측면에서

SADC의 정치안보지역주의는 사회적으로 구성되는 진화론적 의미의 지역적 개념으로 볼 수 있다. 힘에 기초한 분쟁 처리의 접근방식과 다르게 분쟁 처리에 대한 사회학적인 접근방식은 어떻게 지역 기구들이 국가 이익 및 정체성에 영향을 미치며 변화를 가져오는지에 대해 살펴볼 수 있는 유용한 역할을 한다. 이때 국익과 정체성은 이미 주어진 것이 아니라 그들 자체가 상호작용과 사회화 과정에서 자생한 것을 의미한다 (Checkel 1998, 326).

지역주의는 사회화와 학습이 발생할 수 있는 환경을 제공함으로써 자신과 타인에 대한 새로운 이해와 새로운 역할 정체성을 획득할 수 있게 하여 세계화에 공헌하며, 장기간 동안 정체성, 이해관계의 점진적 변형, 그리고 힘의 정치를 강화시킨다(Wendt 1992, 417). 이 같은 상황에서 SADC의 정치안보지역주의는 지역적 수준에서 지역국가들에 의해 구성 및 재구성되는 정치적 개념으로 이해할 수 있다.

세계가 단독 국제체제 또는 사회로 조직되어 있지 않고 다양한 지역체제로 구성되어 있다는 점을 고려할 때 지역의 지배적인 정치안보 문화를 반영하는 공통 규범, 규칙 및 제도는 국제사회의 평화와 안보에 기여한다(Bull and Watson 1984, 1). 그러나 SADC에서 이와 같은 지역주의의 큰 잠재력은 지역 내의 정치안보 상황 속에서 고찰될 필요가 있다.

또한 지역적 수준의 정치안보지역주의는 진화하는 지역안보 구조의 맥락에서 살펴볼 수 있다. 여기서 중요한 것은 지역안보 구조가 물질적 요소로만 구성되는 것이 아니라 사상적 요소로도 구성된다는 것이다. 즉 SADC는 역내 지도자들이 지역안보 구조의 발전을 위해 신축성 또는 유연성(flexibility)이 주도하는 지역 정체성을 발전시켰다. 예를 들면 2003년 탄자니아 SADC 정상회담에서 회원국들은 상호방위조약을 채택했다. 그러나 SADC 상호방위조약은 "한 회원국에 대한 공격은 모든 다른 회원국들에 대한 공격"으로 규정짓는 NATO의 사례와는 다른 성격을 띤다. 대신 SADC 상호방위조약의 6(3) 조항에 다음과 같이 표명되어 있다. "각 국가는 자신이 처한 상황과 형편에 따라 집합적 행동에 참여할 수 있다"(SADC Mutual Defense Pact 2003). 이는 SADC 회원국들이 지역 내에서 군사적 개입의 여부와 방법을 각 국가의 독립적 고유권한으로 보호한 것을 의미한다. 즉 SADC 회원국들은 지역안보에 관련된 군사적 공격 대응방식을 전적으로 유연성에 의존하려는 지역 정체성을 가지는 것이다.

더욱이 SADC는 콩고민주공화국 사태에서 UN과 같은 지역 외 세력이 내정불간섭 원칙에 기초해 지역의 개입을 기피하려 했으나 지역적 수준에서 SADC 회원국들은 지역안보의 확보를 위하여 주권침해를 허용했다. 이는 SADC 회원국들이 주권과 내정불간섭 원칙과 같은 지역 기구의 규범을 외부의 간섭과 개입에 의해 소멸시키려는 것으로 보기보다는, 오히려 이들 지역 규범을 한시적으로 절충하려는 역내 지도자들의 의도와 동의에 의해 이루어진 것이다. 사실 냉전이 종결되면서 세계화가 어느 정도 주권구속 지역주의(sovereignty-bound regionalism)에서 주권침식 지역주의(sovereignty-eroding regionalism)의로의 전환을 압박하고 있긴 하지만(Acharya 2002, 24), 세계화는 지역국가의 주권을 완전히 소멸시킬 수 있는 것이 아니라 단지 국가 기능 및 역량의 정도와 범위를 새로운 상황과 행동방식 속에서 변화 또는 재구성할 뿐이다(Clark 2001, 645-646).

더 나아가서 지역 수준에서의 정치안보지역주의는 국제규범에서 종종 차용되는 지역 규범의 구성적인 틀 속에서 이해할 수 있다. 사실

SADC의 OPDSC 의정서의 핵심 사안은 지구적 규범에 의해 적용 및 구성되었으며, 그 요소는 UN 헌장에 명시된 바와 같이 영토권, 내정불간섭 및 병력 비사용의 선택적 판단과 같은 원칙들이다. 이는 지구적 규범의 구성적 효력이 지역 규범의 재구성에만 영향을 미치는 것이 아니라 SADC 안보 메커니즘의 과정과 성격에도 영향을 미친다는 것을 의미한다. 따라서 SADC 정치안보지역주의의 중요한 역할은 지역적 상황에서의 지역 규범의 재구축으로 이해할 수 있다.

3. 지역 외 수준

지역 외 수준에서 정치안보지역주의의 목표는 지역 기구 회원국들을 지역 외 국가들과 기구들이 야기한 외부 위협으로부터 보호하는 데 있다. 지역 외 수준에서 SADC(C)와 같은 지역 기구들은 지역질서를 위협할 수 있는 외부 장애물을 잘 처리해야만 한다. 이러한 측면에서 지역 외 수준의 정치안보지역주의는 외부에서 조성된 안보문제를 처리하는 평형(counter-balancing) 메커니즘으로 볼 수 있다.

냉전기 남아프리카의 경우, 지역 외 수준에서 SADCC 정치안보지역주의는 적대국이었던 남아공에 의해 안보 딜레마가 격화되는 등 안보지역주의의 위협으로 작용했다(Alagappa 1995, 376). 예를 들어 냉전시기에 남아공은 SADCC를 정권안보에 가장 큰 걸림돌로 간주했는데, 이로 인해 앙골라완전독립연합(UNITA)과 모잠비크국민저항운동(RENAMO)과 같은 반군세력을 경제적 및 군사적으로 지원하면서 역내 SADCC의 신생 독립국들을 동요시키려고 하였다. 그 결과 SADCC가 남아공에 대한 경제 의존도를 감소시키려는 목표를 두고 있었지만 남아공이 인접국에 대해 경제 및 군사적 압력을 행사함으로써 결국 여러 SADCC 국가들은 남아공에 대한 경제의존을 증가시키는 결과를 낳았다(Lee 1989, 5).

이론상으로는 지역안보 문제에 대한 지역적 접근방식이 저개발국가의 자구력으로 지역안보문제를 스스로 처리하기 위한 집합적 힘을 공급하는 이상적인 도구로 간주되고 있다. 그러나 SADC(C)를 포함하는 개발도상국의 지역기구들은 실제로는 지역 자치와 자립과 같은 지역 목표, 원칙, 가치들을 필요에 따라 절충함으로써 종종 지역적 접근방식의 한계를 극복하려고 시도한다. 그러나 지역 외적 수준에서 보면 정치안보 지역주의는 미국과 UN과 같은 강대국 및 국제기구들이 지역 주도의 사업을 반대하지 않고 지원 또는 적어도 인정할 때 비로소 실행 가능하다고 말할 수 있다(Alagappa 1995, 378). 즉 지역 외 수준에서 SADC 정치안보지역주의는 지역분쟁 처리방식에 필요한 자원을 모으기 위해 상대적으로 UN과 같은 외부 세력에 의존할 가능성이 크다. 이러한 측면에서 현 세계화의 상황은 지역안보문제에 자립적인 단독 대응을 원하는 지역국가들의 어려움을 심화시켰다(Tan and Boutin 2001, 5).

그럼에도 불구하고 세계화 추세의 안보질서 가운데서 SADC와 같은 지역집단은 탈냉전기에 제도적 능력과 외교적 수완을 고양시키려는 시도를 하고 있다. 또한 SADC는 콩고민주공화국 사태와 같은 지역문제들을 UN과 같은 국제기구의 활용과 사회화의 증진을 통해 해결방안을 모색한다. 더욱이 앞에서 언급했듯이 SADC와 같은 저개발 지역국가에서의 지역집단들은 지역 외 수준에서 외부 세력들에 대응하기 위한 접근방식으로 예외주의와 배타주의를 양산하면서 지역적 신축성을 강조한다(Acharya 2002, 30). 따라서 함축적으로 지역 외 수준에서 SADC의 정치안보지역주의는 지역국가들과 지역 외 세력들 간의 여러 상호작용을 통해 구성되고 재구성될 수 있는 개방적 과정으로 간주될 수 있다.

V. 맺는 말

탈냉전시기 국제안보체제의 구조적 전환으로 SADC를 포함한 아프리카의 지역 기구들은 지역 외 수준에서의 정치안보지역주의를 유지하는 데 어려움을 겪고 있다. 오히려 냉전의 종식과 미국이 상기 지역분쟁 개입에서 부분적으로 후퇴함으로써 지역적 수준에서 지역국가 주도의 안보지역주의가 강조되었다. 이러한 안보지역주의를 중심으로 개발도상국의 지역기구들은 지역적 자율과 자립을 바탕으로 지역의 갈등 및 분쟁을 처리할 것으로 보인다. 따라서 아프리카 여러 지역 기구들의 중요한 특성 가운데 하나인 지역적 자율성은 SADC에서도 마찬가지로 중요한 요소이다. 즉 "지역문제는 지역적으로 해결해야 한다"(regional solutions to regional problems)는 슬로건은 개발도상국의 지역 행위자들이 지역 외 행위자들보다 지역분쟁의 성격과 지역적 문화의 특성들을 보다 잘 이해하고 있어서 지역적 수준에서의 지역분쟁 접근방식이 더욱 설득력이 있다는 것을 함축한다(Anthony 2003, 195).

그러나 미국과 UN 같은 세계 강대국들과 국제기구들이 SADC 지역에 있어서 OPDSC과 같은 지역의 발안의제를 지지 또는 공인할 때 비로소 지역 외 수준에서의 정치안보지역주의의 유지 및 발전이 가능하다고 할 수 있다. 이때 지역 외 수준에서 정치안보지역주의의 기능은 상대적으로 제한적인 것으로 볼 수 있다. 왜냐하면 각 지역 기구가 지역분쟁 처리에 필요한 자원들을 어느 정도까지 확보할 수 있는가는 지역 기구 회원 국가들의 역량에 달려 있기 때문이다.

주권 및 내정불간섭과 같은 규범이 SADC를 포함한 아프리카 대륙 내 지역 기구가 선호하는 전략임을 고려해 보면 정치안보지역주의의 역할은 다른 두 수준과 비교할 때 국내적 수준에서 훨씬 더 많이 제한된다. 즉 세계화의 세력으로 힘을 얻고 있는 인도주의적 개입은 강제적 또는 침입적 지역주의(intrusive regionalism)를 양산하고 있으며, 이는 국내적 요소인 인권침해가 지역기구를 시험대에 올려놓을 뿐만 아니라 국내적 수준에서 정치안보지역주의의 실행 가능성을 시험하기도 한다. 더욱이 세계화 추세에서 상대적으로 약화된 국가 능력은 국내적 수준에서 정치안보지역주의에 대한 영향력을 잃고 있는데, 이는 한편으로 지구적 수준과 지역적 수준 사이에, 다른 한편으로는 이들 두 분석 수준과 국내적 수준 사이에 새로운 연결점을 생성시켰다(Vayrynen 2003, 44). 따라서 SADC를 포함한 아프리카의 정치안보지역주의는 국내적 · 지역적 · 지역 외적 수준의 다차원적이고 통합적인 상황에서 더욱 잘 이해될 수 있다.

그럼에도 불구하고 이 연구에서는 신지역주의의 맥락에서 살펴볼 때 지역적 수준이 SADC의 정치안보지역주의를 주도하며 설득하는 초점으로 여겨진다고 논하였다. 즉 SADC의 정치안보지역주의가 남아프리카의 지역 건설을 위해 지역국가들을 주요 행위체로 하여 구성 및 재구성되는 정치적 사안이라는 점을 감안할 때, 분석 수준에 있어서 지역적 수준이 SADC 정치안보지역주의의 성격과 본질을 적절하게 설명한다고 볼 수 있다.

그러나 이상에서 살펴보았듯이 탈냉전기와 글로벌 시대에 SADC와 같은 아프리카의 지역안보문제에 있어서 지역적 접근방식이 강조될 것으로 예측할 수 있다. 그러나 신지역주의적 시각에서 SADC 정치안보지역주의의 개념을 분석 및 이해하기 위해서는 국내적 접근방식과 지역외적 수준들도 함께 연구되어야 할 것이다. 이 글에서 제시하였듯이 아프리카 지역통합의 가능성을 가늠해 볼 수 있는 유용한 사례로서 SADC 정치안보지역주의의 개념화는 신지역주의적 틀 속에서 새로운 이론화 작업에 유용한 밑거름이 될 수 있을 것이며, 이는 향후 아프리카 대륙의 타지역 협력과 통합의 가능성을 적용하고 이해하는 데 활용될 수 있을 것이다.

주석

1_ 1980년에 10개국(보츠와나, 탄자니아, 모잠비크, 잠비아, 짐바브웨, 앙골라, 레소토, 말라위, 스와질란드)으로 설립된 SADCC는 탈냉전기와 후기 아파르트헤이트 시기에 4개국[남아공(1994), 모리셔스(1995), 콩고민주공화국(1997), 세이셸(1997)]이 새로운 회원국으로 영입되었다. 그러나 세이셸은 2004년에 SADC를 탈퇴하였다가 2006년에 재가입하였고, 한편 추가적으로 2005년에 마다가스카르가 새로운 회원국이 되어 현재 SADC는 15개국의 회원국으로 구성되어 있다.

2_ 위와 같은 전제에 기초해 볼 때 지역 그룹의 회원국을 내포하는 지역국가(regional states)는 세계국가(global states) 및 민족국가(nation-states)와는 구별된다. 지역주의의 대행자 또는 행위체(agents)라는 점을 고려해 볼 때 '세계국가'와 민족국가는 정치안보지역주의의 개념을 설명하는 데 있어 적합하지 않은 듯하다. 이 연구에서 지역국가가 주도하는 정치안보지역주의를 탐구하는 데 있어 지역국가란 사회적 구성주의의 측면에서 사용하도록 강조된다.

3_ 프러시아 전쟁 이론가인 클라우제비츠는 국가 정책 도구로서의 전쟁의 정치적 요소에 대해 다음과 같은 견해를 피력했다. 즉 전쟁은 정치적 행동뿐만이 아니라 실질적인 정치적 도구 및 정치상업(political commerce)의 지속을 뜻하며, 이를 기타 수단에 의해 수행하는 것을 뜻한다(Clausewitz 1996, 317). 클라우제비츠식의 안보 개념화는 맥린의 안보의 정의에도 잘 나타나 있다. 그는 안보를 "둘 또는 그 이상의 대상 사이에 주로 정치목적을 위한 무장분쟁으로 정의하고, 신현실주의자들은 이를 국제체제의 무정부적 구조의 결과로 본다"고 했다(McLean 1996, 521).

4_ 콩고민주공화국(DRC) 사태(1998-현재)는 1997년 5월에 대통령으로 취임한 반군 지도자 로렝 카빌라가 1998년에 자신의 집권과정에 도움을 제공한 르완다의 투치 족을 비롯한 외국군의 철수를 요구하면서 시작되었다. 이러한 배경 속에서 DRC 정부를 지원하는 짐바브웨, 앙골라, 나미비아, 차드 등과 반군을 후원하는 르완다와 우간다, 부룬디 등의 주변국들이 자국의 이익을 명분으로 전쟁에 참여했다. 이로써 DRC의 내전은 국제전으로 바뀌어 더욱 복잡한 양상을 띠게 되었다. 콩고 사태가 심화되어 국제전으로 확대되자 SADC는 콩고 분쟁을 종식시키기 위해 평화협정의 중재 역할을 시도하고 있으며, 유엔과의 공조 협력 노력에도 주력하고 있다(ICG 2006).

5_ 이에 대해 포셋도 "절대적 · 자연적으로 결정된 지역이 없는 것과 같이 지역 개념에 대한 기원과 발전을 다 포함하는 설명방법은 존재하지 않는다"라고 평했다 (Fawcett 1995, 10).

6_ 실제로 SADC는 남아프리카 지역을 대표하는 지역 기구이다. 그러나 이 지역 기구에 속하는 회원 국가들은 지리적으로 남아프리카의 범주를 벗어난 국가들을 포함하고 있다. 대표적으로 탄자니아는 동아프리카에 위치하고 있으며 DRC은 중앙아프리카에 점하고 있다. 또한 모리셔스와 마다가스카르는 인도양에 위치한 도서국가들로서 역사 · 문화적으로 동남 및 서남아시아에 더 많은 영향을 받아왔다. 그러나 정치안보 용어에서 지역이라는 용어는 안보관계의 분명하고 중요한 하위체제가 일단의 국가들 사이에서 존재하는 것을 의미한다. 즉 안보관계에 있어서 지역은 자국의 운명이 지리적 근접성 안에 갇혀 있는 국가들 사이에서 존재한다고 할 수 있다(Buzan 1991, 188). 비록 지리적 근접성 자체는 동태적인 지역의 개념에 대해 그다지 많은 정보를 제공하지는 않을지라도 지역주의와 (영연방 국가들과 같은) 다른 형태의 국제적인 조직들을 구별하는 데 유용하다(Hurrell 1995b, 38). 즉 지리적 근접성은 지역 개념을 정의할 때 나름대로 중요한 역할을 한다고 할 수 있다.

7_ 지역안보복합체의 주된 요소들 중에 특히 우호/적대 관계의 패턴은 SADC의 전신인 SADCC를 지역안보복합체로 볼 수 있는 중요한 요인이 된다. 사실, 지역안보복합체는 세력균형과 같이 무정부적 국제체제의 본질적 산물이라고 할 수 있다. 또한 이는 커다란 국제체제와 비교해 볼 때 작은 무정부 형식의 하위 체제로 볼 수 있다. 국가 행위자들 사이에서 우호감과 적대감 모두 지역안보복합체의 주된 요소이지만 대개 적대감이 더 중요한 결정적 요소로 여겨진다. 즉 지역안보복합체는 공통된 이해에 기반을 둔 상호 의존 형태라기보다는 경쟁적 상호 의존 형태로 볼 수 있다(Morgan 1997, 24−31).

8_ 지역안보공동체의 핵심 목표는 행위체 간에 공통의 위협만을 억지하기보다는 평화와 안정이라는 행위체들의 공통 관심사를 발전시키는 데 있다는 점에서 SADC를 광의적인 범주의 느슨한 지역안보공동체로 볼 수 있다(Hwang 2002 ; Ngoma 2003).

9_ Laurie Nathan, " 'Organ Failed' : A Review of the SADC Organ on Politics, Defence and Security", in Liisa Laakso (ed.), *Regional Integration for Conflict Prevention and Peacebuilding in Africa, Europe, SADC and ECOWAS*(Helsinki : University of Helsinki, 2002), pp. 62−101.

10_ 헤트네에 따르면 지역성에는 다음과 같은 5개 수준이 있다고 한다. 즉 지역공간(regional space), 지역복합체(regional complex), 지역사회(regional society), 지역공동체(regional community) 및 지역제도체(regional institutionalized polity)이다(Hettne 2003, 28−29).

11_ 예를 들어 구지역주의가 초강대국들에 의해 "외부에서부터", 그리고 "위에서부터" 조성되었다면 신지역주의는 구성국가가 주요 행위체가 된다는 점에서 "내부에서부터", 그리고 "아래로부터" 시작된 자발적인 과정이라고 할 수 있다. 더욱이 구지역주의가 특정한 부문에 좀 더 중점적이라면 신지역주의는 보다 포괄적이고 다차원적인 과정으로 이해할 수 있다(Hettne 1994, 1−2). 한편, 신지역주의의 성질을 설명함에 있어서는 '세계화' 개념을 이해하는 것이 필수적인데, '세계화'는 '종결된 상태라기보다는 하나의 과정'이며(Brown 1995, 55), 현대 국제체제를 구성하는 국가 및 사회 간 상호 연결성 및 상호 결합의 다양성을 일컫는다(McGrew 1992, 23). 한편 구성주의적 견해에서 세계화는 규범 및 제도와 같은 구성적 요소로 대표되는 국제체제의 구조적 변환으로 설명된다.

12_ 폴라니는 제1차 세계대전과 전간기를 거치면서 시장의 사회파괴적 성격이 심화되었고, 이에 대한 정치적 저항이 더욱 거세지면서 이를 통제하기 위해 공적 권위, 즉 국가가 시장에 다시 개입하게 되는 대변혁(great transformation)이 이루어지게 되었다고 주장한다(Polany, 1957). 한편, 헤트네는 '주변화(peripherqlization)에 대한 투쟁은 지역성(regionness) 고양을 위한 투쟁'이라고 단언한다.

13_ 1980년 독립 당시부터 줄곧 대통령직을 수행해 온 짐바브웨의 무가베(Robert Mugabe)는 독재적 정치 관행으로 국내외로부터 강한 비판과 정치경제적 압박 가운데서 국가주권 원칙과 내정불간섭 원칙을 표방했다. 더욱이 무가베는 자결권을 주장하면서 국가고립주의가 국가 경제에 심각한 위기를 촉발하자 1998년에는 SADC의 회원국들의 합의를 얻지 못한 상황 속에서 자국의 경제적 이득을 위해 콩고민주공화국 내전에 참전하여 지역적 분열과 안보위기를 초래했다.

참고문헌

Acharya, A. 1992. "Regionalism and Regime Security in the Third World : Comparing the Ori gins of the ASEAN and the GCC." in Brian Job (ed.). *The Insecurity Dilemma : National Security of Third World States*. Boulder : Lynne Rienner Publishers.

_________. 2002. "Regionalism and the Emerging World Order : Sovereignty, Autonomy, Identity." in Shaun Breslin et al. (eds.). *New Regionalisms in the Global Political Economy*. London and New York : Routledge.

Alagappa, M. 1995. "Regionalism and Conflict Management : a framework for analysis." *Review of International Studies*, Vol. 21.

Amin, S. 1999. "Regionalisation in Response to Polarising Globalisation." in Bjorn Hettne et al. (eds.). *Globalism and the New Regionalism*. Houndmills : Macmillan.

Anderson, B. 1991. *Imagined Communities : Reflections on the Origin and Spread of Nationalism*, 2nd edition. London : Verso.

Anthony, M. C. 2003. "The Regionalisation of Peace in Asia." in Michael Pugh et al. (eds.). *The United Nations and Regional Security : Europe and Beyond*. Boulder : Lynne Rien ner Publishers.

Asante, S. K. B. 1997. *Regionalism and Africa's Development : Expectations, Reality and Chal lenges*. Houndmills : Macmillan.

Ayoob, M. 1994. "The International Security System and the Third World." in William Olsen (ed.). *Theory and Practice of International Relations*. Atlantic Highlands, NJ : Prentice Hall.

_________. 1995. *The Third World Security Predicament : State Making, Regional Conflict, and the International System*. Boulder : Lynne Rienner Publishers.

Booth, K. and Vale, P. 1995. "Security in Southern Africa : After Apartheid, beyond Realism." *International Affairs*, Vol. 71, No. 2.

Braga, C. 1994. "The New Regionalism and Its Consequences." *World Bank (IED)*, Washington DC. August.

Brown, R. 1995. "Globalization and the end of the national project." in J. Macmillan and A. Linklater (eds.). *Boundaries In Question : new directions in international relations*. London : St. Martin's Press.

Bull, H. and Watson, A. 1984. "Introduction." in Hedley Bull and Adam Watson (eds.). *The Expansion of International Society*. Oxford : Oxford University Press.

Buzan, B. 1983. *People, States, and Fear : The National Security Problem in International Relations*. Chapel Hill, NC : University of North Carolina Press.

________. 1991. *People, States and Fear : An Agenda for International Security Studies in the Post-Cold War Era*. Harlow : Longman.

Buzan, B., Waever, O. and Wilde, J. de. 1998. *Security : A New Framework for Analysis*. Boulder : Lynne Rienner Publishers.

Checkel, J. T. 1998. "The Constructivist Turn in International Relations Theory." *World Politics*, Vol. 50, No. 2.

Clark, I. 2001. "Globalisation and the post-Cold War Order." in John Baylis and Steve Smith (eds.). *The Globalisation of World Politics : An Introduction to International Relations*. Oxford : Oxford University Press.

Clausewitz, K. V. 1832. "On the Nature of War." in John Vasquez (ed.). 1996. *Classics of International Relations*. New Jersey : Prentice Hall.

Deutsch, K. W. et al. 1957. *Political Community and the North Atlantic Area*. Princeton, NJ : Princeton University Press.

Deutsch, Karl W. 1988. *The Analysis of International Integration*. London : Prentice-Hall.

Etzioni, A. 1965. *Political Unification : A Comparative Study of Leaders and Forces*. New York : Holt Rinehart and Winston.

Evans, G. and Newnham, J. 1990. *The Dictionary of World Politics : A Reference Guide to Concepts, Ideas and Institutions*. New York : Harvester Wheatshea.

Fawcett, L. 1995. "Regionalism in Historical Perspective." in Louise Fawcett and Andrew Hur rell (eds.). *Regionalism in World Politics*. Oxford : Oxford University Press.

________. 2003. "The Evolving Architecture of Regionalisation." in Michael Pugh and W. P. S. Sidhu (eds.). *The United Nations and Regional Security : Europe and Beyond*. Boulder and London : Lynne Rienner Publishers.

Gamble, A. and Payne, A. 1996. *Regionalism and World Order*. New York : St. Martin's Press.

Grugel, J. and Hout, W. 1999. "Regions, Regionalism and the South." in J. Grugel and W. Hout (eds.). *Regionalism Across the North–South Divide : state strategies and globalization*. London and New York : Routledge.

Herz, J. 1950. "Idealist Internationalism and the Security Dilemma." *World Politics*, Vol. 2, No. 2.

Hettne, B. 1994. "The New Regionalism : Implications for Development and Peace." in Bjorn Hettene and Andras Inotai (eds.). *The New Regionalism : Implications for Global Development and International Security* (UNU/WIDER).

________. 1999. "Globalisation and the New Reginalism : The Second Great Transformation." in Bjorn Hettne et al. (eds.). *Globalism and the New Regionalism*. London : Macmillan.

________. 2001. "Regional Cooperation for Security and Development in Africa." in Peter Vale et al. (eds.). *Theory, Change and Southern Africa's Future*. Houndmills : Palgrave.

________. 2003. "The New Regionalism Revisited." in Fredrick Soderbaum and Timothy Shaw (eds.). *Theories of New Regionalism : A Palgrave Reader*. Houndmills : Palgrave.

Hettne, B. and Soderbaum, F. 1998. "The New Regionalism Approach." *Politeia*, Vol. 17, No. 3.

Hurrell, A. 1995a. "Explaining the Resurgence of Regionalism in World Politics." *Review of International Studies*, Vol. 21.

________. 1995b. "Regionalism in Theoretical Perspective." in L. Fawcett and A. Hurrell (eds.). *Regionalism in World Politics : Regional Organisation and International Order*. Oxford : Oxford University Press.

Hveem, H. 2000. "Explaining the Regional Phenomenon in an Era of Globalisation." in R. Stubbs and G. Underhill (eds.). *Political Economy and the Changing Global Order*. Oxford : Oxford University Press.

Hwang, K. 2002. "Security regionalism in SADC and ASEAN : from security complexes towards security communities?" *Paper presented at the South African Association of Political Studies (SAAPS) Research Colloquium, Hammanskraal* (October).

ICG (International Crisis Group). 2004. "Pulling back from the brink in the Congo." *ICG Africa Briefing*, 7 (July).

Jervis, R. 1982. "Security Regimes." *International Organization*, Vol. 36, No. 2.

Job, B. 1992. "The Insecurity Dilemma : National, Regime, and State Securities in the Third World." in B. Job (ed.). *The Insecurity Dilemma : National Security of Third World States*. Boulder : Lynne Rienner Publishers.

Matlosa, K. 2001. "Dilemmas of Security in Southern Africa : Problems and prospects for regional security cooperation." in Eddy Maloka (ed.). *A United States of Africa?* Pretoria : Africa Institute of South Africa.

McGrew, A. 1992. "Conceptualising Global Politics." in A. McGrew, P. Lweis, et al. *Global Politics. Globalisation and the Nation-State*. Cambridge : Polity Press.

McLean, I. 1996. *Concise Dictionary of Politics*. Oxford : Oxford University Press.

Mistry, P. 1995. "Open Regionalism : stepping stone or milestone toward an improved multilateral system?" *Development & Socio-Economic Progress*, Vol. 65.

Morgan, P. 1997. "Regional Security Complexes and Regional Orders." in D. Lake and P. Morgan (eds.). *Regional Orders : Building Security in a New World*. University Park, Pennsylvania : The Pennsylvania State University Press.

Neumann, I. B. 1994. "A region-building approach to Northern Europe." *Review of International Studies*, Vol. 20, No. 1.

Ngoma, N. 2003. "Towards a security community?" *African Security Review*, Vol. 12, No. 3.

Nye, J. 1968. "Introduction." in J. Nye (ed.). *International Regionalism : Readings*. Boston, MA : Little, Brown and Company.

Oden, B. 1999. "New Regionalism in Southern Africa : Part of or Alternative to the Globalisation of the World Economy?" in B. Hettne et al. (eds.). *Globalism and the New Regionalism*. Houndmills : Macmillan.

Polanyi, K. 1957. *The Great Transformation*. Boston : Beacon Press.

Pugh, M. 2003. "The World Order Politics of Regionalisation." in M. Pugh and W. P. S. Sidhu (eds.). *The United Nations and Regional Security : Europe and Beyond*. Boulder and London : Lynne Rienner Publishers.

Swatuk, Larry. 1996. "Power and Water : The Coming Order in Southern Africa." *Southern African Perspectives*,Vol. 50.

Schulz, M., soderbaum, F. and Ojendal, J. 2001. "Key Issues in the New Regionalism." in B. Hettne et al. (eds.). *Comparing Regionalisms : Implications for Global Develop-*

ment. Houndmills : Palgrave.

Vasquez, J. A. 1995. "The Post–Positivist Debate : Reconstructing Scientific Enquiry and International Relations Theory After Enlightenment's Fall." in K. Booth and S. Smith (eds.). *International Relations Theory Today*. Cambridge : Polity Press.

Vayrynen, R. 1984. "Regional Conflict Formations : An intractable problem of international relations." *Journal of Peace Research*, Vol. 21, No. 4.

Vayrynen, R. 2003 "Regionalism : Old and New." *International Studies Review*, Vol. 5.

Walker, R. B. J. 1995. "International Relations and the Concept of the Political." in K. Booth and S. Smith (eds.). *International Relations Theory Today*. Cambridge : Polity Press.

Wendt, A. 1992. "Anarchy is What States Make of It : The Social Construction of Power Politics." *International Organisation*, Vol. 46, No. 2.

Young, O. 1989. *International Cooperation*. Ithaca : Cornell University Press.

03

지역주의의 새로운 전환의 모색

아시아

REGIONAL
INTEGRATION
**INTERNATIO
NALPOLITICAL
ECONOMY**

REGIONAL
INTEGRATION
INTERNATIONALPOLITICALECONOMY
지역통합의 **국제정치경제**

동아시아 지역주의와 공동체론 : 현실과 유토피아

설규상([재]극동문제연구소)

I. 들어가는 말

지난 10여 년 사이 동아시아 지역전문가, 연구자 및 정책결정자들 사이에서 지역협력 구상의 하나로서 동아시아공동체(East Asian Community)론에 대한 관심이 급속하게 고조되어 왔다(박번순 2010 ; 이숙종 외 2009 ; 박사명 외 2009 ; 동아시아공동체연구회 2008 ; 하영선 편 2008 ; 이승철 외 2005). 이에 대해 아직 구체적인 합의는 없지만 연구자들 사이에서 그 진로와 관련해서는 대체적으로 유럽에서의 경험을 답습하기보다는 동아시아적 특성을 반영하는 독자적 형식이 되어야 한다는 쪽으로 의견이 수렴되고 있는 것으로 보인다.

1990년대 후반 경제위기 이전까지 동아시아적 모델 구축에 대한 논리로서 연구자들은 유럽에서의 통합과정이 주요국 간 갈등요소 제거라는 뚜렷한 정치적 목표를 가지고 이를 위해 국가주권의 일부를 초국가적 권위에 양도하는 방식으로 진행되었던 데 반해 동아시아에서의 지역통합 과정은 국별 개발전략 추진단계에서 자연적으로 형성된 네트워크형 협력을 중심으로 발전되어 왔다는 점을 부각시켜 왔다. 이러한 맥락에서 기존 연구결과들은 동아시아 지역의 특징으로서 높은 이질성이 이 지역 국가들로 하여금 유럽에서의 경험을 따르기 어렵게 하는 구조적 장벽이 되고 있다고 입을 모아왔다. 즉 역사적 · 문화적 · 인종적 · 지리적 및 이념적으로 동질성이 높은 유럽에 비해 동아시아 지역은 이러한 모든 요소들이 상호 복잡한 양상으로 얽혀 있어 지역제도의 전제조건인 공통성을 찾기가 쉽지 않다는 것이었다.

하지만 일찍이 경험한 적이 없었던 위기가 동아시아 전역을 강타하면서 역내 국가들은 우선적으로 당면 위기를 극복하고, 나아가서 향후 위기 재발 가능성에 효과적으로 대응하기 위한 새로운 메커니즘 형성에 대한 필요성에 직면했다. 이에 따라 위기의 정점에서 아세안(ASEAN) 의 이니셔티브에 동북아 3국이 합류함으로써 지역 수준의 새로운 협력질서 창출 시도가 나타나기 시작했다. 이러한 변화는 물론 기존 역내 국가들 간의 상호작용 관계 양식을 뛰어넘는 새로운 제도의 형성이었다. 즉 위기 속에서 역내에서 아세안과 한 · 중 · 일 3국(이하 아세안+3) 사이에서 나타난 지역협력 확대 움직임이 동아시아에서 다자관계의 제도화 필요성을 자극한 것이다. 특히 교역 및 금융 · 통화 부문을 중심으로 진행된 양자 및 다자 합의 네트워크는 역내에서 새로운 지역주의의 출현 가능성을 높였다. 실제로 동아시아 위기 이후 체결된 자유무역협정들과 통화스왑협정을 위시하여 역내 국가 정책결정자들 사이의 주기적 회합과 각종 발의, 제안 등은 동아시아 지역 수준의 공통 이익 발굴과 결집을 위한 의지로 평가되어 왔다.

이러한 가운데 동아시아공동체론이 이 지역의 역동성을 보존하고 결속력을 제고할 수 있는 대안으로 제안되자 이 문제가 빠르게 새로운 논점으로 부상한 것이다. 이에 따라 연구자들 사이에서도 동아시아공동체의 비전과 진로에 대한 분석이 다양한 방식으로 진행되기 시작했다. 몇몇 정치지도자들은 동아시아공동체 달성을 자국의 발전전략의 일부로 통합시켜 나가기까지 하였다.

그렇다면 향후 역내에서 지금까지와 얼마나 다른 다자 지역질서가 형성될 수 있을 것인가? 좀 더 명확히 말하면 역내 국가들이 공동의 가치를 창출하고 공통 이익을 발굴하고 조성함으로써 이 지역이 보다 조화로운 하나의 공동체로 발전해 나갈 수 있을 것인가? 이 글은 이러한 질문에 대한 대답을 찾아보려는 데 목적을 두고 있다.

Ⅱ. 동아시아 지역주의에 대한 시각

역내에서 다자협력 논의가 확산되는 가운데 연구자들 사이에서 동아시아 지역주의의 미래에 대한 시각은 양분되어 왔다. 하나는 동아시아 국가들이 지역 차원의 공통 이익을 발굴하고, 이를 중심으로 협력경험을 누적시킴으로써 점차 제도적인 규범과 절차를 정착시키는 방향으로 나아가고 있다는 낙관론적 입장이다. 다른 하나는 비록 동아시아 지역에서 과거와 다른 새로운 다자협력질서 창출 노력이 진행되고 있고 또 어느 정도 가시적인 성과를 거두고 있지만, 상존하는 제도화 저해요인들로 예측 가능한 시일 내에 실질 통합단계에 도달하기는 어렵다는 신중론적 입장이다.

그런데 이렇게 서로 다른 시각들을 들여다 보면 연구자들이 분석의 초점을 어디에 두고 있느냐에 따라 그 해석이 엇갈리고 있음을 알 수 있다. 전자의 부류에는 대체로 최근 역내에서 광범위하게 확산되고 있는 경제거래 및 유출입 관계의 결합현상과 시도들을 반영하여 시장통합 효과를 중심으로 동아시아 지역주의의 미래를 전망해 온 정치경제 연구자들이 속한다. 이들은 지역 경제통합이 경제적인 거래비용을 감소시킴으로써 지역 수준의 후생 증대에 기여할 것이고, 나아가서 협력이 제공하는 이익에 대한 높아진 인식이 보다 광범위한 협력 수요를 창출함으로써 이것이 궁극적으로는 정치 · 안보 분야에서의 갈등을 해소시키는 메커니즘 형성을 유도할 것으로 기대하고 있다.

후자의 경우는 안보 연구자들로서, 이들은 경제 · 통상 분야를 중심으로 진행되어 온 다자협력이 상호 의존성 증대와 함께 갈등 완화 메커니즘 형성에 대한 기대감을 갖게 하는 것은 사실이나 역내에는 이를 구체화시켜 나가기 어렵게 하는 구조적 장애요인들이 여전히 극복되지 않고 있다고 보고 있다. 즉 주요국 간 상호 불신과 패권경쟁, 이익의 상대성에 대한 집착과 같은 고질적인 요인들이 공통 이익의 형성 여지를 제약하고 있다는 것이다. 이들은 비록 안보영역에서 대화와 토론이 확대되고 있지만, 이러한 것들은 역내 국가들 간 갈등과 분쟁요소들을 직접적으로 다루기보다는 주로 다자적 접근이 요구되는 비전통적 안보 이슈들을 중심으로 공동 대응방안을 모색하는 수준에 머물러 있음을 주시한다.

이러한 양자간 차이는 곧 안보영역에서의 국가 간 혹은 지역적 의제 해결 전망이 경제영역에서의 그것과는 다른 차원에서 인식되고 있기 때문에 나타나는 현상이다. 국제관계에서 주로 안보영역에 초점을 맞추고 있는 소위 현실주의는 국가 행동의 최우선 원칙은 생존이며, 국가 간 협력 또한 자국의 안보 증진에 기여할 때만 가능하다고 믿고 있다. 또한 현실주의가 국제협력이 쉽지 않다고 보는 논리의 근간에는 각국이 생존을 확보하기 위해 경쟁하는 무정부적 국제체계 내에서 이익이 존재한다고 하더라도 이익배분의 결과가 안보에 영향을 미치기 때문에 이를 고려할 수밖에 없다는 인식이 자리 잡고 있다. 즉 각국은 다른 국가들보다 상대적으로 더 많은 이득을 취하려 하고 이를 위해 기만을 포기하려 하지 않기 때문에 협력이 쉽지 않다는 것이다.

이에 반해 협력의 전망을 중시하는 자유주의적 사고는 국제체계가 국가 행위를 규제할 수 있는 상위의 권위가 부재한 무정부적 상태인 것은 분명할지라도 이 때문에 곧 국제관계를 국가들이 자국의 세력신장에 몰입하는 비협력적 대결구조로 인식할 필요는 없다고 본다. 특히 제도의 역할을 중시하는 신자유주의자들은 협력이 세력관계에 의해 영향을 받는다는 점을 어느 정도 인정하지만, 국가 간 상호 의존성이 심화되어 가는 세계에서 상대적 이득의 논리에 집착하는 현실주의자들의 세계관이 과도하게 비관적이라고 생각한다.

지금까지 동아시아 지역협력의 진전상황을 놓고 보면 이러한 양 시각의 차이가 안보영역과 경제영역에서의 협력 메커니즘의 미래를 예견해 주는 것처럼 보인다. 실제로 지역협력 패턴을 살펴보면, 안보협력의 경우 필요성에 대한 지속적이고 점증하는 요구에도 불구하고 경제협력만큼 빠른 속도로 진전되지 못해왔음을 알 수 있다. 예를 들어 금융 · 통화 분야에서 동아시아 국가들은 2000년 5월 단기 유동성 문제를 관리하기 위해 일련의 양자 통화스왑협정(Chiang Mai Initiative) 체제를 출범시킨 후 2009년 5월 이를 다자화하기로 합의하는 등 꾸준히 협력 폭을 넓혀왔다. 나아가 역내 국가들 가운데 일부는 이에 머무르지 않고 궁극적으로 동 협정체제를 각국이 갖고 있는 외환보유액의 일부를 출연하여 공동기금 형태로 운영하는 아시아판 국제통화기금으로 발전시키고자 하는 구상까지도 제시하고 있다.

교역 분야에서의 진전속도는 훨씬 현저하다. 1992년 아세안이 자체 자유무역지대화 계획에 합의한 것을 제외하면 단 한 건의 국가 간 경제 협력 협정이 없었던 동아시아 지역에서 1999년 12월 한국이 칠레와 자유무역협정 협상을 개시한 것을 시발점으로 자유무역을 중심으로 하는 협력 네트워크를 형성해 나가기 시작했다. 그 결과 현재 동아시아 수준에서 아세안을 상대로 동북아 3국이 각각 자유무역협정을 체결하고 있으며, 동북아시아 차원에서도 2009년 한 · 중 · 일 3국 간에 공동 연구를 추진하기로 합의하여 경제통합 을 위한 기반을 마련했다.

반면에 안보 분야에서 대표적 대화체인 아세안지역포럼(ARF)은 1994년 출범 후 지금까지 반테러, 초국가적 범죄에 대한 대응, 해양안보, 자연재해 대응역량 강화 등을 중심으로 협력활동을 통한 점진적인 상호 신뢰구축과 정치 · 안보 이슈에 대한 대화와 협의 습관을 배양해 오고 있다는 점에서 어느 정도 긍정적인 평가를 받고 있기는 하지만 영토분쟁, 군비문제와 같은 역내 국가들 간 직접적인 안보 갈등을 다루는 데 미흡하다는 점이 한계로 지적되어 왔다.[1] 더욱이 국가주권 존중과 불간섭주의를 표방하며 아세안 주도로 진행되고 있는 이 안보 포럼은 비구속성 원칙을 고수함으로써 효율성을 약화시키고 있다고 비판받아 왔다.

이 밖에도 역내 안보문제 논의의 장으로 아·태안보협력이사회(CSCAP), 동북아협력대화(NEACD), 아시아안보회의(Asia Security Summit)와 같은 것들도 있으나 이것들은 모두 정부간이 아닌 민간 대화 채널로서 어떠한 공식 결정이나 구속력 있는 합의를 이끌어낼 수 없다는 한계를 드러내고 있다. 결국 이와 같이 분야별로 교차하는 낙관론과 신중론은 향후 동아시아 지역주의의 제안된 형식으로서 동아시아공동체의 향방을 가늠하는 데 유용한 준거가 될 수 있을 것이다.

Ⅲ. 동아시아공동체 구상 및 논의의 전개

1990년대까지 주로 경제적 상호 의존성 증대와 이에 따른 시장통합 효과를 중심으로 진행되어 왔던 동아시아 지역에서의 협력 논의는 21세기 진입을 앞두고 새로운 지역 모형을 모색하는 방향으로 전개되기 시작했다. 그 가운데 특히 지역 경제위기 극복과정에서 수면 위로 부상하게 된 동아시아공동체론은 정치·경제·사회 제반 분야에서의 협력증진을 통한 포괄적인 협력질서 창출을 목표로 제시하고 있다. 그 출발점으로서 1998년 12월 하노이에서 개최된 제2차 아세안+3 정상회의에서 한국의 김대중 대통령이 제안하여 구성된 동아시아비전그룹(EAVG)이 2년 간의 작업을 거쳐 작성한 보고서는 동아시아공동체 실현을 위한 주요 권고사항으로서 동아시아자유무역지대 설립, 지역 금융협력기관 설립, 역내관계의 적절한 관리를 위한 규범과 절차 및 메커니즘 증진, 지역 정체성과 지역의식 증진 등을 제시했다. 그리고 이의 논의를 위한 제도적 채널로서 연례 아세안+3 정상회의를 동아시아정상회의(EAS)로 발전시켜 나갈 것을 권고했다. 나아가 이 보고서는 무역과 투자, 금융을 포함한 경제 분야 협력을 공동체 구축과정의 촉매로 강조하고, 정치적으로 동아시아 지역의 장기적 안정과 번영을 위한 평화 조성을 표방했다(East Asia Vision Group 2001). 이처럼 동아시아의 미래에 대한 포부를 담고 있는 동아시아비전그룹 보고서는 동아시아가 직면하고 있는 제반 장벽들을 뛰어넘기 위한 포괄적 방안을 제시하고, 역내 공동의 문제들을 다루어 나가기 위한 '집단행동'을 요청했다.

이어 각국 정부 관리들로 구성된 공식 트랙으로서 동아시아 비전 달성을 위한 구체적 조치 발굴을 목적으로 2001년 3월 출범한 동아시아연구그룹(EASG)은 최종 보고서에서 동아시아비전그룹의 권고사항을 바탕으로 동아시아실업위원회와 동아시아포럼 설립 등 단기적으로 실행 가능한 조치들과, 동아시아자유무역지대 설립과 지역 금융기관 설립 등 중장기 조치 및 후행 연구가 요구되는 사항들을 제시했다. 2002년 11월 캄보디아 프놈펜에서 개최된 제6차 아세안+3 정상회의에 제출된 이 동아시아연구그룹 최종 보고서는 아세안+3 정상회의를 동아시아정상회의로 발전시켜 나가는 문제를 중장기 과제로 설정했다(East Asia Study Group 2002). 특히 동아시아 지역협력과 관련하여 이 보고서는 동아시아 정상회의를 기존 아세안 중심의 대화형식으로부터 동아시아 국가들이 동등한 자격으로 참여하는 것으로 전제함으로써 향후 동아시아공동체 논의의 실질적 장으로서의 역할을 할 것으로 기대케 하였다는 점에서 의미가 컸다.

한편, 2004년 11월 아세안정상회의에서 말레이시아 바다위 총리가 차기 아세안정상회의 의장국인 자국에서 동아시아정상회의를 개최할 것을 제안했다. 그리고 동 제의에 아세안과 동북아 3국이 합의함으로써 2005년 12월 쿠알라룸푸르에서 제1차 회의가 개최되었다. 하지만 이 회의는 엄격한 의미에서 동아시아정상회의라고 보기에는 어려운 점이 있었다. 왜냐하면 애초에 아세안+3의 연장선상에서 아세안 10개국과 동북아 3개국으로 상정되었던 동 정상회의는 회의 개념과 세부원칙 결정과정에서 국별 이해가 얽힌 가운데 호주, 뉴질랜드와 인도를 회의 참가국으로 받아들이기로 함으로써 동아시아 국가라는 지리적 개념으로서의 의미를 희석시켜 버렸기 때문이다.[2)] 따라서 동 회의는 동아시아공동체 추진을 위한 논의의 장으로서는 출발선상에서부터 한계를 갖고 있었다. 무엇보다 결정적으로 지역 금융위기 극복과정에서 집단적 대응력 제고를 중심으로 싹튼 동아시아 지역주의가 개방적 지역주의를 표방해 왔던 지금까지와 달리 아시아인들에 의한, 아시아인들을 위한 지역 규범과 자생력 강화라는, 즉 배타성을 지지하는 측면에서 추진력을 부여받아 왔던 것을 감안할 때 비아시아 세력, 특히 호주, 뉴질랜드를 참여시킨 것이 동아시아정상회의의 정체성에 의문을 갖게 만들었다(Nair 2008, 111–12).

여하튼 제1차 회의 후 참여국 정상들은 회의 결과를 선언문 형식으로 발표했는데, 그 내용은 크게 다섯 가지로 정리되었다.

첫째, 동아시아정상회의는 동아시아 지역에서 평화와 안정, 경제적 번영을 목표로 광범위한 전략적 · 정치적 · 경제적 이슈들을 다루기 위한 대화 포럼으로 규정되었다.

둘째, 역내에서 공동체 구축을 촉진하기 위한 정상회의의 노력이 아세안공동체 실현과 양립한다고 규정하였다.

셋째, 동아시아정상회의는 아세안이 다른 참여국들과 협력하여 추진력을 부여하는 개방적이고, 총괄적이며, 투명하고, 외향적인 포럼으로 성격을 부여받았다.

넷째, 정상회의 참여국들은 특히 다음과 같은 문제에 초점을 맞추기로 하였다.

- 전략 대화 촉진과 정치 · 안보 의제에서의 협력 증진
- 개발과 금융 안정, 에너지 안보, 경제통합 과 성장 증진, 기술 이전과 인프라 개발, 역량 구축, 굿 거버넌스 및 인도주의적 지원을 통한 빈곤 퇴치와 발전 격차 축소, 금융 유대 증진, 무역 · 투자 확대 및 자유화
- 문화적 이해 심화 증진, 상호 신뢰와 연대 촉진을 위한 사람들 간의 접촉과 협력 고양, 환경보호, 전염성 질병 방지와 자연재해 대응체계 및 완화

다섯째, 정상회의 참여국들은 아세안이 설정한 참여기준에 의거하여 결정되며, 정상회의는 아세안 의장국이 주재하기로 합의되었다. 또 회의는 아세안 연례 정상회의에 연이어 개최되는 것으로 결정되었다.

제2차 동아시아정상회의는 2007년 1월 필리핀 세부에서 개최되었다. 동 정상회의에서는 빈곤 퇴치, 에너지, 교육, 금융, 조류독감, 자연재해 완화, 도하개발어젠다, 경제협력과 지역통합, 사회 · 문화 분야 이해, 한반도 비핵화 등의 문제를 주요 의제로 다루었다. 이와 함께 참여국들은 '동아시아에너지안보선언'을 채택하고, 비공식 연구 채널로서 일본이 제안한 '동아시아포괄경제파트너십'을 출범시키기로 합의했다. 특히 제2차 정상회의의 주요 관심사 중의 하나는 동아시아정상회의의 향후 역할 규정과 아세안+3와의 관계였다. 이와 관련하여 참여국들은 동 정상회의의 성격을 공동체 구축 노력에서 아세안, 아세안+3, 아세안지

역포럼, 아 · 태경제협력(APEC) 등을 포함하여 기존 지역 메커니즘을 보충하는 포럼으로 규정했다.

동아시아정상회의의 향후 진로는 2007년 11월 싱가포르 개최 제3차 정상회의에서 재확인되었다. 즉 동 회의는 의장성명을 통해서 동아시아정상회의가 새로이 부상하고 있는 지역구조의 중요한 구성요소이며, 동아시아공동체 구축을 지원할 것이라는 점을 재확인하고, 정상회의가 다른 지역 메커니즘과 보완적이고 상호 강화적인 역할을 해야 한다는 것으로 결론지었다. 한편, 동 회의에서 2007년 8월에 시작된 미얀마 반정부 시위에 대한 정부의 무력진압을 둘러싼 국제사회의 우려를 반영하여 이 문제가 거론될 것으로 예상되었으나 이는 미얀마의 반대로 무산되었다.

이어 제4차 정상회의가 2009년 10월 태국의 차암후아힌에서 개최되었는데, 동 회의에서는 미얀마 민주화 계획 이행문제를 포함하여 도하라운드 협상 가속화, 환경개선, 자연재해 관리역량 강화, 유행성 질병에 대한 대처, 인신매매 문제 등이 주 의제로 다루어졌다. 이와 함께 여기서 일본은 개방성, 투명성, 포괄성 및 기능적 협력 원칙에 기초하는 동아시아공동체 구축 논의를, 호주는 2020년까지 아세안을 중심으로 하는 아시아 · 태평양공동체를 구축하자는 제안을 하였다.

2010년 10월 하노이 개최 제5차 정상회의에서는 러시아와 미국을 차기 회의부터 회원국으로 참여시키기로 결정했다. 아울러 정상회의 5주년 기념 하노이 선언에서 참여국 정상들은 동 정상회의를 참여국들 간 상호 이익과 보다 긴밀한 유대를 가져다 줌과 동시에 공동체 구축에 공헌해 온 과정으로 평가하면서 동 회의가 아세안+1, 아세안+3, 아세안지역포럼, 아 · 태경제협력 등 역내의 기존 과정들과 함께 진화 중인 지역구조의 중요한 부분임을 재확인한다고 선언했다.

그리고 2011년 11월 제6차 발리 정상회의에서는 동아시아 평화, 안정, 경제번영 촉진을 목표로 광범위한 전략적 · 정치적 · 경제적 공통 이익과 관심사를 다루는 대화 포럼으로서 정상회의의 성격을 강조하고, 이와 관련된 기본 원칙과 규범들을 담은 '호혜적 관계 원칙에 관한 동아시아 정상회의 선언' 을 채택하였다. 이와 함께 '아세안 연계성에 관한 선언' 을 채택하여 정상회의가 핵심 협력 분야로 삼아온 기존 금융, 에너지, 교육, 전염병, 재난관리 외에 연계성을 새로이 추가했다.

이처럼 일련의 과정을 통해서 동아시아정상회의는 출범 이후 동아시아공동체 구축이라는 장기 목표를 추구해 나가는 데 있어 일정 역할을 할 수 있는 채널로서 정체성을 부여받았다. 하지만 그 지위에 있어서는 앞서 언급한 바와 같이 분명한 한계가 있다. 이는 동아시아정상회의가 출범할 당시 그 성격과 지향점을 두고 아세안+3 정상회의 사이에서 형성된 불연속 기류와 무관하지 않다.

동아시아정상회의의 출범을 결정한 2004년 비엔티안 정상회의에서 아세안+3는 아세안+3 프로세스를 동아시아공동체의 궁극적 확립을 위한 주체(main vehicle)로 규정했다. 그리고 당시까지 동아시아정상회의는 아세안+3 프로세스의 연속선상에 놓일 것으로 예상되었다. 그러나 곧바로 회의 참가 범위를 둘러싸고 호주, 뉴질랜드, 인도 등 역외국들이 자국을 동아시아 내부 상호작용 과정의 일원으로 편입되기를 희망해 왔고, 미국 및 일본 또한 전략적 이유로 이들의 참여를 지지해 왔다. 그 결과 이들 3개국이 동남아우호협력조약(TAC) 가입을 포함하여 아세안이 제시한 조건들을 충족함으로써 참여키로 결정되었고, 이로 인해 정상회의의 지역적 순수성은 약화되었다.

나아가 내정불간섭 등을 명기한 상기 협력 조약 조문이 자국의 외교정책과 군사행동을 제약할 우려가 있다는 이유로 유보적인 입장을 보여온 미국이 2009년 7월 동 조약에 가입, 2004년 가입한 러시아와 함께 2011년부터 정식 회원국으로 참여하게 됨으로써 동 정상회의가 갖는 아시아적 정체성은 지전략적으로나 유효하게 되었다.[3] 이 때문에 동아시아정상회의는 동아시아공동체 목표 추구를 위한 직접적 토론의 장이 아닌 아세안+3, 좀 더 정확하게는 아세안 주도의 지역협력 의제를 지지함으로써 동아시아 국가들이 장기 계획으로 설정한 공동체 구상 접근에 조력하는 보조적 대화의 장으로 자리매김될 수밖에 없는 내재적 한계를 지니고 있는 것이다.

한편, 이와 별도로 2007년 11월 싱가포르에서 개최된 제11차 아세안+3 정상회의에서는 '제2차 동아시아협력에 관한 공동선언'과 '아세안+3 협력작업계획'(2007-2017)이 채택되었다. 아세안+3 협력 10년을 회고하고 관계 강화와 통합 진전을 위한 향후 10년의 협력방안을 담고 있는 동 공동선언은 아세안+3 프로세스를 동아시아정상회의, 아세안지역포럼, 아·태경제협력, 아시아·유럽정상회의 등 지역 포럼들과 함께 동아시아공동체 구축을 촉진하기 위한 상호 강화적이자 보충적인 역할로 규정하였다. 이와 함께 공동선언은 정치·안보협력, 경제·금융 협력, 에너지·환경·기후변화 및 지속 가능한 개발 협력, 사회·문화 및 개발 협력 등 분야에서 미래 협력 범위를 예시하고, 공동성명의 목표가 같이 채택된 아세안+3 협력작업 계획에 지적된 구체적 우선순위 활동과 프로젝트의 이행을 통해 실현해 나갈 것임을 밝히는 한편, 작업계획의 이행 진전 사항을 아세안+3 연례 각료회의와 정상회의에 보고하도록 하였다. 아세안+3 협력작업 계획은 다음에서 표에서 보듯이 정치, 경제, 사회 · 문화, 환경 및 제도적 지원에 이르기까지 광범위한 분야에 걸친 협력내용과 절차를 담고 있다.

〈표 1〉 아세안+3 협력작업계획 2007–2017

부문	내용
정치 · 안보 협력	정치 · 안보 협력 심화, 역내 평화와 안정 협력, 대테러, 해상 협력, 기타 비전통적 안보 이슈
경제 · 금융 협력	무역 · 투자, 금융 협력, 표준화, 지적재산권, 운송, 관광, 식량 · 농업 · 수산 및 임업, 광물, 중소기업, 정보 · 통신 기술, 개발 협력
에너지 · 환경 · 기후변화 및 지속 가능한 개발 협력	에너지 협력, 환경과 지속 가능한 개발
사회 · 문화 및 개발 협력	유엔 천년개발목표(Millennium Development Goals) 실현을 위한 협력활동 개발, 동아시아문화유산네트워킹(NEACH) · 동아시아연구네트워크(NEAS) 등 강화, 빈곤 완화, 취약집단 개발 장려, 문화 및 민중 접촉, 교육, 과학 · 기술, 보건, 재난관리와 비상대응
제도적 지원 및 후속 조치 메커니즘	'아세안+3 협력기금' 세부 원칙 개발, '아세안+3 유닛' 강화 지속, 동 계획 목표 진전을 위한 공동 프로젝트 집행, 작업계획 이행을 위한 아세안 사무국의 일정표 개발, 기존 메커니즘을 통한 작업계획의 정규적 검토, 아세안+3 연례 정상회의에 작업계획 이행에 관한 요약 진전 보고서 제출

출처 : ASEAN Plus Three Cooperation Work Plan 2007–2017 (http://www.aseansec.org/21104.pdf)

이처럼 아세안+3가 동아시아정상회의에 비해 다루고 있는 협력내용과 범위에 있어서 보다 구체적이다. 아세안+3는 이후로도 협력의제와 사업을 추가 · 확대시켜 왔다. 예컨대 2009년 2월 개최된 재무장관특별회의에서 아세안+3는 '아시아 지역의 경제 및 재정 안정 회복을 위한 행동계획'을 채택하였으며, 5월 재무장관회의에서는 치앙마이이니셔티브를 다자화하고 독자적인 지역 감시장치를 설립하는 한편, 공동기금 규모도 2009년 말까지 2008년 합의된 780억 달러로부터 1,200억 달러로 확대하기로 결정했다. 이어 같은 해 10월 아세안+3 정상회의에서는 식량과 에너지 안보를 우선순위 문제로 설정하고 '식량안보와 바이오에너지 개발에 관한 아세안+3 협력선언'을 채택하였다. 이렇게 해서 아세안+3 내에서 진행되고 있는 협력활동은 2011년 현재 정치 · 안보 · 정책조정, 재정 · 통화, 무역 · 투자, 관광, 운송, 환경, 에너지, 노동, 보건, 사회복지 등을 포함하여 20여 개의 서로 다른 분야를 망라하고 있다.

Ⅳ. 주요 행위자별 인식과 전략

현재 동아시아 지역협력 프로세스는 구성단위와 관련하여 아세안, 아세안+1(또는 2), 아세안+3, 동아시아정상회의, 아 · 태경제협력 등이 각각 의제를 설정하거나 논의하는 방식으로,[4] 추진 주체와 관련하여 국가 주도의 공식 채널(track I)로 정상회의, 각료회의와 함께 민간 주도의 비공식 채널(track II)로 각종 대화들이 제도적 협력 방안을 모색하거나 의제화를 자극하는 방식으로 중첩적으로 진행되고 있다. 동아시아공동체에 대해서는 주로 공식 대화 채널로서 아세안+3를 중심으로 방향성이 제시되어 오고 있으나 이를 둘러싼 역내외 국가들의 전략적 이해와 접근방식은 상이하게 나타나고 있다.

1. 아세안

아세안은 지역 다자주의의 토대가 일천한 동아시아 지역에서 유일한 하부 지역 조직으로서 국제관계에서 강대국 중심 정치의 열세를 극복하고 지역적 자율성을 제고하기 위하여 집단적 행동능력과 역량 강화를 모색해 왔다. 이러한 전략의 일환으로서 동아시아공동체 논의과정에서도 아세안은 협력의제와 방향설정의 중심 세력으로서 역할을 지속적으로 주장하고 확인시켜 왔다. 그와 같은 의지는 단적으로 2005년 12월 쿠알라룸푸르 아세안+3 정상회의에서 아세안과 동북아 3국이 '장기 과제로서 동아시아공동체 실현을 위한 공동의 결의를 반복' 하고, 그 구동력(driving force)으로서 아세안과 아세안+3 국가들의 활동적인 참여 속에서 아세안+3 프로세스가 그러한 목표를 달성하는 주체(main vehicle)가 될 것이라고 한 데서 확인된다.[5]

아세안+3 정상회의와 동아시아정상회의를 아세안정상회의 개최지에서 동 회의의 연속 회의로 개최하기로 결정한 것도 동아시아 다자협력 프로세스를 아세안이 주도해야 한다는 의지의 직접적 표현이다. 현재 역내에서 진행되고 있는 다자 대화와 제도들 가운데 거의 대부분이 아세안을 중심으로 진행되고 있다는 사실 또한 이를 뒷받침하고 있다.

아세안 내에서 통합적 행위자로서 동북아시아 국가에 대해 공식관계를 추구하기 시작한 것은 1977년 제2차 아세안정상회의에 일본을 초청하면서부터였다. 그러나 집단적 협력 메커니즘을 염두에 두고 본격적인 의사를 표명하기 시작한 것은 이로부터 훨씬 후인 1990년대 들어서였다. 그 예가 동아시아경제회의(EAEC)이다. 이 구상은 아세안과 한·

중 · 일을 포함한 동아시아 국가들로 구성되는 경제협력체를 염두에 두고 당시 말레이시아의 마하티르 총리가 제안한 것이다. 하지만 동 구상은 역외국의 반대를 위시하여 역내국들의 이해 불일치로 무산되었다.

그 형식이나 실질 양면 모두에서 동아시아 국가들이 새로운 다자협력 메커니즘에 대한 이해를 촉발시킨 계기가 된 것은 1997년 아세안 창설 30주년을 맞이하여 소집된 제2차 비공식 정상회의시 동북아 3국을 초청함으로써 시작된 아세안+3 정상회의였다. 1997년 7월 초 태국에서 촉발된 금융위기가 동아시아 전역으로 확산되며 정점으로 치닫는 가운데 아세안은 한편,으로는 내적으로 집단적 위기 대처 역량 강화를 위한 힘의 결집을 모색하고, 다른 한편,으로는 한국, 일본과 같은 고수준 경제와 중국과 같은 동적 시장과 공식적 연결 고리를 형성함으로써 향후 재발될지도 모르는 위기 또는 불확실성 요인에 대처하고자 하였다(Stubbs 2002, 449). 이를 위하여 아세안은 동아시아라는 틀 내에서 아세안+3라는 새로운 메커니즘 형성을 주도하기 시작했으며, 동북아 국가들은 아세안의 주도적 지위를 인정해 주면서 동아시아적 정체성을 조성해 나갈 수 있게 되었다. 이 과정에서 아세안은 동아시아 지역주의 프로세스를 독점하기 위한 전략으로서 중 · 일 간 경쟁관계를 활용해 왔다(Yeo 2006, 264).

특히 아세안은 중국의 영향력 확대를 우려하면서도 지역문제에 중국을 관여시키는 것이 전략적으로 유리하다고 판단하게 되었다. 이러한 판단의 근간에는 경제적 요인과 정치 · 안보적 요인이 동시에 작용했다. 우선 경제적 측면에서 1990년대 세계 경제환경은 아세안 주요국들로 하여금 이중적 도전에 직면케 하였다. 역외에서는 유럽, 북미 등에서 급속하게 진행되기 시작한 지역 블록화 현상이 아시아 신흥공업국들(NICs)

의 성장전략을 좇던 이들 신신흥공업국들(NNICs)로 하여금 서구 시장 접근에 대한 우려를 고조시켜 나갔다. 또 역내에서는 저임 노동력과 자원을 발판으로 쇄도하는 중국 경제가 유사한 성장전략으로 아세안 경제를 위협하기 시작했다.

이러한 상황에서 아세안 국가들은 내부 시장규모 확대와 외부로부터의 압력에 대한 대응력을 높이기 위하여 자체 시장통합을 진행시켰지만 이것만으로는 실질적으로 통합효과를 기대할 만큼의 규모의 경제(economy of scale)를 형성하기가 어려웠다. 이러한 가운데 밀어닥친 동아시아 경제위기는 아세안에 대한 투자 신뢰를 심각하게 잠식했고, 투자자본이 지속적으로 중국으로 빠져나가면서 아세안의 성장기반과 경쟁력을 위협했다. 동아시아 위기시 아세안 내 주요국들의 성장률이 급격히 하락한 것과 대조적으로 중국 경제는 고공행진을 계속하면서 세계시장으로의 편입을 가속화했다.

결과적으로 아세안으로서는 중국과의 관계 강화를 통한 시장 접근권 확보와 중국 경제의 지역 프로세스로의 흡수가 경제적 불확실성을 해소하고 향후 성장동력 회복을 위한 효과적인 대안으로 여겨지게 되었다. 따라서 2000년 11월 아세안+3 정상회의 기간 중 개최된 아세안과 중국 정상회의에서 중국의 주룽지 총리가 자유무역협정 체결을 제안했을 때 아세안은 이를 신속하게 수용했다. 이는 결과적으로 한국, 일본, 인도 등이 앞다투어 아세안과 유사한 형식의 자유무역협정을 체결하도록 부추기는 동인이 되었다.

한편, 아세안지역포럼을 통해 역외 대화 상대국들과 정치 · 안보 대화를 주도해 온 아세안은 지역 최대 현안 가운데 하나인 남중국해에 대한 영유권 주장으로 초래되는 긴장을 완화하기 위한 조치로서 2002년 중국과 영유권 분쟁의 평화적 해결과 무력 불사용을 약속하는 내용의 '남중국해 당사국 간 행동선언'을 채택하였다. 이를 토대로 2003년 10월 발리 정상회의에서 아세안은 중국과 '평화 · 번영에 관한 전략적 파트너십 공동선언'을 채택하였으며, 역외 주요국으로서는 처음으로 중국이 동남아우호협력조약에 가입했다. 이에 자극을 받아 일본도 같은 해 12월 아세안과의 연대 강화를 목적으로 아세안 정상들을 도쿄로 초청하여 별도의 정상회의를 가졌으며, 다음 해인 2004년 7월 역시 동 우호협력조약에 가입했다. 한국도 2004년 11월 제10차 아세안정상회의를 앞두고 아세안과 같은 조약에 서명했다.

이처럼 아세안은 회원국들 간 정치 및 경제 체제의 상이성으로 인한 내적 취약성에도 불구하고 동아시아 지역의 전략환경을 활용하여 역내 경제, 정치 · 안보 등의 분야에서 다자적 의제를 주도해 가는 핵심 세력으로서의 역할을 자임하고 있다.

2. 미국

미국은 전통적으로 동아시아를 군사 · 안보 및 경제적으로 자국과 지대한 이해관계를 갖고 있는 지역으로 인식해 왔다. 미국은 군사 · 안보 분야에서는 우방들과의 양자동맹을 통해서 역내 세력관계에 깊숙이 관여해 왔으며, 경제 · 통상 분야에서는 아 · 태경제협력을 통해 동아시아 국가들과 다자협력 프로세스에 참여해 왔다. 특히 경제협력과 관련하여 미국은 1993년 시애틀 회의에서부터 당시까지 각료회의 형식으로 진행되어 오던 아 · 태경제협력을 정상회의 수준으로 격상시키는 데 리더십을 발휘하고 동 제도를 자유무역 실현을 위한 도구로 활용하고자 하였다. 따라서 이러한 전략적 이해를 반영하여 미국은 동아시아에서 제기되는 자국을 배제하는 통합 프로세스에 대해서는 그것이 자국의 역내에서의 영향력을 감소시킬 것을 우려하여 반대 입장을 표명해 왔다.

하지만 최근 10여 년 간 동아시아 지역주의 정책은 이전과는 다소 다른 양상으로 전개되어 왔다. 이는 동아시아 국가들의 대미 인식 변화와 미국의 대외 전략환경 변화라는 요인이 중첩적으로 작용한 데 기인한다. 우선, 대미 인식과 관련하여 동아시아 위기시 이를 극복해 나가는 과정에서 미국의 적극 지원을 기대했던 동아시아 국가들은 미국이 국제통화기금 중심성만을 강조하며 무관심한 태도를 보인 데 대해 실망감을 감추지 못하였고, 이로 인해 역내 국가들 사이에서 미국에 대한 이미지가 크게 손상되었다.

이러한 태도는 중국이 자국의 위안화 절상 압력에도 불구하고 지역위기 심화를 우려하여 이를 단행하지 않고 위기국에 대한 지원을 적극 모색하는 등 호의적 행동을 취하면서 동아시아적 이익을 옹호하는 것으로 비쳐진 것과 대조를 이루었다. 다른 한편,에서는 9 · 11 테러가 미국의 대외 정책환경에 극적인 변화를 초래했다. 외부로부터 비군사적 공격으로 수천 명의 희생자를 낸 미국은 이후 곧장 반테러와 대량파괴무기로부터 위협 방지로 안보전략을 전환하고 이를 위한 글로벌 동맹을 추구하는 데 역점을 두게 되었다. 그리고 그 연장선상에서 미국은 이라크와의 전쟁을 개시하는 한편, 핵물질의 제3국 이전을 저지하기 위한 확산방지구상(PSI)을 주도했다.

결국 이러한 환경적 변화는 동아시아에서 미국으로 하여금 한편,으로는 역내에서 자국의 세계 전략을 지지하기 위한 세력 확보를 추구하면서 다른 한편,으로는 지역 리더십 세력으로 부상하고 있는 중국을 견제하는 동시에 미국의 이익에 반하지 않는 순기능적인 행위자로 유도해 나가야 하는 부담을 안게 만들었다. 이에 따라 미국은 동아시아 다자제도를 기존 양자동맹 관계를 유지 · 강화하면서 자국과의 정치 · 경제적 관계를 관리하기 위한 도구로서 강조하게 되었다.

이와 같은 전략적 사고는 미 백악관이 4년 주기로 발간해 오고 있는 국가안보전략(National Security Strategy) 보고서를 통해 반복적으로 제시되어 왔다. 2002년 보고서에서 미국은 다자제도가 자유애호국들의 힘을 배가시킬 수 있으며, 아세안과 아 · 태경제협력과 같은 제도들에 의해 제공된 안정 위에서 "이 동적 지역에서의 변화를 관리하기 위한 지역 및 양자 전략을 개발"할 것이라고 주장했다(The White House 2002, 26). 이어 2006년 보고서에서는 미국과 가치를 공유하는 아시아 국가들이 지역 전체를 통해 민주주의를 강화하고 민주적 개혁을 촉진하기 위해 미국과 협력할 수 있을 것이라며, 이러한 제도적 틀은 역내 핵심 국가들과의 건전한 양자관계에 기초해서만 구축되어야 한다고 못박았다(The White House 2006, 40). 크리스토퍼 힐 국무부 동아 · 태 차관보가 2006년 3월 하원 국제관계위원회 아 · 태 소위원회에서 동아시아가 지정학적 · 군사적 · 외교적 · 경제적 · 상업적 측면 전반에서 미국의 국가 안보 이익에 사활적이라고 전제하고 민주주의, 번영, 안정과 같은 동아시아에서 미국의 장기 전략 비전 달성 여부가 중국이 부상하는 지역 및 글로벌 세력으로서 미래에 취할 방향에 크게 좌우될 것이라고 진술한 것도 이러한 전략적 사고를 반영했다(Hill 2006, 58−66).

한편, 2005년 말 동아시아정상회의가 출범하고 이것이 기존 지역협력 구도에 새로운 계기를 제공할 것이라는 예측이 조심스럽게 제기되는 가운데 미국 정부 내 일각에서는 이것이 향후 미국을 배제하는 지역 구조를 만들어감으로써 자국의 아시아에서의 영향력 약화를 초래할지도 모른다는 우려가 나타나기 시작했다. 따라서 이들은 그동안의 안보 중심 전략으로 인한 동아시아 지역주의 프로세스에 대한 정책 부재를 비판하고 보다 적극적인 지역전략을 주문했다. 일부에서는 미국이 자연스러운 동아시아 통합과정을 방해하거나 차단하려 할 경우 오히려 미국에 대한 이미지를 악화시키거나 반미주의를 고조시킬 것이므로 역내에서 주요 파트너로서 역할을 확보하면서 지역통합을 장려하도록 해야 한다고 권고하기도 하였다(Kurlantzick 2007, 74-75).

이러한 가운데 2008년 출범한 오바마 행정부의 동아시아 정책은 부시 행정부에 비해 보다 전향적인 방식으로 전환되어 갔다. 2009년 11월 도쿄에서의 미 · 일 정상회담 후 하토야마 총리와 가진 공동 기자회견에서 오바마 대통령은 자신의 재임기간 동안 미국이 태평양 국가임을 분명히 하고 이 지역에 대한 관여를 심화할 것이라고 강조했다. 또한 오바마는 미국과 아시아의 미래가 불가분하게 연결되어 있으며, 미국은 역내에서 자국의 동맹을 강화하고, 새로운 파트너십을 구축하는 한편, 지역안보와 번영을 증진시키는 다자 노력들과 지역제도들의 일부가 될 것이라고 말하였다(The White House 2009). 이와 같은 의지는 2010년판 국가안보전략 보고서에도 드러나고 있다. 동 보고서는 역내 국가들과의 유대가 지속 가능한 성장과 미국의 수출을 배가하기 위한 노력을 위해 중요한바, 미국은 아세안, 아 · 태경제협력, 환태평양동반자협정, 동아시아정상회의 등 지역 다자구조 내에서 보다 강력한 역할을 추구할 것이라고 밝혔다. 또 동 보고서에서 미국은 중국과 계속해서 긍정적이고 건설적이며 포괄적인 관계를 추구할 것이며, 영향력이 증대하고 있는 중국이 평화와 안보, 번영에 공헌하도록 선택하도록 장려할 것이라고 기술하였다(The White House 2010, 43).

이와 함께 미국 대외 정책의 아시아로의 회귀와 적극적인 관여로의 신호로서 오바마 행정부는 출범 이후 곧바로 부시 행정부가 거부해 왔던 동남아우호협력조약에 가입하기로 결정함으로써 동아시아정상회의 참여를 가로막고 있던 현실적인 장애물을 제거했다.[6] 이를 토대로 미국은 2010년 제5차 동아시아정상회의에서 신규 회원국으로 가입키로 결정되었다. 미국은 이를 통해 동아시아 지역협력 대화에 공식적으로 참여할 수 있게 되었다. 이는 미국이 향후 동아시아 지역협력 프로세스에서 보다 큰 영향력을 행사할 수 있게 되었음을 의미한다. 즉 미국은 이제까지 참여해 오고 있는 아세안지역포럼, 아 · 태경제협력 등 광역 수준의 대화 틀로부터 좀 더 아시아적 성격이 짙은 다자 대화 채널인 동아시정상회의를 통해 지역 의제에 보다 적극적으로 관여할 수 있는 발판을 마련하게 된 것이다.

3. 일본

1990년대 중반까지도 동아시아 중심의 다자협력에 대한 일본의 관심은 제한적이었다. 일본은 1989년 한국, 미국, 아세안 등을 포함하여 아 · 태지역 12개국이 각료회의 형식으로 아 · 태경제협력을 출범시켰을 때 호주와 함께 이를 주도했지만, 이때까지도 아시아 지역 개도국들과의 관계보다는 태평양 주요 선진 경제와의 관계를 더 중시하고 있었다. 특히 미국과의 동맹 협력관계와 미국 시장에 대한 접근을 통해서 고속성장을 지속해 온 일본은 미국과의 양자관계가 다른 어떠한 관계보다 중요한 정책 우선순위로 여겨지고 있었다. 이러한 이유 때문에 일본은 상기한 말레이시아 마하티르 총리의 동아시아경제회의 제안에 대해 역내에서의 이익 침해를 우려한 미국의 입장을 수용하여 이를 거부했다. 심지어 1997년 동아시아 금융위기시 유동성 위기에 대한 대응역량 제고를 위한 제도적 방안으로 제시했던 아시아통화기금(AMF) 안조차도 역외국인 미국의 반대에 직면하여 곧바로 철회했다.

제2차 세계대전 이후로 수출 주도형 산업구조로 경제대국으로 성장한 일본으로서는 광역 지역주의에 대한 선호가 어찌 보면 당연한 전략적 귀결일 수밖에 없었다. 동아시아비전그룹 보고서가 동아시아공동체 구축 논의를 위한 장으로서 동아시아정상회의 출범을 권고한 후 일본이 지역 공동체에 아세안+3 외에 호주, 뉴질랜드를 포함시키고자 하는 희망을 표현한 것도 이러한 사고를 반영한 결과였다. 예컨대 2002년 1월 동남아 순방 중 첫 방문지인 싱가포르에서 행한 연설에서 고이즈미 총리는 지역의 번영과 안정을 확보하기 위한 공동체가 배타성을 띠어서는 안 되며, 실질적인 지역협력은 역외국들과의 긴밀한 파트너십을 통해서 건설될 수 있을 것이라고 주장했다. 여기서 고이즈미 총리는 미국 역할의 불가분성과 인도와의 협력 중요성을 강조했는데, 이는 일본이 동아시아 수준의 지역주의보다는 아시아 · 태평양과 같은 광역지역주의를 선호해 왔음을 보여주는 단적인 예라고 할 수 있다.[7]

한편, 일본은 아세안의 이니셔티브와 중국의 지지로 아세안+3 협력 메커니즘이 강화되면서 점차 이 안에서 중국이 패권적 리더십을 행사하게 될 가능성을 경계해 왔다. 한때 일본은 중국을 동아시아 지역 정치 · 경제의 일원으로 성장시키는 것을 아시아 정책의 중요한 부분으로 삼아

왔고, 이를 위해 중국에 어느 나라보다 많은 지원을 해왔다. 일본의 대규모 차관과 무상원조, 기술협력 자금은 중국으로 하여금 산업 인프라를 강화하고 지속적인 성장을 가능케 한 밑거름이 되었다. 하지만 중국 경제가 고속성장을 통해 1990년대 중반 이후 새로운 지역세력으로 부상하면서 일본은 이제 중국에 대한 관여를 계속하면서 동시에 중국의 역내에서의 주도권 견제를 고민하지 않을 수 없는 처지가 되었다. 따라서 일본의 동아시아 지역주의 이니셔티브의 적잖은 부분이 중국과의 경쟁의식 속에서 제시되어 왔다.

예를 들어 2000년대에 진입하면서 중국이 아세안+3 틀 내에서 자유무역협정 분위기를 조성하고 있을 때 일본은 이것을 중국의 리더십에 의해 역내에서 배타적인 지역제도를 기도하는 것으로 판단하고 싱가포르, 인도네시아 등 중국의 과도한 역내 영향력을 우려하고 있던 아세안 내 주요국들과 별도 형태의 지역주의를 모색하기 시작했다. 이에 따라 2002년 고이즈미 총리가 처음으로 동아시아공동체를 제안했으며, 2005년 중국의 영향력을 희석시키기 위한 파트너로 호주, 뉴질랜드, 인도를 끌어들여 동아시아정상회의를 아세안+3의 보완적 도구로 자리매김하는 데 성공했다. 나아가 2007년에는 동아시아정상회의 참여 16개국을 대상으로 하는 동아시아 포괄경제파트너십협정을 제안하였다(Hughes 2009, 847).

일본은 동아시아정상회의 출범 이후 경제 분야를 중심으로 이에 대한 적극적인 지지를 보여왔다. 요컨대 일본은 경제산업성 산하 일본무역진흥기구(JETRO)와 그 싱크탱크인 아시아경제연구소 주도로 동아시아정상회의 참여국들을 대상으로 하는 무역협정 및 경제 파트너십에 관한 연구를 진행해 왔으며, 동아시아정상회의에서 아세안경제공동체 구축 촉진과 동아시아공동체 의식 함양을 목표로 출범시킨 아세안 및 동아시아경제연구소(ERIA) 설립을 제의하였다(Cook 2008, 302).

일본의 동아시아공동체 구상의 초점은 비군사 · 안보 분야 협력, 특히 경제통합에 맞춰져 있다. 2009년 하토야마 총리가 제시한 일련의 공동체 안도 그 연장선상에 있다. 하토야마 총리는 9월 뉴욕에서 후진타오 중국 국가주석과 가진 회담에서 동아시아 국가들 간의 차이 극복과 신뢰관계 회복을 모토로 동아시아공동체 구축을 제안했다. 동 제안은 이어 10월 아세안정상회의와 11월 아 · 태경제협력정상회의에서 반복되었다. 하지만 하토야마는 그 진로와 관련하여 동아시아공동체가 '개방적 지역협력' 원칙에 입각하여 공통의 비전을 공유하는 국가들이 다양한 분야에서 협력을 증진하는 형태가 되어야 한다고 주장하면서도 구체적인 참여국 범위에 대해서는 언급을 회피했다. 이는 일본이 중국이 아세안+3 중심의 지역 집단화를 선호하고 있으며, 특히 미국의 참여 가능성을 배제하려 하고 있다는 점을 잘 알고 있기 때문이다. 일본 내에서는 중국이 자국과의 경쟁의식 속에서 동아시아 지역 질서를 일본 주도로 이끌어 나가려 한다고 의심하고 있다는 사고가 강하게 자리 잡고 있다.

4. 중국

경제 분야에서 중국은 20여 년 간의 고속성장을 바탕으로, 특히 세계무역기구(WTO) 가입 이후 시장경제 요건을 충족시키기 위한 대내외적 조치를 가속화한 결과 세계 경제의 핵심 세력으로 부상했다. 중국은 국내총생산(GDP) 규모 면에서 2010년 일본을 제치고 미국에 이어 2위의 국가로 올라섰다. 이처럼 세계 경제에서 차지하는 중국 경제의 비중이 커가는 가운데 중국 역시 지역전략을 전환하기 시작했는데, 여기에는 몇 가지 중요한 요인이 자리 잡고 있다.

첫째, 성장조건의 문제이다. 국내총생산에서 차지하는 교역액의 비중이 커진다는 것은 그 국가의 대외 의존성이 그만큼 증대된다는 것을 의미한다. 아울러 대외 의존성이 증대된다는 것은 그 국가의 정치 · 경제적 선택이 외부의 변화에 민감해진다는 것과 교역 파트너들과의 관계 불안정으로 인한 기회비용이 커진다는 것을 의미한다. 따라서 중국에게 대외적 갈등과 대립유인들을 제거해 나감으로써 지속적인 성장 및 국내 정치적 안정에 우호적인 대외환경을 확보하는 것은 중요한 과제일 수밖에 없게 되었다.

둘째, 대외 인식의 문제이다. 중국의 급속한 부상은 그것이 역내 정세에 미치는 영향과 관련하여 일면 지역 경제성장의 원동력으로서 경제통합을 유인하는 촉매제가 될 것이라는 기대론도 확산시켰지만, 중국 경제가 주변 경제를 잠식해 들어가고 중국의 증대되는 힘이 점차적으로 중국으로 하여금 지역 패권 욕망을 부추기고 있다는 위협론 또한 고조시켜 왔다. 즉 중국이 지역 경제를 압도함으로써 주변국의 경제적 기회를 축소시키는 동시에 경제적 성과를 바탕으로 하여 군사적 투사 역량을 증대시킴으로써 지역 패권을 추구할 것이라는 우려이다. 이처럼 중국을 동아시아 지역 국가들의 성장 기회를 확대시켜 주는 양성세력으로서보다는 장기 목표 이행 역량 구축을 위해 발톱을 숨기고 있는 악성세력으로 보는 소위 '중국위협론'이 확산될 경우 중국의 성장전략은 제약받을 수밖에 없다. 따라서 자국의 부상하는 힘에 대한 주변국들의 우려를 불식시키면서 지속적으로 지역 및 국제 수준의 영향력을 제고하기 위해서는 전략적 전환이 요구된 것이다.

셋째, 지도체제 존속의 문제이다. 정치적으로 공산당 집단지도 체제의 정통성을 경제적 성취에 의존할 수밖에 없게 된 중국 지도부가 여태까지의 성장세로부터 후퇴할 위험을 감수하면서까지 대외적으로 긴장을 초래할 선택을 하기란 쉽지 않다. 즉 상호 의존성이 갈수록 증대하는 역내 국가들 간 관계에서 긴장이 조성될 경우 교역환경 악화가 예상되며, 이는 성장전략에 마이너스 요인이 된다. 성장여건 악화는 내부적으로 상승하는 기대감을 충족시키지 못하게 됨으로써 대대적인 저항을 유발할 수 있고, 이는 결과적으로 당 지도체제의 정통성을 위협하는 요인이 될 수 있다. 결국 이 때문에도 중국은 경제적 기회를 확대시키기 위한 방향으로 지역협력 전략을 추진할 수밖에 없게 되었다.

이와 더불어 안보 분야에서 중국의 최대 관심은 주변 정세가 자국의 안보환경에 미칠 부정적인 영향을 극소화하는 것이다. 이를 위하여 중국은 대외적으로 적극적인 탈위협적 유화 제스처를 통해서 평화주의적인 이미지를 제고시키고 자국에 우호적인 분위기를 조성하고자 해왔다. 특히 중국은 지난 20여 년 동안 고공비행해 온 경제적 성과가 군사력 증강으로 전환될 것이라는 우려가 미국과 일본을 위시하여 역내외 세력들로 하여금 반중국 연대를 형성함으로써 자국의 안보환경을 악화시키는 것을 방지할 필요가 있었다. 이에 따라 중국은 2003년 후진타오 체제 출범 이후 '평화적으로 부상' 한다는 화평굴기(和平掘起)를 외교정책 기조로 표방해 왔으며, 근래에는 조화를 강조하는 화자위선(和字爲先)을 새 외교노선으로 제시하는 등 끊임없이 평화 제스처를 펼쳐왔다.

역내 질서 안정화 모색을 위한 다자 논의에 참여를 시작한 것도 이와 같은 의도에서였다. 아세안지역포럼에 참여하기 전까지 중국은 정치 ·

안보 문제는 양자 방식으로 다루어 나가야 할 영역으로 간주하고 다자적 방식에 의한 접근을 꺼려왔다. 그 내면에는 자국의 이익과 관련된 문제가 다자무대에서 논의될 경우 중국이 주변국들로부터 일방적인 공격 대상으로 내몰릴 것이라는 일종의 피해의식이 자리 잡고 있었다. 그러나 아세안지역포럼 참여를 시작으로 다자주의적 접근방식에 대한 경험을 누적시켜 가면서 중국은 점진적으로 다자 포럼이 반드시 자국의 안보를 저해하지 않는다는 사실을 확인하게 되었고, 이에 따라 다자 방식을 자국 외교정책의 수단으로 수용하기 시작했다(Kuik 2005, 103, 107 ; 김재한 2005, 117-118).

이러한 가운데서 중국은 아세안+3 정상회의 출범 이후 특히 이를 중심으로 하는 지역협력 메커니즘을 선호해 왔다. 중국은 아세안+3 내에서 거의 매년 환경, 보건, 금융, 관광 등과 같은 비안보 분야를 중심으로 협력안을 제시해 왔으며, 아세안과 함께 지역협력의 주동력으로서 아세안+3 중심성을 강조해 왔다. 이는 중국이 역외국들의 영향력을 배제하는 지역 조직을 통한 리더십 강화에 전략적 중요성을 부여하고 있음을 의미한다. 2002년 동아시아연구그룹 보고서가 아세안+3 정상회의를 동아시아정상회의로 전환할 것을 권고한 이듬해 중국이 처음으로 동아시아정상회의 주관 의사를 표명한 것도 그러한 전략적 고려의 일환이었다(Xiao 2009, 312).[8] 이와 함께 중국은 동아시아연구그룹이 아세안+3 내에서 동아시아 협력 제도화를 위한 17개 단기 조치 가운데 하나로 제시한 동아시아싱크탱크네트워크(NEAT) 설립을 주도했다.

또 아세안이 동아시아정상회의 참가국에 역외국인 인도, 호주, 뉴질랜드를 포함시키기로 하였을 때 내심 불편한 생각을 갖고 있었지만, 이를 반대할 경우 불가피하게 이들 역외국을 자극할 것이고, 아세안의 지지 없이는 지역 의제를 통제할 수 없을 것이라는 판단에서 이를 수용하기로 결정했다. 대신 중국은 동아시아정상회의를 아세안+3 정상회의를 대체하는 방식이 아닌 참여국들이 의견을 교환하고 아이디어를 제시하는 전략 대화 포럼으로서 자리매김함으로써 상대적 가치를 절하시키고자 하였다(Xiao 2009, 313).

이처럼 중국은 자국의 전략목표에 유리한 방식으로 환경을 조성해 나가기 위하여 동아시아 지역 구상에서 아세안의 리더십 역할을 지지하는 한편, 지역 프로세스에서 역외국들의 영향력을 축소하려는 방식으로 동아시아 지역주의를 접근해 오고 있다.

V. 불확실성 요인

이상과 같은 공동체 논의와 전개과정 및 국별 전략과 의도로부터 동아시아공동체 구축에 대한 낙관적 전망을 가로막는 다수의 불확실성 요인과 장애요인들을 찾아볼 수 있다. 그러한 요인들은 크게 구조적 요인과 제도 및 절차적 요인으로 나누어 볼 수 있다. 구조적 요인으로는 중·일 간 경쟁과 중국의 부상에 대한 주변국의 우려와 견제의식, 아세안 프로세스와의 직접적 연계 또는 아세안 중심적 특성, 주도 메커니즘 결여 등을 들 수 있다. 제도 및 절차적 요인으로는 다초점적 접근과 과도한 의제, 통합적인 제도적 틀의 부재 등을 들 수 있다.

동아시아에서 지역주의는 엄격히 말하면 다자 지역주의보다는 양자 지역주의에 기반을 둔 다자 모델의 수용이라는 혼합적 접근을 택하고 있다. 따라서 그 연장선상에 놓여 있는 공동체 논의 역시 형식상으로는 아세안+3 혹은 아세안+3+α와 같은 모습을 띠고 있지만 실질적으로는 비아세안 주요국들, 특히 중국과 일본이 다자협력의 추동세력으로서 아세안의 역할을 인정해 주면서 지역주의 주도권 경쟁에서 아세안을 활용하려는 전략 아래서 진행되고 있다.

동아시아정상회의가 애초에 기대되었던 아세안+3 정상회의의 대체 형식이 아니라 호주, 뉴질랜드, 인도 등 역외국들을 포함시켜 별도 트랙으로 출범하게 된 것은 역내 전통세력인 일본과 신흥세력인 중국 간 외교경쟁의 산물이었다는 사실은 앞에서 지적한 바와 같다. 동아시아정상회의가 아세안+3+3 형식을 띠고 출범하게 된 것은 참여국 확대를 강력히 원한 일본과 아세안+3 프로세스가 중국에 의해 주도될 것을 우려한 아세안 내 주요국들의 이해가 일치한 결과로 나타난 것이다. 그런데 이처럼 동아시아 지역협력논의체가 양국의 서로 다른 전략적 의도에 영향을 받아 병행하고 있다는 사실은 동아시아공동체 추진 잠재력을 제약하는 것은 물론이고 지역협력 과정 전반을 지연시킬 개연성을 내포하고 있음을 의미한다(Cook 2008, 303−304).

이에 더하여 동아시아공동체의 향방과 관련하여 현재 중심축 역할을 하고 있는 아세안의 특성을 고려할 때 동아시아 지역주의의 미래가 이를 뛰어넘는 새로운 모습으로 전개될 수 있을지 확신하기 어렵다는 점도 문제로 남는다. 아세안 출범 이후 하나의 독특한 의사결정 메커니즘으로 정착한 '아세안 방식'은 비공식성(informality), 컨센서스(consensus), 포괄성(inclusiveness) 등을 그 내용으로 하고 있다. 아세안 주도로 형성된 아세안지역포럼이나 아세안+3 정상회의에서 보듯이 아세안은 지역 다자구조가 협의체적 성격 이상으로 발전하는 것을 원치 않아 왔다.

아세안이 2003년 자체적으로 안보공동체, 경제공동체, 사회 · 문화공동체 등 3 분야를 축으로 하는 아세안공동체 창설 의지를 밝힌 후 이를 추진해 오고 있지만, 단일 시장화와 같은 경제공동체 목표를 제외한다면 주권 제약적 요소를 배제하는 대외정책을 표방하고 있어 최종 목표에 도달하더라도 그것이 유럽연합과 같이 초국가적 제도를 갖는 공동체로서 모습을 갖추지는 않을 것으로 예상되고 있다. 이로 미루어 볼 때 아세안 내에서 동아시아 지역주의가 보다 구속력 있는 제도로 발전해 나가야 한다는 주장들이 나오고 있지만, 이는 아세안 전체의 공통된 의견이라기보다는 지역조직 내에서 리더십 확보를 꾀하는 일부 지도자들의 정치적 제스처로서의 성격이 더 크다.

한편, 동아시아 지역은 기존의 군사안보와 경제영역을 뛰어넘어 환경, 보건, 마약, 조직범죄, 테러리즘, 불법 이민 등과 같은 비전통적 안보 이슈에 점차 강하게 노출되어 왔고, 따라서 이에 대처하기 위한 합의구조 형성 필요성을 자극해 왔다. 하지만 통합적인 협의의 틀이 결여되어 있는 상태에서 이러한 이슈들에 대한 논의는 양자, 지역 및 초지역적 접근 등 중층적 메커니즘에 의존하고 있다. 즉 이들 문제들은 이제까지 대부분 지역 내 차원에서 아세안, 아세안+1, 아세안+3 혹은 아세안+3+3 등을 통해, 초지역 차원에서 아시아 · 유럽정상회의, 아 · 태경제협력 등을 통해 반복적 또는 중첩적으로 의제로 설정되거나 토의되어 왔다. 예를 들어 2001년 9 · 11 테러 이후 급격하게 국제적 이슈로 부상한 반테러 문제는 아세안지역포럼을 위시하여 아세안, 아세안+1, 아세안+3, 동아시아정상회의, 심지어 역내 무역 자유화와 협력 비전 제시를 목표로 출범한 아 · 태경제협력에서까지 한동안 단골 의제로 다루어졌다. 2007년 아세안정상회의, 아세안+3 정상회의, 동아시아정상회의에서는 에너지 안보가 공통 의제로 다루어졌다.

물론 이와 같은 대화 채널들 간 의제 반복이 역내 국가들 간에 해당 의제에 대한 공동 대처 인식을 제고할 수 있다는 점에서 긍정적으로 평가할 수 있는 부분이 없는 것은 아니다. 하지만 상당수 의제의 경우 이행적 결정보다는 의지 확인을 반복하는 수준에서 이루어지고 있어 이에 따라 발생하는 추가비용이 적잖아 비효율성이 문제시되고 있다. 이와 같은 낭비적 논의구조는 결집력 있고 의미 있는 결과를 도출하기 위한 노력들의 진행을 더디게 만드는 요인이 되고 있다(Tsunekawa 2005, 102). 따라서 이러한 비효율성 요인 때문에 동아시아 지역에서 공통의 도전요인들을 다루어 나가기 위한 보다 제도화된 통합적 메커니즘 형성이 요구되고 있지만 이에 대한 전망이 아직까지 뚜렷하지는 않다.

지속적으로 확산되는 의제에 비해 분야별 심도가 따라가지 못하는 현상이 나타나고 있다는 점도 불확실성 요인의 하나이다. 아세안+3 정상회의와 동아시아정상회의를 축으로 진행되고 있는 동아시아 지역협력 포럼은 회기를 더해갈수록 새로운 협력의제들을 누적시켜 왔다. 또 정상회의가 개최될 때마다 각국이 앞다투어 수많은 세부적인 의제들을 다루기 위한 공식 또는 비공식 회의, 세미나, 워크샵 소집 의사들을 밝혀 왔고 또 개최되어 왔다. 아래 〈표 2〉에서 보는 바와 같이 현재 아세안+3 내에서 정상급, 각료급, 고위관료급 및 국장급 등 수준으로 진행되고 있는 협력 분야만도 20개를 넘고 있다.

이 외에 실무그룹 회의나 워크샵, 포럼, 연구그룹 회의, 정부 산하기관 회의, 특별 회의 등을 포함하면 협력 논의 분야는 훨씬 광범위하다. 하지만 문제는 다양한 의제 형성과 토의주제에 비해 지역통합을 가능케 할 수 있는 이행을 수반하는 다자간 합의나 결정은 특정 분야를 제외하

〈표 2〉 동아시아 지역협력 분야와 내용

분야	협력내용
정치 · 안보 및 정책조정	정상회의, 외무장관회의, 고위관료회의, 국장급회의, 국장급 작업그룹회의
초국가적 범죄	초국가적 범죄에 관한 각료회의, 초국가적 범죄에 관한 고위관료협의, 마약에 관한 초국가적 범죄 고위관료 작업그룹
경제, 무역, 투자	경제장관 협의, 경제고위관료회의 협의, 동아시아자유무역지대 타당성 조사 전문가그룹, 지적재산권사무소 회의, 미래 무역 촉진을 위한 관리 협력, 국제적 호환 통계 협력
거시경제, 통화, 재정	재무장관회의, 재정 및 중앙은행 차석회의, 아시아채권시장이니셔티브, 치앙마이이니셔티브, 아세안+3 연구그룹
에너지	에너지장관회의, 에너지고위관료회의, 에너지고위관료회의 및 에너지정책관리그룹, 바이오매스 아시아 워크샵 2005, 핵에너지 안전 포럼
환경	환경장관회의, 환경고위관료회의
농업, 수산업, 임업	농업 및 임업장관회의, 농업 및 임업고위관료회의
정보통신기술	정보통신기술장관회의, 정보통신기술고위관료회의
관광	관광장관회의, 국영관광기구(NTOs)+3
노동	노동장관회의, 노동고위관료회의
보건	보건장관회의, 보건고위관료회의
문화 · 예술	문화 · 예술장관회의, 문화 · 예술고위관료회의
사회복지	사회복지 및 개발장관회의, 사회복지 및 개발고위관료회의
정보	아세안 정보담당장관회의
청소년	청소년장관회의, 청소년고위관료회의
과학 · 기술	비공식 아세안+3 과학 · 기술장관회의, 아세안 과학 · 기술위원회
전원개발 및 빈곤 근절	전원개발 및 빈곤퇴치 고위관료회의
자연재해	아세안 재난관리위원회+3 고위관료회의
광물	아세안 광물고위관료회의+3 협의
여성	아세안 여성위원회+3 협의

출처 : ASEAN Secretariat

고는 빈약한 실정이라는 점이다. 현재 역내에서 제대로 진행되고 있는 공식 차원의 다자 제도화에 대한 논의는 시장통합이나 금융 · 통화 협력,

환경협력과 같은 비군사 · 안보 분야에서의 기능적 협력에 한정되어 있으며, 군비통제나 영토 문제와 같은 경성안보(hard security) 영역에서의 다자 접근은 거의 진전이 없는 상황이다. 아직까지 동아시아 지역에는 역내 국가들 간 군사 · 안보 문제를 직접적으로 다루어 나갈 수 있는 공식 차원의 다자 채널이 없으며, 아세안+3 내에서 진행되고 있는 안보협력 분야는 테러, 해적, 인신매매, 무기밀매, 사이버 범죄와 같은 초국가적 이슈에 한정되어 있다(Nair 2008, 121).

역내 국가들이 참여하고 있는 유일한 정부간 안보 대화체인 아세안지역포럼의 경우 역시 반테러, 해양안보, 재난구호 등 비전통적 안보 이슈를 중심으로 어느 정도 성과를 거두어 왔지만 주권과 불간섭주의 원칙에 집착하여 역내국 간 갈등을 다루기 위한 집단적 결정은 의도적으로 회피해 왔다는 사실이 한계점으로 지적되어 왔다(Haacke 2009). 또 사회 · 문화 분야에서의 협력도 초보적 수준을 벗어나지 못하고 있는 실정이다. 따라서 이러한 현실을 바라보면서 일각에서는 경제 · 금융 지역주의만으로는 현실주의적 개념 속에 뿌리박고 있는 우려와 딜레마들을 완화할 수 없기 때문에 동아시아 지역 국가들이 동아시아적 공간형성이라는 비전을 비현실적인 기대로 받아들이게 되었다고 주장하고 있으며(Nair 2008, 112), 그 연장선상에서 동아시아가 미래의 공동체에 관해 제시해 오고 있는 수사들을 현실로 전환시킬 수 있는 실질적인 능력을 결하고 있다는 회의론을 제기해 오고 있다(Beeson 2009, 508).

Ⅵ. 맺는 말

1990년대 동아시아 위기시 대처역량 제고를 위한 방안 모색 차원에서 시작된 대응 지역주의는 위기가 해소된 이후에도 협력 패턴을 확대하고 경험을 누적시켜 나가면서 점진적으로 새로운 지역질서를 형성하고자 하는 규범 지역주의로 발전해 왔다. 이러한 과정에서 제시된 동아시아공동체론은 동아시아가 지역 정체성 확립을 포함하여 정치 · 안보, 경제, 사회 · 문화 등을 포괄하는 총체적인 지역주의로 나아가고자 하는 목적론적 개념으로 받아들여지고 있다. 하지만 그 구성이나 구조에 대해서 아직까지 분명한 전망이 제시되지 않고 있기 때문에 현 단계에서 공동체의 미래를 단정하기는 어렵다. 다만 그러한 가운데서도 한 가지 분명한 사실은 지역주의의 하나로서 동아시아공동체가 동아시아라는 지역적 맥락에서 구현된다고 할 때, 그것은 지금까지 역내 국가들이 추구해 온 개방 지역주의로부터 배타적 지역주의로의 전환을 의미한다는 것이다. 물론 장기 목표로 설정하고 있는 동아시아공동체 추진이 가시화되기 위해서는 불확실성 요인들이 해소되어야 하며, 그러기까지는 적잖은 시간이 필요할 것으로 사료된다.

개념적으로 공통의 가치와 이익을 향유하는 응집력 있는 사회적 실체로서 공동체는 국가주권의 제약과 민족주의의 억제를 전제로 한다. 그러나 동아시아 지역 국가들 사이에서는 국가주권 또는 국가주권의 일부를 제3의 권위에 양도함으로써 국내적 실천을 새로운 집단적 규범으로 대체시키고자 하는 의지가 분명하지 않으며, 특히 동북아 국가들 사이에서 나타나고 있는 고질적인 민족주의적 정서는 국가 간 갈등의 주된 요인으로 작용해 왔다. 비록 이론적으로 공동체 의식 함양이 배타적 민족주의나 국수주의적 사고를 완화시키는 기제가 될 것으로 기대할 수 없는 바는 아니나 역사적으로 뿌리 깊은 정치적 불신관계 속에서 형성되고 고착화된 사고를 단기간 내에 타파하기는 쉽지 않다. 이러한 점에서 볼 때 비록 역내 국가 지도자들이나 정책결정자들이 공식 선언이나 성명을 통해 포괄적 공동체를 표방하고 있지만 이는 실천적이라기보다는 수사적인 성격이 강하며, 공동체 추진작업이 본격화된다고 하더라도 그것은 통합적인 정치공동체보다는 경제, 에너지 분야 협력 등을 중심으로 형성되는 기능적 공동체로 귀착될 가능성이 더 높다고 하겠다.

물론 그렇다고 해서 이것이 전적으로 정치 · 안보 분야 협력 전망이 비관적임을 의미하는 것은 아니다. 역내에서 정치 · 안보 분야에서 직접적으로 갈등을 다루어 나가기 위한 다자안보 메커니즘이 형성되어 있지는 않지만 경제관계의 긴밀화에 따른 부수효과로서 갈등 수위가 낮아지고 있는 것 역시 분명하기 때문이다. 역내에서 확산되어 가고 있는 시장주도형 경제와 상호 의존성이 국가들 사이에서 협력적 네트워크 형성을 자극해 왔으며, 이것이 점진적으로 역내 국가들 간 안보 딜레마를 완화시키는 방향으로 지역 정치과정을 유도해 가고 있다.

현재까지 시장통합을 중심으로 진행되어 온 동아시아 지역주의가 향후 보다 일반적인 형태의 지역통합으로 확산되어 나갈 것이라고 예측할 만한 결정적 증거는 찾기 어렵지만, 최소한 시장통합 움직임은 통합의 전제조건으로서 또는 그 여파로서 지역 안보환경 개선과 지역정세 안정화에 적잖은 영향을 미치고 있는 것만큼은 부정할 수 없다. 따라서 비록 현 단계에서 안보 분야에 대한 취약성이 최대 약점인 것은 사실이지만, 장기적인 관점에서 볼 때 대화 습관(habit of dialogue) 조성이라는 점진적 접근을 통해서 공동 안보 개념에 입각한 국제적 규범과 원칙, 행동강령 형성 여지가 없는 것은 아니다. 아세안지역포럼의 비효율성에 대한 초기 비판들이 부분적이지만 최근 점차 긍정적으로 평가되기 시작하고 있는 것도 그러한 기대감을 가능케 하고 있다. 정치 · 경제 · 역사 · 문화적 동질성이 높은 유럽에서 공동체 구상이 제시된 후 통합에 이르기까지 40여 년이 걸렸음을 감안할 때, 이질성이 높은 동아시아 지역에서 포괄적 공동체의 조기 달성을 기대하는 것 자체가 성급한 판단일 수도 있다.

주석

1_ARF는 아세안지역포럼(ASEAN Regional Forum)이란 공식 명칭에도 불구하고 지역안보를 주의제로 다루기 때문에 흔히 아세안지역안보포럼으로 칭하기도 한다.

2_2005년 4월 세부 개최 아세안 비공식 외무장관회의에서 아세안은 역외국에 대한 제1차 동아시아정상회의 참가조건으로 다음과 같은 세 가지를 결정했다. 첫째로 동남아우호협력조약(TAC) 가입국일 것, 둘째로 아세안 완전대화상대국일 것, 셋째로 아세안과 실질적인 관계를 가질 것. 이에 따라 그해 7월 라오스 개최 아세안+3 각료회의에서 이들 3국의 동아시아정상회의 참여가 공식 결정되었다.

3_지역에 대한 개념 정의와 관련하여 카첸쉬타인은 육상 및 해상 경계와 같은 지리적 표식에 의해 구분하는 지정학의 물질주의적인 고전적 지정학 이론(materialist, classical theories of geopolitics), 정치 · 경제 · 문화적 이해에 따라 형성되는 사회적 구성으로 보는 관념론적인 비판적 지리학 이론(ideational, critical theories of geography), 정치 및 경제적 관행에 따른 지역구분을 강조하는 행태주의 이론(behavioral theories) 등으로 분류하고 있다. 이 분류에 따르면 아세안+3든 동아시아정상회의 참여국이든 이를 기준으로 하는 동아시아 개념 정의는 고전론보다는 비판론 또는 행태론에 가깝다고 하겠다. 카첸쉬타인은 북미와 호주, 뉴질랜드 및 남아시아를 제외한 동남아와 동북아를 묶는 지역 정의가 동아시아 지역주의를 불러일으키는 정치적 구상들 내에서 논의되고 지속성을 유지해 왔다고 주장하고 있다(Katzenstein 2005, 6−13).

4_아세안+1은 아세안과 한국, 중국, 일본이, 아세안+2는 아세안과 호주, 뉴질랜드가 각각 협의 및 대화 채널을 형성하여 진행되는 프로세스를 말한다.

5_이와 같은 아세안 중심성에 대한 입장은 동 회의 의장성명과 2007년 1월 세부 개최 제10차 아세안+3 정상회의, 11월 싱가포르 개최 제11차 아세안+3 정상회의 의장성명 등에서도 되풀이되었다.

6_미국은 2009년 2월 클린턴 미 국무장관이 인도네시아 방문 중 아세안 사무총장과 가진 회담에서 동남아우호협력조약 가입절차를 공식 개시하겠다고 선언한 후 같은 해 7월 말 아세안 확대외무장관회의에서 아세안 측과 가입 서명을 하였다.

7_http://www.kantei.go.jp/foreign/koizumispeech/2002/01/14speech_e.html 참조.

8_ 곧이어 실무회의에서 말레이시아가 제1차 정상회의에 관심을 보이고 이를 공식 제안하자 중국은 다시 제2차 정상회의 자국 개최 의사를 표명하였다. 하지만 이마저도 아세안이 동 정상회의를 아세안정상회의 개최지에서 연속 회의로 개최하기로 결정함으로써 중국의 의도는 무산되었다.

참고문헌

김재한. 2005.『동북아공동체』. 서울 : 집문당.

동아시아공동체연구회. 2008.『동아시아공동체와 한국의 미래 : 동북아를 넘어 동아시아로』. 서울 : 이매진.

박번순. 2010.『하나의 동아시아 : 동아시아 경제공동체, 통합과 공존의 모색』. 서울 : 삼성경제연구소.

박사명 외. 2009.『협력에서 공동체로 : 동아시아공동체의 동향과 과제』. 서울 : 이매진.

이숙종 외. 2009.『동아시아공동체 논의의 현황과 전망』. 서울 : 동북아역사재단.

이승철 외. 2005.『동아시아공동체 : 비전과 전망』. 서울 : 한양대학교출판부.

하영선 편. 2008.『동아시아공동체 : 신화와 현실』. 서울 : 동아시아연구원.

Beeson, Mark. 2009. "Geopolitics and the Making of Regions : The Fall and Rise of East Asia." *Political Studies*, Vol. 57.

Cook, Malcolm. 2008. "The United States and the East Asia Summit : Finding the Proper Home." *Contemporary Southeast Asia*, Vol. 30, No. 2.

East Asia Study Group. 2002. "Final Report of the East Asia Study Group." http://www.aseansec.org/pdf/east_asia_vision.pdf(검색일 : 2011. 7. 8).

East Asia Vision Group. 2001. "Towards an East Asian Community : Region of Peace, Prosperity and Progress." http://www.aseansec.org/pdf/east_asia_vision.pdf(검색일 : 2011. 7. 8).

Haacke, Jrgen. 2009. "The ASEAN Regional Forum : from dialogue to practical security cooperation?" *Cambridge Review of International Affairs*, Vol. 22, No. 3.

Hill, Christopher R. 2006. "East Asia in Transition : Opportunities and Challenges for the United States." *The DISAM Journal of International Security Assistance Management*, Vol. 28, No. 3.

Hughes, Christopher W. 2009. "Japan's response to China's rise : regional engagement, global containment, dangers of collision." *International Affairs*, Vol. 85, No. 4.

Kuik, Cheng–Chwee. 2005. "Multilateralism in China's ASEAN policy : its evolution, characteristics, and aspiration." *Contemporary Southeast Asia*, Vol. 27, No.

Kurlantzick, Joshua. 2007. "Pax Asia–Pacific? East Asian Integration and Its Implications." *The Washington Quarterly*, Vol. 30, No. 3.

Nair, Deepak. 2008. "Regionalism in the Asia Pacific/East Asia : A Frustrated Regionalism?" *Contemporary Southeast Asia*, Vol. 31, No. 1.

Stubbs, Richard. 2002. "ASEAN Plus Three : Emerging East Asian Regionalism?" *Asian Survey*, Vol. 42, No. 35.

The White House. 2002. *The National Security Strategy of the United States of America.*

The White House. 2006. *The National Security Strategy of the United States of America.*

The White House. 2009. "Remarks by President Barack Obama and Prime Minister Yukio Hatoyama of Japan in Joint Press Conference." http://www.whitehouse.gov/the–press–office/remarks–president–barack–obama–and–prime–minister–yukio–hatoyama–japan–joint–press(검색일 : 2011. 8. 2).

The White House. 2010. *The National Security Strategy.*

Tsunekawa, Keiichi. 2005. "Why So Many Maps There? Japan and Regional Cooperation." in T. J. Pempel. *Remapping East Asia : The Construction of a Region*. Ithaca, New York : Cornell University.

Yeo, Lay Hwee. 2006. "Japan, ASEAN, and the Construction of an East Asian Community." *Contemporary Southeast Asia*, Vol. 28, No. 2.

http://www.kantei.go.jp/foreign/koizumispeech/2002/01/14speech_e.html(검색일 : 2011. 8. 2).

동아시아 지역통합과 지역제도 :
일본의 열린 지역주의와 다층구조*

이지영(국민대학교)

Ⅰ. 들어가는 말

냉전종식 이후 글로벌화와 함께 진행되고 있는 세계적인 흐름 가운데 하나는 지역통합이다. 미국, 멕시코, 캐나다의 북미자유무역협정(NAFTA : North America Free Trade Agreement), 아르헨티나, 브라질, 파라과이, 우루과이, 베네수엘라를 포괄하는 남미공동시장(Mercosur), 서유럽은 물론 동유럽 국가들을 망라하는 27개 회원국의 유럽연합(EU : European Union)은 관세철폐, 단일시장의 실현에서 공통의 외교 · 안보 정책의 시행과 부분적 주권의 이양까지 지역통합의 발전단계[1]는 상이하지만 각 지역의 통합을 추구하는 실천의 결과이다. 동아시아도 예외는 아니어서 지역통합에 대한 노력과 논의가 이루어져 왔다. 1967년 동남아시아국가연합(ASEAN : Association of Southeast Asian Notions)의 창설과 1989년의 아시아 · 태평양경제협력체(APEC : Asia−Pacific Economic Cooperation)의 창설에 이어 1993년에는 경제 분야를 넘어서 지역 공통의 안보문제를 논의하기 위한 아세안지역안보포럼(ARF : ASEAN Region-al Forum)까지 창설되기에 이른다.

그러나 타지역제도[2]와는 달리 동아시아의 다양한 지역제도들은 회원국의 행위와 선택을 제한하고 유도하는 구속력 있는 공통의 규범과 절차를 확립하는 단계의 지역통합을 이루어내지 못하고 회의체에 머무르고 있다는 평가가 지배적이다. 포괄하는 지역적 범위도 지역제도마다 달라 아시아에서 태평양, 나아가 유럽에까지 미치고 있다. 그 이유로 주로 거론되는 것이 아시아 국가들의 정치체제, 경제발전 단계, 종교 · 문화 · 역사적 경험의 다양성과 동아시아에서의 미국의 패권, 그로 인한 동아시아 국가들의 미국과 양자관계의 우선과 중시이다(Koschmannm 1997 ; Katzenstein 2005 ; 吉野 2010, 19−33).

실제로 1980년대 말 이전까지 동아시아의 유일한 다자간 지역제도였던 ASEAN이 정상회의와 경제협력을 시작한 것은 1976년이다. 또한 다자간 협상과 협력의 방식은 'ASEAN Way'로 정식화된 만장일치, 내정불간섭, 협상에 의한 평화적 해결, 법적 구속이나 강제를 가능한 제외한 각국의 자발적 조처의 중시이다. 이후 동아시아 지역통합은 ASEAN Way를 표방하는 ASEAN을 중심으로 추진되어 왔고, ASEAN · 일본, 한국 · 일본, 한국 · 중국, 일본 · 중국 간에는 경제성장이라는 공통의 이익을 목표로 기능적 협력이 모색되어 왔다.

그러나 경제 분야에서의 기능적이고 완만한 통합과 포괄 지역의 개방성이라는 지금까지의 아시아 지역통합의 지향성은 1997년 태국 통화 바트의 폭락으로 시작된 외환위기를 계기로 새로운 전기를 맞이한다. 외환위기는 각국의 경제에 타격을 가했지만 ASEAN, APEC 등 기존의 지역제도는 적절히 대응하지 못하였다. 이로 인해 경제 분야에서의 기능적 협력과 지역적 개방성의 한계가 노정되면서 보다 발전된 단계의 지역통합의 필요성이 제기되었다. 외환위기 이후 새로운 지역협력과 질서 모색을 위해 부상한 것이 동아시아공동체[3] 구상이다. 지금까지 경제 분야의 기능적 협력이 시장 주도로 추진되어 왔다면(深川 2009, 226), 동아시아공동체 구상은 국가 주도로 제기되고 그 실현을 위한 제도화의 노력이 정치적 의지로 경주되어 왔다는 것이 특징이다. 그러한 점에서 동아시아공동체 구상은 현실적으로 의미 있는 구상이라고 할 수 있다(天兒 2005, 27－28).

동아시아공동체 구상의 추진 주체는 ASEAN과 한 · 중 · 일 3국의 ASEAN Plus Three(이하 APT)이다. APT가 동아시아공동체의 추진 주체로 발전하게 된 것은 이미 언급한 바와 같이 외환위기의 대응에 있어서 기존의 지역제도가 제대로 기능하지 못했기 때문이다. ASEAN은 경제위기 발생과 동시에 국제통화기금(IMF : International Monetary Fund)을 중심으로 구성된 지원책에 협력하고 ASEAN 국가 간 금융통화 협력에 합의했지만 실질적인 지원의 대부분은 일본 등 비회원국으로부터 이루어진 것이다. ASEAN 국가는 경제위기 극복을 위해 오히려 자국 우선의 보호주의적인 시책을 펴 회원국 간에 마찰이 일었고, ASEAN은 공통의 문제 해결에 있어 취약함을 드러냈다(菊池 2001, 25－26).

한편, 무역투자자유화와 자유무역지대 논의로 큰 기대를 모았던 APEC도 아시아 경제위기에 구체적인 지원책을 제시하지 않았으며, 소극적인 태도로 일관하여 아무런 역할을 하지 못했다(山澤 2001, 11-12). 결국 ASEAN보다 경제력에서 우위를 점하고 있는 한 · 중 · 일을 포함하며 APEC보다 지역 공통의 문제를 정책의제로 다룰 수 있는 APT가 새로운 지역제도로서 기능하게 된 것이다. APT가 정례화되면서 새로운 지역협력과 통합을 위한 동아시아공동체 구상이 선언되고 ASEAN과 한 · 중 · 일 정부 차원의 움직임이 활발해지면서 동아시아의 지역적 범위도 ASEAN의 동남아시아와 한 · 중 · 일로 수렴되는 듯이 보였다.

그러나 동아시아공동체는 APT에서 일본의 이니셔티브로 제안된 동아시아정상회의(EAS : East Asia Summit)를 계기로 포괄지역의 범위가 다시 확대되기 시작한다. EAS에 APT 이외에도 호주, 뉴질랜드, 인도가 참여하게 되었고 2010년 10월에는 미국과 러시아까지 참여하기로 결정된 것이다. 2005년 12월 12일 개최된 APT 정상회의의 선언에는 'APT가 동아시아공동체를 달성하기 위한 주요한 수단' (main vehicle)으로 명기되고, 12월 14일에 열린 제1회 EAS의 선언에서는 "EAS는 이 지역의 공동체 형성에 중요한 역할(significant role)을 한다"고 표현되었다. 즉 이 두 개의 정상회의 선언에서는 동아시아공동체 구축의 주체는 APT, 그 보조 역할을 담당하는 것은 EAS로 해석된다. 동아시아공동체 구축에 있어서 EAS의 의의와 역할은 모호하지만 이로써 공동체의 추진 주체는 이원화되고 공동체가 포괄하는 동아시아 지역도 아시아 · 태평양으로 확산되었다(大矢 · 古賀 · 瀧田 2006, 211-212). 한편, ASEAN은 APT와 EAS와는 별도로 2015년까지 ASEAN공동체 구축을 위한 분야별 목표와 일정을 설정하여 독자적으로 진행 중에 있다.

이와 같은 동아시아 지역제도의 다층구조[4]와 포괄지역의 개방성은 동아시아 지역통합의 원심력으로 작용하여 지역 정체성의 형성과 공유를 어렵게 하고 동아시아공동체를 이념 · 구상 · 논의의 단계에 머무르게 한다. 이 글의 목적은 ASEAN과 한 · 중 · 일 각국 정부가 정치적 의지를 가지고 적극적으로 동아시아공동체 구상을 제시하며 지역협력과 통합을 위한 노력을 기울임에도 불구하고 동아시아의 지역협력과 통합을 위한 지역제도가 다층구조를 나타내는 원인은 무엇인가에 대해 설명하고자 하는 것이다.

기존에는 다음 세 가지 측면에서 설명되어 왔다. 첫째는 역내 국가 간 경제 의존의 심화와 역학관계의 변화라는 측면이다. 각국이 경제적 상호의존은 원활하게 유지하여 지역적 생산, 판매 네트워크 속에서 경제발전을 실현하는 동시에 냉전 이후의 미국의 패권, 일본의 경제력 약화, 중국 · 인도의 대두라는 국제관계의 변화 가운데 상호 견제, 균형, 위기 회피 등 다양한 대외전략을 모색한 결과가 다양한 지역제도와 다층구조의 형성이라는 것이다(He 2008, 489-518 ; 菊地 2010, 35-51).

둘째는 그 가운데서도 중국과 일본의 경쟁과 대립을 강조하는 측면이다. 중국의 경제성장과 함께 대두된 중국위협론에 대응하고 냉전붕괴 이후 군사적 패권에서 압도적 우위를 차지하고 있는 미국을 견제하기 위한 수단으로 미국을 지역적으로 배제할 수 있는 동아시아에 대한 영향력을 강화하려는 중국과 그에 대한 대응책으로서 대미공조를 중시하는 일본의 대립으로 동아시아공동체의 추진 주체가 APT와 EAS로 이원화되었다는 것이다(손열 2008).

셋째는 보다 미시적 수준의 분석으로 일본의 지역주의 전략에 있어서의 경로의존성을 강조한 것이다. 일본이 아시아 경제위기 이후 동아시아공동체 구상에 적극적인 자세를 보이면서 동아시아공동체 구축 가능성에 대한 기대가 높아졌지만 일본의 지역주의 전략이 전통적인 대미

관계 중시, 아시아·태평양 중시, 동남아 중시라는 기존의 경로에 의존함으로써 호주, 뉴질랜드와 같은 국가까지 포괄하는 EAS가 창설되게 되었다는 주장이다(김기석 2007, 61−89).

그러나 기존의 연구는 냉전 이후의 미국의 패권과 중국의 부상이라는 국제관계에 있어서의 역학관계의 변화와 그에 대한 일본의 대응에 주로 초점이 맞추어져 있어 일본이 독자적으로 일관된 정책이념을 바탕으로 지역제도 설계에 참여해 온 점을 간과하고 있다. 일본의 독자적인 외교이념과 지역주의를 강조한 연구로는 '평화외교노선' (최희식 2008, 145−172)과 '아시아주의' (진창수 2008, 31−64)에 대해 분석한 것이 있다. 그러나 평화외교노선에 관한 분석은 1960년대, 아시아주의는 1990년대 이후에 한정되어 있다.

이 글은 위와 같은 선행연구의 성과를 기반으로 동아시아 지역협력과 지역제도의 다층구조를 일본이 표방하는 외교 정책이념(policy idea) 및 '열린 지역주의' (open regionalism)에 착목하여 통시적으로 설명하고자 한다. 정책이념은 정책목표를 어떻게 달성할 것인가에 관해 행위자의 행위를 유도할 뿐만 아니라 행위의 규범적 준거를 포함하며, 또한 행위자의 세계관 그 자체를 구성하기 때문이다(Goldstein, Keohane 1993, 8−11).

전후 보상을 통해 대아시아 외교를 시작한 일본은 1957년의 외교청서에서 유엔중심주의, 자유주의 국가와의 협조, 아시아 일원으로서의 입장을 외교 3원칙으로 제시하며 아시아와의 경제협력을 추진할 것을 밝혔다. 이후 일본은 경제력을 바탕으로 정부개발원조(ODA : Official Development Assistance)와 기술이전, 직접투자, 생산과 판매 네트워크의 구축으로 아시아 경제발전을 견인해 왔고 경제 분야에서의 기능적 협력과 상호 의존을 심화시켜 왔다. 또한 일본은 이러한 지역협력의 제도화에도 적극적으로 참여하여 경제 분야의 기능적 협력단계에서 정치공동체를 지향하는 하토야마(鳩山) 전 수상의 동아시아공동체 구상에 이르기까지 동아시아 지역제도의 형성과 통합 논의에 많은 영향을 미쳐왔다(大矢・古賀・瀧谷 2006, 192−205).

이러한 일본의 지역제도 설계와 지역공동체 구상을 구현해 온 것이 열린 지역주의 이념이다. 미키 다케오(三木武夫)의 '아시아・태평양구상'과 오히라 마사요시(大平正芳)의 '환태평양구상'에서 열린 지역주의 정책이념이 형성된 이래 일본은 열린 지역주의 하에 호주와 더불어 APEC과 EAS 창설을 주도하였고 동아시아의 지역제도에 다층구조를 초래하게 된다.

이 글의 구성은 다음과 같다. 우선 동아시아의 다양한 지역제도와 협력의 내용 및 다층구조에 대해 살펴본다. 다음으로 일본의 열린 지역주의 정책이념의 형성과 특징에 관해 논하고, 열린 지역주의 이념이 지역제도 설계와 동아시아공동체 구상에 미친 영향을 개관한다. 마지막으로 동아시아 지역통합의 전망에 대해 언급한다.

Ⅱ. 동아시아의 지역제도와 다층구조

동아시아 지역제도의 특징으로 우선 포괄지역의 다층구조를 들 수 있다. <표 1>은 다양한 동아시아 지역제도의 참가국을 나타낸 것이고, 1999년에 회원국 10개국으로 확대된 동남아시아의 ASEAN을 결절점으로 ARF, APEC, APT, ASEAN PMC, EAS가 동아시아, 아시아・태평양,

유럽을 포괄하며 다층구조를 이루고 있다.

〈표 1〉 동아시아의 지역제도

ASEAN	브루나이, 인도네시아, 말레이시아, 필리핀, 싱가포르, 태국, 베트남, 라오스, 미얀마, 캄보디아
APT	브루나이, 인도네시아, 말레이시아, 필리핀, 싱가포르, 태국, 베트남, 라오스, 미얀마, 캄보디아 한국, 중국, 일본
EAS	브루나이, 인도네시아, 말레이시아, 필리핀, 싱가포르, 태국, 베트남, 라오스, 미얀마, 캄보디아 한국, 중국, 일본, 인도 호주, 뉴질랜드, 미국*, 러시아 *
ARF	브루나이, 인도네시아, 말레이시아, 필리핀, 싱가포르, 태국, 베트남, 라오스, 미얀마, 캄보디아 한국, 중국, 일본 인도 호주, 뉴질랜드, 미국, 러시아 캐나다, EU, 몽골**, 북한***, 파키스탄**** 파푸아뉴기니*****
ASEAN PMC******	브루나이, 인도네시아, 말레이시아, 필리핀, 싱가포르, 태국, 베트남, 라오스, 미얀마, 캄보디아 한국, 중국, 일본 인도 호주, 뉴질랜드, 미국, 러시아 캐나다, EU
APEC	브루나이, 인도네시아, 말레이시아, 필리핀, 싱가포르, 태국, 베트남 한국, 중국, 일본 호주, 뉴질랜드, 미국, 러시아 캐나다 파푸아뉴기니 홍콩, 대만 멕시코, 칠레, 페루

주 : * 2010년 제5회 EAS회의에서 참가 결정 ** 1998년 제5회 각료회의에서 참가 승인
*** 2000년 7월의 ARF에 첫 참가 **** 2004년 7월의 ARF에 첫 참가
***** 옵저버로서 ASEAN 외무장관회의에 참석
****** ASEAN 확대외무장관회의(ASEAN Post-Ministrial Conference). 1978년 ASEAN외무장관회의로 시작하여 78년 일본, 79년 호주, 뉴질랜드, 미국, EU, 80년 캐나다, 91년 한국, 96년 인도, 중국, 러시아로 대상국을 확대

출처 : 水本達也. 2005. "東アジア共同は實現するか."『世界週報』 3월호에 가필 · 수정하여 재구성

APT의 정례화와 한 · 중 · 일 정부 차원의 적극적인 동아시아공동체 구상의 전개와 실현을 위한 구체적인 협력방안이 제도화되면서 협력과 통합의 지역적 범위가 ASEAN의 동남아시아와 한 · 중 · 일의 동북아시아를 포함하는 동아시아로 수렴되는 듯이 보였으나 2005년 EAS가 출범하면서 호주, 뉴질랜드, 인도가 회원국이 되고 2010년에 미국과 러시아의 참여가 공식 결정되면서 아시아 · 태평양으로 확대되었다. 2011년부터 미국과 러시아가 참여하게 되면서 EAS의 지역적 범위는 APEC의 그것과 거의 중첩되게 되었다.

이러한 지역제도들이 어떠한 의제 하에 지역협력을 추진해 왔는지 지역제도 별로 협력의 내용을 시계열로 정리하여 구체적으로 살펴보도록 하겠다.

1. ASEAN[5)]

ASEAN은 1967년에 브루나이, 말레이시아, 필리핀, 싱가포르, 태국 5개국의 정치협력을 목표로 창설되었다. 1976년 제1차 정상회의를 개최하면서 'ASEAN 협력과 평화 선언'으로 경제협력을 시작하였고 1985년 플라자합의 이후 엔고 · 달러저를 배경으로 아시아의 NIEs, ASEAN으로 일본의 직접투자가 급증하고 다국적기업의 국제분업이 급속히 진행하자 '집단적 외자의존 수출지향형 공업화 전략'으로 성장전략을 전환하였다. 냉전붕괴와 중국의 개혁 · 개방에 따른 급속한 성장, 역내 직접투자의 증가, APEC의 제도화 등 동아시아의 정치경제 구조의 변화에 대응하기 위해 AFTA를 추진한 ASEAN은 1995년 베트남과 인도네시아,

1997년 라오스와 미얀마 그리고 1999년에 캄보디아가 가입하면서 동남아시아 전역을 포괄하는 지역제도로 성장했다.

〈표 2〉 ASEAN의 주요 의제와 협력내용

연도	주요 의제와 협력내용
1976	제1차 정상회의 'ASEAN 협력과 평화 선언'
1987	제3차 정상회의 '집단적 외자의존 수출지향형 공업화 전략'으로 성장전략을 전환
1992	제4차 정상회의 ASEAN 자유무역지대(AFTA : ASEAN Free Trade Area) 추진 결정
1997	제2차 비공식 정상회의 'ASEAN비전 2020' 발표
2003	제9차 정상회의 '제2의 ASEAN 협력과 평화 선언'
2005	제11차 정상회의 'ASEAN헌장 제정에 관한 쿠알라룸푸르 선언'에서 'ASEAN헌장' 제정에 정식으로 합의
2007	제12차 정상회의(1월) 'ASEAN공동체 2015년 성립에 관한 ASEAN 선언'에서 2020년에서 5년 앞당겨 2015년까지 ASEAN공동체 창설 선언 제13차 정상회의(11월) ASEAN헌장 서명, ASEAN공동체의 명칭이 ASEAN정치안전보장 공동체로 변경
2008	특별외무장관회의 ASEAN헌장 발효
2009	ASEAN헌장 14조에 근거하여 'ASEAN 정부간 인권위원회' 설치
2010	'ASEAN 여성과 아동의 권리 보호 · 촉진 위원회' 설치

그러나 ASEAN은 외환위기를 계기로 ASEAN Way와 경제 분야에서의 기능적 협력의 한계를 경험하면서 보다 발전된 단계의 지역통합을 모색하게 된다. 'ASEAN 협력과 평화 선언'을 발표한 지 27년 만인 2003

년에 '제2의 ASEAN 협력과 평화 선언'을 발표하는데, 이 선언을 통해 ASEAN은 안보공동체, 경제공동체, 사회 · 문화공동체로 구성되는 ASEAN공동체 구축을 목표로 제시한 것이다. 동아시아공동체의 추진 주체가 APT와 EAS로 이원화되고 각각의 기능과 역할이 중첩, 모호해지면서 동아시아공동체 구상이 구심점을 잃어가는 상황에 처한 것과 대비되게 ASEAN은 2007년 'ASEAN헌장'에 서명하고 2015년을 목표로 정치 · 안전보장공동체를 지향하며 지역통합을 추진 중이다.

ASEAN 정치 · 안전보장공동체 구상에 관해서는 ASEAN 헌장의 내용을 중심으로 비판적인 견해와 긍정적인 견해로 나뉜다. 비판적인 견해는 헌장 제정에 있어 내정불간섭이나 만장일치를 중시하는 ASEAN Way는 수정되지 않고 기존의 규범을 성문화하고 정부 간 조직으로서의 역사적 정체성을 유지한 것에 지나지 않아 '외교관공동체'를 벗어나지 못하고 있다는 것이다. 이에 대해 긍정적인 견해는 헌장은 인권이나 기본적 자유의 옹호를 명시하고 있어 기존의 규범을 단순히 성문화한 것이라고 볼 수 없고, ASEAN이 주권의 일부를 공탁하는 EU와 같은 초국가적인 지역제도가 되는 것은 가입국이 준비가 되었을 때이며 헌장은 완전한 것은 아니지만 좋은 것이라고 평가한다(佐藤 2010, 60–62).

2. APT[6)]

외환위기를 계기로 1997년 ASEAN이 한 · 중 · 일을 초청하는 형태로 제1차 APT 정상회의가 개최되었고, 이듬해인 1998년부터 정례화되었다. 이니셔티브를 발휘한 것은 한국으로, 한국의 김대중 대통령은 정치, 경제, 사회, 문화 등 폭넓은 분야에서의 동아시아 협력과 그를 위한 민간연구단체 '동아시아비전그룹'(EAVG : East Asia Vision Group)의 설립을 제안했다. 1999년에는 '동아시아 협력에 관한 공동성명'이 채택되어 경제, 통화·금융, 사회·인재육성, 과학·기술개발, 문화·정보, 개발협력, 정치·안전보장, 국경을 초월하는 문제 등 8개 분야에서 동아시아 협력을 강화해 나가기로 결정되었다. 이 공동성명을 기초로 정상회의 외에 외무장관회의, 재무장관회의 등 각료급 회의도 개최되게 되어 APT는 구체적인 지역협력을 위한 지역제도로 발전하게 된다.

2000년의 정상회의에서는 '동아시아의 미래'라는 의제 하에 '동아시아자유무역투자지대'(EAFTA : East Asia Free Trade Area) 구상이 제안되었고 재무장관회의에서 '치앙마이 이니셔티브'가 발표, 기존의 ASEAN 스왑협정(외화융통협정) 및 ASEAN과 한·중·일 각각이 체결하고 있던 스왑협정이 APT 4자 간에 네트워크화되었다. 2001년에는 EAVG가 정상회의에 '동아시아공동체를 향하여 : 평화·번영·진보의 지역'이라는 제목의 보고서를 제출하고 동아시아공동체 창설을 제언하면서 동아시아공동체 구상이 수면 위로 부상하게 되었다. EAVG 보고서는 동아시아공동체라는 용어가 공식적으로 사용된 최초의 문서이다. 민간 차원의 EAVG는 정부 차원의 동아시아연구그룹(EASG : East Asia Study Group)으로 확대 발전되었다. EASG는 2002년 동아시아공동체 구축을 위한 구체적인 행동계획과 행동영역을 단기, 중기, 장기의 관점에서 제언하는 보고서를 제출했다. 이 보고서의 제언에 따라 17개 분야에 48개 정부 간 회합이 조직되어 지역협력을 긴밀화하고 있다.

그러나 2005년 EAS가 창설되고 2015년을 목표로 ASEAN공동체 형성이 구체화되면서 동아시아공동체 형성의 추진 주체로서의 APT의 위상이 약화되는 양상이 나타났다. 2005년의 정상회의에서 발표된 '쿠알라룸푸르선언' 에는 APT가 동아시아공동체 달성을 위한 주요한 수단임이 명기되었으나 ASEAN을 추진력으로 지역공동체 형성을 위한 ASEAN통합 및 ASEAN공동체에 대한 한 · 중 · 일 3국의 계속적인 지지의 중요성을 인식한다고 표명되면서 동아시아공동체 형성의 추진 주체는 ASEAN, APT, EAS로 다원화되게 되었다.

APT 10주년을 맞이하여 개최된 2007년의 정상회의에서 '동아시아 협력에 관한 제2 공동성명' 이 발표되었다. 이 성명은 과거 10년 간의 APT의 성장과 확대를 평가하고, 향후 10년 간(2007-2017)의 APT 강화와 보다 긴밀한 통합을 위한 APT의 목적 및 역할을 정의하였다. 여기서 APT가 동아시아공동체 형성의 주요 수단임을 재확인하고 동아시아 통합은 공통의 이익을 위해 열린 투명한, 포괄적인, 전향적인 프로세스임을 강조하며 역내의 평화, 안전, 민주주의 및 번영을 달성하기 위해 국제적으로 공유된 가치를 지지한다고 선언하고 있다. APT 정례화 당시와 비교하면 동아시아라는 지역성과 공동체에 대한 강조는 후퇴했다. 이후 APT는 ASEAN공동체에 대한 지지를 재확인하고 ASEAN헌장 서명을 환영하며 통일되고 활력 있는 ASEAN은 지역의 번영과 안전을 확보하는 데 불가결하다는 견해를 공유하면서 동아시아 지역협력의 중심은 다시 ASEAN으로 이동하고 있다.

이러한 움직임과 병행해서 추진되고 있는 것이 한 · 중 · 일 3국의 정상회의 개최이다. 1999년 APT 정상회의의 장에서 최초로 한 · 중 · 일 3국의 정상회의가 개최된 이래 APT를 통한 3국 간 협력이 모색되어 왔으나 2008년부터는 APT와 별도로 개최되게 된 것이다. 일본 후쿠오카(福岡)에서의 정상회의 이래 주로 금융 분야의 협력이 진전되고 있다(湯澤 2009, 19).

〈표 3〉 APT의 주요 의제와 협력내용

연도	주요 의제와 협력내용
1997	제1차 정상회의
1998	제2차 정상회의, APT 정례화
1999	제3차 정상회의 '동아시아 협력에 관한 공동성명'
2000	제4차 정상회의 '동아시아자유무역투자지대' 구상 제안 재무장관회의에서 '치앙마이이니셔티브' 발표
2001	제5차 정상회의 '동아시아공동체를 향하여: 평화 · 번영 · 진보의 지역' 이라는 제목의 EAVG 보고서 제출, 정부 차원의 EASG 조직
2002	제6차 정상회의 동아시아 공동체 구축을 위한 단기, 중기, 장기의 구체적인 행동계획과 행동영역을 담은 EASG 보고서 제출
2005	제9차 정상회의 '쿠알라룸푸르선언' 에서 APT가 동아시아공동체 달성을 위한 주요한 수단임을 명기, 지역공동체 형성을 위한 ASEAN통합 및 ASEAN공동체에 한 · 중 · 일 3국의 계속적인 지지의 중요성을 인식한다고 선언
2007	제11차 정상회의 '동아시아 협력에 관한 제2공동성명' 발표. APT가 ASEAN을 추진력으로 동아시아공동체 형성의 주요 수단임을 재확인, 동아시아 통합은 공통의 이익을 위해 열린, 투명한, 포괄적인, 전향적인 프로세스임을 강조. ASEAN공동체에 대한 지지를 재확인하고 ASEAN헌장 서명을 환영
2009	2009년 6월 3일 세계 경제 · 금융위기의 대응에 있어서의 APT 협력에 관한 공동 언론성명 치앙마이이니셔티브 강화, 아시아채권시장 육성 촉진, 아시아개발은행 자금기반 확충, 동아시아자유무역협정(EAFTA : East Asia Free Trade Agreement) 구상을 제시 제12차 정상회의(10월) '식량안전보장과 바이오에너지개발에 관한 성명' 발표, 방재 협력의 추진 결정
2010	저13차 정상회의 EAFTA 및 2009년 EAS가 제시한 동아시아포괄경제연대 (CEPEA : Comprehensive Economic Partnership In East Asia) 작업부회가 동시 병행되고 있는 것을 환영 ASEAN 역내 및 APT 간 수송연결성 강화에 합의, 다자간여객서비스자유화 협정 및 ASEAN 전략적 물류계획 2011-2015에 대한 기대를 표명

APT는 2009년 세계 경제 · 금융위기의 대응에 있어서 치앙마이 이니셔티브 강화, 아시아 채권시장 육성 촉진, 아시아개발은행 자금기반 확충 등을 내용으로 하는 APT 협력에 관한 공동 언론성명을 발표했고 EAFTA 구상을 제시했다. 경제 분야의 통합의 필요성은 계속 강조되고 있다.

3. EAS[7)]

EAS는 2000년 APT 정상회의에서 제안된 지 5년 뒤인 2005년에 제1회 회의가 개최되었다. EAS는 APT와 비교하여 지역적 범위가 아시아 · 태평양에 이른다는 것 외에 개방적 · 포괄적, 투명한 외부 지향의 포럼으로서 국제 규범과 보편적 가치를 강조하고 있다는 점에서 차이가 있다. 또한 APT와의 역할과 기능의 중첩을 피하기 위해 EAS는 정치 · 안보, 경제, 사회 · 문화 분야에 초점을 맞추고 있으며, 회의의 추진력으로 ASEAN을 강조하고 있는 것도 특징이다. 회원국은 'ASEAN우호협력조약' 에 가입하는 것이 조건이고, 회의는 ASEAN이 주최하며 ASEAN의 의장국이 EAS의 의장국을 겸한다. 이와 같은 ASEAN의 역할 강조는 EAS가 제안되었을 당시 EAS에 반대하던 말레이시아 등 ASEAN의 주요 회원국을 의식한 것과 중소국 집단인 ASEAN을 주요 행위자로 지지함으로써 APT, EAS의 회원국 간 세력균형을 유지하려 한 것으로 해석된다.

쿠알라룸푸르선언에서 APT는 동아시아공동체 형성의 주요한 수단으로, EAS는 동아시아공동체 형성에 중요한 역할을 한다고 표기되어 동아시아공동체 형성에 있어서 APT의 주체적 역할이 강조되었으나 APT가 구상하는 동아시아공동체와 EAS가 제창하는 동아시아공동체는 지역적 범위와 협력의 원칙에 있어 다르다. APT의 동아시아공동체가 보다 지역완결적인 공동체를 지향한다면 EAS의 그것은 호주, 뉴질랜드, 인도를 포함하는 태평양 지역에 개방된 공동체이다. 그러나 2000년대 후반으로 가면 APT와 EAS의 주요 의제는 에너지, 식량, 재난방지 문제 등으로 중첩되게 된다.

<표 4> EAS의 주요 의제와 협력내용

연도	주요 의제와 협력내용
2005	제1차 회의 '쿠알라룸푸르선언'에서 EAS는 '이 지역의 공동체 형성에 중요한 역할을 한다'고 표기
2007	제2차 회의(1월) '동아시아 에너지안전보장에 관한 공동선언' 채택 제3차 회의(11월) '기후변동, 에너지 및 환경에 관한 공동선언'
2009	세계경제 · 금융위기의 대응에 있어서의 EAS 공동 언론성명(6월) 세계에 열린 성장 센터로서의 아시아의 중요한 역할을 언급, 보호주의 및 자유무역 왜곡적인 조치에 대해 확연히 대응하며 새로운 장벽을 도입하지 않는 것이 결정적으로 중요하다고 강조. CEPEA 구상 제시
2010	제5차 회의 '하노이선언' 채택, 금융, 교육, 에너지, 방재, 조류독감 방지의 5개 우선 분야에서 EAS 협력이 진전되어 왔음을 평가 미국과 러시아의 참가 결정, 2012년 EAS 한국 개최 지지

4. ARF[8)]

ARF는 아시아의 안전보장 문제를 협의하는 최초의 다자간 지역제도로서 냉전의 영향과 한 · 미, 미 · 일, 미 · 호주 등 양자간군사동맹의 존재로 인해 출범하기까지 오랜 시간이 걸렸다. 유럽의 안전보장을 위한 지역제도에는 4반세기, 경제 분야의 지역협력의 움직임에도 10년 정도 늦은 1993년에 냉전종식을 계기로 ARF가 설립되었다. 1991년부터 아시아 · 태평양 정치 대화를 정례화하는 방안을 본격적으로 검토해 온 ASEAN 외무장관회의가 1992년 ASEAN 정상회의의 승인을 거쳐 정식으로 ARF의 설립을 결정한 것이다.

설립 이후 ARF는 동남아시아 및 아시아 · 태평양 지역의 정치 · 안전보장 분야에서의 협력을 촉진하기 위해 협조적 안전보장을 실천해 왔다. 협조적 안전보장이란 당해국의 안전보장을 국제협력에 의해 담보하려는 것으로, 어디까지나 비군사적이고 강제력을 수반하지 않는 대화와 교류를 바탕으로 군사적 투명성을 높이고 신뢰를 조성함으로써 평화적인 지역의 안전보장 환경을 창출하는 것이다. ARF는 이러한 협조적 안전보장을 신뢰조성→예방외교→분쟁 해결에의 접근이라는 3단계의 점진적 활동을 통해 확보하려 하는 한편 군사적인 전통적 안보뿐만 아니라 환경, 에너지, 식량, 마약거래, 테러 문제 등 국경을 초월한 비전통적 안보를 중시하며 안보협력에 회원국의 참여를 장려해 왔다.

완만한 조직체로서 사무국 등 정식 기구를 두고 있지 않은 ARF는 합의 중시, 점진주의 그리고 EAS와 마찬가지로 ASEAN 주도가 특징이다. ARF의 의장은 ASEAN 의장국의 외무장관이나 차관이 담당하며 의장국에서 회의가 개최된다. 북한 미사일 문제 및 한반도 정세, 미얀마 · 캄보디아 정세, 이스라엘 · 레바논 정세 등 지역의 주요 안보현안에 대해 참여국 간 대화를 진행해 온 ARF는 정치 · 안전보장 분야에서 신뢰 조성에 큰 역할을 담당해 왔다. 그러나 낮은 제도화 수준이나 중소국 집단인

ASEAN의 주도는 ARF의 한계로도 지적되어 신뢰 조성을 위한 대화 수준의 협력을 넘어 보다 긴밀한 예방외교나 분쟁 해결에의 공통 접근단계에는 미치지 못하고 있다.

〈표 5〉 ARF의 주요 의제와 협력내용

연도	주요 의제와 협력내용
1994	제1차 각료회의 아시아 · 태평양 17개국과 EU 외무장관급이 지역의 안전보장 환경에 관한 의견을 교환하기 위해 한자리에 모임
1995	제2차 각료회의 신뢰 조성, 예방외교, 분쟁 해결에의 접근의 3단계로 점진적인 활동을 추진할 것에 합의
1998	제5차 각료회의 인도, 파키스탄의 핵실험과 미얀마, 캄보디아 정세에 관한 의견 교환
2000	제7차 각료회의 북한 최초 참가, 한반도 정세와 대량파괴무기의 운반 확산, 미사일방위 시스템의 영향에 관한 의견 교환
2001	제8차 각료회의 예방외교의 개념과 원칙, ARF 의장의 역할 강화에 관한 문서 채택 한반도 정세, 인도네시아 · 동티모르 정세에 관한 의견 교환
2002	제9차 각료회의 ARF 군사 · 국방당국자 첫 회의, 테러대책에 지속적으로 임할 것을 합의
2004	제11차 각료회의 중국이 제안한 고위급 군 · 정부 관계자에 의한 'ARF안전보장정책회의' 개최 결정
2005	제12차 각료회의 한반도 정세에 관해 6자회담의 재개 환영, 북한의 비핵화 문제에 대한 평화적 해결의 중요성 강조
2006	제13차 각료회의 북한의 미사일 발사실험에 우려 표명, 조건 없는 6자회담의 재개 촉구, 안보리결의 1695에 유의하여 북한에 미사일 발사실험에 관한 모라토리엄에 복귀할 것을 촉구, 이스라엘 · 레바논 정세에 관해 무력행사에 중대한 우려 표명, 미얀마 국민평화 프로세스의 진전과 속도에 우려 표명

2007	제14차 각료회의 ARF의 구체적 · 실질적 협력과 효율적인 운영과 예방외교의 실현을 위한 '싱가포르선언' 채택 미얀마 정세, 캄보디아 · 태국 간 국경문제, 중동정세, 식량 · 에너지 가격 급등 문제, 테러대책에 관한 의견 교환
2010	제15차 각료회의 한국 초계함 침몰에 깊은 우려 표명, 한반도의 완전하고 검증 가능한 비핵화 지지 재확인, 북한의 6자회담 복귀 촉구, 남중국해 분쟁의 평화적 해결을 구체화한 2002년의 ASEAN과 중국의 '남중국해 관계국의 행동에 관한 선언' 의 중요성 확인, ARF재해구원실동연습에 ARF 각국의 참여 장려

5. APEC[9)]

APEC은 1989년 자유무역을 통한 아시아 · 태평양 지역의 지속 가능한 경제발전을 목적으로 설립되었다. 1993년까지는 회원국의 각료회의만 개최되었으나 미국 클린턴 대통령의 제안으로 정상회의 개최가 결정된 이후 각료회의와 정상회의가 정례화되었다. APEC은 운용에 있어서 ASEAN Way를 채용하여 비공식성, 만장일치, 비구속성을 원칙으로 한다.

역내의 무역 · 투자의 자유화를 위한 노력은 1994년의 '보고르선언' 으로 시작되어 2020년(선진국은 2010년)까지 무역 · 투자의 자유화를 달성하고 개발협력을 촉진한다는 목표 하에 그를 구체화한 '오사카행동지침' 이 채택되었다. 1997년에는 15개 분야의 조기자주적자유화분야(EVSL : Early Voluntary Sectoral Liberalization)가 특정되어 회원국의 자주성에 의한 실시가 결정되었다.

그러나 아시아 외환위기 발생 당시 이 문제는 APEC의 주요 의제로 상정되지 못하였다. APEC은 외환위기 대응에 소극적이었으며, 오히려 외환위기의 대응으로 보호무역주의가 등장하는 것을 우려했다(山澤 2001, 11-12). 외환위기가 진정되자 APEC은 아시아가 경제위기에서 탈피한 것을 환영하며 재발 방지와 지속적인 성장 확보를 위한 노력을 결의하지만 구체적으로는 규제 완화와 경쟁 촉진, 능력향상을 통한 시장 기능의 강화가 중요하다는 인식을 표명했다.

APEC의 특징은 '관세 및 무역에 관한 일반협정'(GATT : General Agreement on Tariffs and Trade)을 대체해 1995년에 창설된 세계무역기구(WTO : World Trade Organization)의 규범과 원칙에 대한 지지와 강한 연계이다. 세계무역분쟁조정권, 관세인하 요구, 반덤핑 규제 등 막강한 법적 권한과 구속력을 행사하는 WTO는 2001년에 새로운 다자간 무역협상인 도하개발 어젠다를 출범시켰다. APEC은 WTO의 이 새로운 협상 재개를 성공시키기 위해 가능한 지원을 한다는 강력한 정치적 의사를 제시했다.

그러나 도하개발 어젠다 협상이 난항을 거듭하고 APT가 부상하면서 동아시아 경제협력에 있어서 APEC의 의의가 약화되기 시작하자 APEC의 활동을 보다 활성화하기 위해 '상하이코드'가 채택된다. 2005년에는 보고르선언 10주년을 맞이하여 APEC은 보고르선언의 진전상황을 평가하고 향후 과제를 제시하였다. WTO 협상에의 공헌, 경제 · 기술 협력을 통한 APEC 역내의 관세삭감(발족 시 역내 전체 16.9%에서 2004년 5.5%) 및 비관세조치 철폐 추진, 무역과 직접투자의 대폭 확대라는 성과를 거두었으나 법적 구속력이 없는 포럼의 이점을 살리면서 APEC의 유효성을 향상시키기 위해 구조개혁을 실시해 갈 것을 표명한 것이다. 또한

APEC은 난항하는 WTO 협상을 진전시키기 위해서는 정치적 리더십이 불가결하다는 인식 하에 '도하개발 아젠다 협상에 관한 APEC 성명'을 발표했다.

2009년에는 APEC 20주년을 기념하여 '성장의 지속과 지역연계의 강화'를 선언하고, 표변하는 환경 속에서도 보고르선언에서 제시된 무역 · 투자의 자유화를 통한 아시아 · 태평양의 성장과 번영의 추진이라는 공통의 목표는 불변임을 확인하면서도 미국발 경제위기 이후의 신성장패러다임을 책정하게 된다. 지역 경제통합 강화를 위한 무역 · 투자상의 과제를 확충하는 것이 필요하다고 인식, 보다 균형 있는 성장을 지원하고 사회 전체에 성장의 혜택이 빠짐없이 확산되며 환경을 유지하기 위한 종합적이고 장기적인 성장전략을 책정할 것을 결정한 것이다.

APEC은 현재 지역 경제통합의 강화를 위해서 아시아 · 태평양자유무역지대(FTAAP : Free Trade Area of Asia Pacific) 구상을 위한 기초작업 검토를 계속하고 있으며, 서비스 시장의 개방원칙과 구체적인 서비스 분야의 무역을 촉진하기 위한 APEC 서비스 이니셔티브를 진전시키고 있다.

APEC은 2015년까지 기업, 자금조달, 계약 이행, 허가 취득에 드는 비용, 시간, 절차를 25% 삭감할 것을 목표로 제시하고 공급망 연계 강화를 위해 역내 상품, 서비스 및 비즈니스맨의 원활한 유통 · 이동을 촉진하기 위해 육 · 해 · 공 교통망의 다양한 연계를 강화하는 방법도 검토하고 있다. 특기할 만한 것은 비구속성, 자주성의 원칙을 준수해 온 APEC이 공동체 구상을 제시했다는 것이다. 2010년 11월 요코하마에서 개최된 정상회의에서 APEC공동체 구상이 결정되어 FTAAP는 공동체 실현을 위한 주요한 수단으로 설정되었다.

2000년대 말의 APEC의 특징은 지역 경제통합에 대한 관심과 노력이 강화된 것과 9 · 11테러 이후 테러문제를 의제화하면서 '테러대책에 관한 APEC 성명' 을 발표하는 등 테러대책이 APEC의 주요 의제로 정착한 것이다.

연도	주요 의제와 협력 내용
1989	각료회의 아시아태평양 지역의 지속가능한 경제 발전을 목적으로 개최
1993	각료회의 각료회의 후에 미국의 클린턴 대통령의 제안으로 정상회의 개최, 이후 각료, 정상회의의 정례화
1994	각료, 정상회의 '보골선언' 채택
1995	각료, 정상회의 '오사카행동지침' 채택
1997	각료, 정상회의 15개 분야 EVSL 특정
1998	각료, 정상회의 EVSL은 우선 9개 분야의 관세조치에 관해 WTO에서 관세인하 노력을 시작하도록 APEC으로서 노력할 것에 합의
1999	각료, 정상회의 아시아 경제가 위기 재발 방지와 지속적인 성장 확보를 위한 노력을 결의, 규제완화 · 경쟁촉진 · 능력향상을 통한 시장기능의 강화가 중요하다는 인식을 표명 WTO의 새로운 협상 재개를 성공키기 위해 가능한 지원을 한다는 강력한 정치적 의사를 제시
2001	각료, 정상회의 '상하이코드' 채택 '테러대책에 관한 APEC성명' 발표
2005	각료, 정상회의 '보고르 선언'의 진전상황을 평가, 향후 과제를 제시 '도하개발 어젠다 협상에 관한 APEC 성명' 발표
2007	각료, 정상회의 '우리의 공동체의 연계 강화와 지속가능한 미래 구축' 선언 FTAAP을 포함한 지역 경제통합의 촉진방법을 연구한 보고서 승인 '기후변동, 에너지안전보장 및 청정에너지 개발에 관한 선언' 채택

2009	각료, 정상회의 APEC 20주년을 기념, '성장의 지속과 지역 연계 강화' 선언 지역경제 통합의 강화를 위해서 FTAAP를 위한 기초작업 검토 계속 서비스 시장의 개방원칙과 구체적인 서비스 분야의 무역을 촉진하기 위한 APEC 서비스 이니셔티브를 진전 공급망 연계 강화를 위해 역내 상품, 서비스 및 비즈니스맨의 원활한 유통, 이동을 촉진하기 위해 육 · 해 · 공 교통망의 다양한 연계를 강화하는 방법 검토
2010	각료, 정상회의 '요코하마비전-보고르, 그리고 보고르를 넘어' 선언 '견실한 공동체', '강한 공동체', '안전한 공동체'의 3가지 요소로 구성된 'APEC 공동체' 구상 결정, FTAAP를 공동체 실현의 주요 수단으로 설정

〈표 6〉 APEC의 주요 의제와 협력내용

6. 동아시아 지역제도의 특징

지금까지 동아시아 주요 지역제도의 의제와 협력내용을 살펴보았다. 동아시아 지역제도의 특징은 포괄지역, 협력 분야와 협력수단, 지향하는 지역통합의 단계, 가치 · 규범에 있어서 다층구조를 나타내고 있다는 것이다.

우선 포괄지역의 측면에서 보면 1999년에 회원국 10개국으로 확대되어 동남아시아 전역을 범위로 하는 ASEAN을 결절점으로 ARF, APEC, APT, EAS가 동아시아, 아시아 · 태평양, 유럽을 포괄하며 다층구조를 이루고 있다. 외환위기를 계기로 APT의 정례화, 정부 차원의 동아시아공동체 구상과 그 실현을 위한 구체적인 협력방안이 제도화되기 시작하면서 지역통합에 있어서의 지역 개념이 ASEAN의 동남아시아, 한 · 중 · 일 동북아시아를 포함하는 동아시아로 수렴되는 듯이 보였다.

그러나 2005년 EAS가 출범하면서 호주, 뉴질랜드, 인도가 회원국이 되고 2010년 미국과 러시아의 참여가 결정되면서 아시아 · 태평양으로 확대되게 되었다.

둘째는 협력 분야와 협력수단에서의 다층구조이다. 가장 활발하고 구체적인 지역협력이 추진되고 있는 분야는 경제 분야인데, 각 지역제도가 자유무역지대 구상을 바탕으로 지역협력, 나아가 지역통합까지 모색하고 있다. ASEAN의 AFTA, APT의 EAFTA, EAS의 CEPEA, APEC의 FTAAP 구상이 각각 협력의 중심으로 설정되어 있고 목표 기한도 2015-2020년으로 유사하다. 그러나 경제 분야에서의 실질적 협력은 한 · EU, 한 · 미, 중 · ASEAN, 일 · 말레이시아, 일 · 필리핀 등 양자간 자유무역협정(FTA : Fee Trade Agreement), 경제연대협정(EPA : Economic Partnership Agreement) 등 협력의 제도화 정도가 각각 다른 수단을 통해 추진되고 있다. 안전보장 분야에서도 전통적인 안전보장은 한 · 미, 미 · 일, 미 · 호주 등 양자간 군사동맹이라는 수단을 통해 확보하면서 환경 · 식량 · 에너지 · 테러 · 마약 문제 등 비전통적인 안전보장은 다자간에 비군사적이고 강제력이 수반되지 않는 대화와 교류라는 수단을 통해 확보하려 하고 있다. 이 비전통적인 안전보장 분야에서의 의제 또한 중첩되어 ARF, EAS, APEC에서 동시에 각각 추진되고 있다.

셋째는 지향하는 통합의 단계 측면이다. 각 지역제도는 공통적으로 법적 구속력의 결여와 협력 추진에 있어서의 점진주의, 회원국의 자주성을 특징으로 하면서도 외환위기 이후, 특히 2000년대에 접어들어서는 장기적 전망이라는 전제를 달면서도 지역통합, 공동체에 대한 구상이 제기되어 강화되고 있다. APEC의 APEC공동체 구상과 아시아 · 태평양 지역경제통합 구상, APT와 EAS의 동아시아공동체 구상, ASEAN의 정치 · 안전보장공동체 구상이 그것이다. 그러나 각각은 경제통합에서 통합의 실적과 경험을 축적하여 장래 정치통합을 전망하는 단계, 2015년을 목표로 정치 · 안보의 통합단계까지 다층성을 나타내고 있다.

마지막으로 각 지역제도가 2000년대에 들어서 지역협력과 통합 프로세스에서 개방성, 포괄성, 투명성, 외부 지향성을 강조하고 글로벌한 보편적 규범과 가치가 도입되면서 아시아의 다양성 존중, 내정불간섭의 아시아적 가치 · 규범과 민주주의, 법치, 인권, 평화 등 세계 공통의 가치 · 규범이 병존하는 다층구조를 보이고 있다. 외환위기를 계기로 지역통합과 협력의 발전을 통해 지역 공통의 이익을 추구하고 문제 해결 능력을 향상시키기 위해 지역 완결적인 동아시아공동체를 지향하며 출발했던 APT는 '동아시아 협력에 관한 공동성명' 에서는 보다 ASEAN과 한 · 중 · 일에 의한 동아시아 지역협력에 중점을 두었으나 발표된 '동아시아 협력에 관한 제2공동성명' 에서는 동아시아 통합은 공통의 이익을 위해 열린 투명한, 포괄적인, 전향적인 프로세스이며, EAS 등 타지역제도와의 연계를 강조하고 있다. 지역협력에 있어서 오랫동안 ASEAN Way를 걸어왔던 ASEAN도 예외는 아니다. 2007년 ASEAN은 ASEAN 헌장을 채택하고 ASEAN정치 · 안보공동체의 청사진을 작성할 것을 각료와 관료에게 지시했다. 청사진에 의하면 ASEAN정치 · 안보공동체는 민주주의와 법치, 좋은 통치(good governance), 인권옹호 등을 중시하는 정치발전을 촉구하고 평화와 안정을 유지하며 안전보장에 종합적인 접근을 한다는 것이다(佐藤 2010, 63).

이와 같은 지역제도의 포괄지역, 협력 분야와 협력수단, 통합의 단계, 가치 · 규범에 있어서의 다층구조는 공통의 지역 정체성, 공통의 가치 · 규범의 공유, 공통의 경제 · 정치 · 안보 정책의 수립을 어렵게 하고 동아시아의 지역통합과 공동체 형성에 원심력으로 작용한다. 따라서 지역협력을 추진하기 위한 다양한 지역제도가 존재함에도 불구하고 어디까지나 기능적 협력을 위한 대화와 교류의 장이라는 제한된 역할에 머물고 있다.

이러한 동아시아 지역제도에 있어서 다층구조의 원인을 일본의 외교 정책 이념인 '열린 지역주의' 에서 찾고자 한다. 다음은 일본의 '열린 지역주의' 이념에 관해 논하고 열린 지역주의 이념이 지역제도 설계와 동아시아공동체 구상에 미친 영향을 분석한다.

Ⅲ. 일본의 정책이념 '열린 지역주의' 와 동아시아 지역제도

1. 일본의 열린 지역주의 이념

지역주의는 글로벌화의 대항 개념으로서 지역이라는 경계선에 의해 과도한 글로벌화의 확대를 제어하는 입장이다. 그러나 일본이 표방하는 열린 지역주의는 지역주의의 전제가 되는 지역이라는 경계선이 열려 있다는 점에서 지역주의와 모순되기도 하지만, 글로벌화의 대항개념으로서가 아니라 글로벌한 관점에서 지역주의를 정의한다는 점에서 이념상의 특징이 있다. 즉 열린 지역주의는 글로벌한 규범과 지역주의와의 교차, 가교로서의 의미를 정립하고 있는 것이다(大賀 2009, 137-138).

이러한 열린 지역주의 이념이 형성된 것은 미키(三木)의 '아시아 ·

태평양구상'을 계승한 오히라(大平) 수상의 '환태평양연대구상'에서이다.

1966년 12월 사토(佐藤) 내각의 외무장관으로 취임한 미키의 '아시아 · 태평양구상'에 의해 아시아 · 태평양의 연대 강화와 상호 협력의 중요성이 제기되었다. 미키가 구상하는 '아시아 · 태평양'은 선진국 지역인 태평양과 ASEAN을 중심으로 한 개도국 지역인 아시아의 결합체로서 상호 연대와 협력은 전자의 후자에 대한 원조를 바탕으로 하며, 여기서 일본은 아시아와 태평양을 연계하는 접점으로서 적극적인 역할을 담당해야 한다는 것이다(寺田 2002 ; 최희식 2008). 원래 태평양협력 구상은 제2차 세계대전 이전부터 관계 각국의 민간 차원에서 지속적으로 전개되어 왔으나 전후 유럽의 경제통합의 움직임에 촉발되어 구체화된다. 환태평양연대구상에 이론적 근거를 부여한 것은 1965년 히토츠바시(一橋) 대학의 고지마 키요시(小島清) 교수가 제창한 '환태평양자유무역지대구상'으로 태평양 지역의 선진 5개국 미국, 일본, 캐나다, 호주, 뉴질랜드를 중심으로 역내 관세철폐를 목적으로 하는 자유무역지대를 창출하자는 것이다. 경제학자, 재계를 중심으로 관심이 높았지만 선진국 중심의 구상이었다고 할 수 있다. 아시아라는 지역에 대한 관심이 고조되고 아시아와의 경제협력 등 상호 연대의 중요성이 비약적으로 증대된 것은 신흥공업국의 출현 등 아시아의 경제발전에 기인한다(이숙종 외 2009).

이러한 가운데 제기된 것이 오히라의 환태평양연대구상이다. 1979년 3월 수상에 취임한 오히라는 태평양 연안국 간의 구체적인 연대 강화를 모색하기 위해 '환태평양연대연구그룹'을 발족시켰다. 1980년 1월 멜버른에서 '태평양 시대의 창조적 협력관계'라는 연설을 통해 오히라 수상은 환태평양연대는 "결코 배타적인 블록을 형성하는 것이 아니며, 환태평양 국가뿐만 아니라 인류사회 전체의 복지와 번영을 최대한 이루는 것이 최종 목표"라고 밝히고 있다. 또한 연설 후의 기자회견에서 오히라 수상은 "환태평양연대구상은 정치 · 군사뿐만 아니라 문화 · 경제면의 협력을 중심으로 '완만한 연대', '열린 연대'를 추구한다"고 언급해 환태평연대구상이 배타적인 것이 아니라 완만하고 열린 협력관계임을 명확히 하고 있다. 5월에는 환태평양연대그룹의 최종 보고서 '환태평양연대강화'가 발표되었는데, 여기서 구체화된 것이 열린 지역주의이다. '태평양'은 명확한 지역적 범위에 관해서는 언급되어 있지 않으나 '문명의 합류지'로 설정되어 있고, 열린 지역주의는 '글로벌리즘을 배제한 지역주의'와 '지역주의가 완전히 결여된 글로벌리즘' 양자에 대한 비판을 바탕으로 제시되어 폐쇄적 지역성의 지양, 자유롭고 개방적인 상호 의존관계의 유지, 현존하는 양자 · 다자간 관계와의 연계를 원칙으로 한다. 환대평양연대강화안은 미키의 '아시아 · 태평양구상'보다 발전된 내용으로, 선진국의 아시아에 대한 경제적 지원뿐만 아니라 선진국과 아시아의 상호 문화교류, 인재육성 등의 협력까지도 포함하고 있다(大賀 2005 ; 2009).

일본의 열린 지역주의의 형성에는 서구와 아시아와의 가교라는 일본의 역할 인식, 문명의 합류지와 경제성장 센터로서의 아시아 · 태평양의 지리적 중요성에 대한 인식이 영향을 미쳤다.

이러한 일본의 열린 지역주의와 그를 기반으로 한 지역제도 창설에 이해를 같이하고 적극 동참한 것이 호주이다. 20세기 초 영연방의 일원으로서 국제사회에 참가하기 시작한 호주는 제2차 세계대전 후 일본과 샌프란시스코 강화조약을 체결하고 반공산주의의 보루로서의 역할을 해왔다. 호주가 최초로 참여한 지역제도는 1966년에 한국, 일본, 호주, 뉴질랜드, 필리핀, 태국, 말레이시아, 남베트남, 대만, 라오스로 구성된 아시아·태평양협의회로, 당시 호주의 외무장관 허스럭은 호주의 역할을 아시아와 비아시아를 연계하는 것이라고 규정했다. 이후 호주는 반공과는 다소 거리를 두며 아시아·태평양 지역에서의 다자간 외교에 관심을 두게 되는데, 1983년 노동당 정부가 들어서면서 외교정책의 초점은 아시아·태평양과의 연계에 놓였다. 호주의 이러한 아시아·태평양 지역의 중시와 아시아와 서구의 연계라는 역할 정립은 '중개외교' 로 특징지어진다. 영연방의 일원에서 벗어나 자신의 지역 정체성을 아시아·태평양으로 정립하고, 성장하는 아시아와의 경제협력을 통한 경제적 이익을 확보하며, 미국을 동원하여 아시아의 질서유지에 힘을 기울여 아시아·태평양 지역에서 그 존재감과 영향력을 증대시키고자 하는 호주의 중개외교는 일본의 열린 지역주의와 맥락을 같이하는 것이다(伊藤 2009, 121-122).

환태평양연대구상에서 원형을 이룬 일본의 열린 지역주의 이념은 이후 일본의 동아시아 지역통합, 공동체 구상의 기초가 된다. 그러나 특정 지역에 집중·한정하여 협력을 위한 공통의 시책을 실시하는 지역주의와는 달리 글로벌한 관점에서 지역주의를 정의하며 폐쇄적 지역성의 지양, 자유롭고 개방적인 상호 의존관계 유지, 현존하는 양자·다자간 관계와의 연계를 원칙으로 하는 열린 지역주의는 동아시아 지역제도에 다층구조를 초래하며, 기능적 협력을 넘어 보다 발전된 단계의 통합을 어렵게 하고 공동체 구상을 논의 단계에 머물게 하고 있다.

2. 열린 지역주의와 APEC

일본의 열린 지역주의 이념이 최초로 제도화된 것이 APEC이다. 오히라 수상이 주창한 환태평양연대구상은 각국 정부 관계자 사이에 아시아 · 태평양의 경제협력과 지역통합에 대한 관심을 확산시켰다. 오히라 수상은 호주를 방문하여 환태평양연대구상연구그룹의 중간 보고서를 블레저 수상과 고문이었던 존 크로포드 호주국립대학총장에게 제시했다. 그 결과 태평양협력기구의 추진에 관해 의견이 일치하여 1980년에 일본과 호주의 주도 하에 태평양경제협력회의(PECC : Pacific Economic Cooperation Council)[10]가 발족되었다. PECC는 산 · 관 · 학이 개인 자격으로 참여하는 비정부 포럼으로 경제협력 과제에 대해 논의하고 선언을 발표하였다. 열린 지역주의라는 용어[11]가 최초로 정식으로 사용된 것이 1986년 벤쿠버에서 개최된 제5차 PECC의 선언문에서이다. 이 PECC가 열린 지역주의에 근거한 정부 간 포럼인 APEC 창설의 계기가 되었다(菊池 1995, 128 ; 渡部 2005, 67).

창설 당시 APEC에서 열린 지역주의 이념은 개방적 회원국제, 타지역에 대한 무차별 원칙, GATT/WTO 다자간 자유무역 원칙의 준수로 구현되었다. 이 가운데에서도 특히 강조된 것이 회원국의 개방성이다. APEC의 창설로 기존의 ASEAN을 중심으로 추진되던 지역협력의 범위가 아시아 · 태평양으로 확대되고 APEC의 의제설정 및 운영 등이 미국 주도 하에 결정되는 것에 대한 견제로 말레이시아의 마하티르 수상은 보다 지역적 경계를 명확히 하고 역내 결속을 제창한 동아시아경제그룹(EAEG : East Asia Economic Group) 구상을 발표했다.[12] 전후 정식으로 외교정책에서 동북아시아와 동남아시아를 융합시킨 '동아시아'라는 지역 개념이 최초로 등장한 것이 EAEG 구상에서이다. 이에 대해 미국의 베이커 국무장관은 EAEG가 아시아와 태평양 사이에 선을 긋는 배타적인 것이라며 반대를 표명했고, 일본과 호주도 이에 동조해 결국 EAEG는 실현되지 못했다(菊池 2010, 43). 마하티르 수상은 일본에 기대를 표명했으나 일본은 '동아시아'라는 호칭이 '대동아공영권'을 상기시킨다는 등의 이유로 시종일관 소극적이었다(寺田 2002).

다음으로 타지역에 대한 무차별 원칙이란 협력의 이익을 역외 국가 모두에게 적용하는 것을 의미한다. 즉 무역·투자에서의 자유화와 그를 통한 혜택은 APEC의 회원국뿐만 아니라 그 이외의 모든 국가에 미친다는 것이다. 그러나 자유화의 무차별 적용에는 회원국 간에 이론이 많고, 특히 미국은 자유화에 참가하지 않는 역외 국가가 '무임승차'(free ride)할 뿐이라는 견해를 갖고 있다(山澤 2005, 68).

마지막으로 GATT/WTO 다자간 자유무역 원칙의 준수는 무역 면에서 글로벌 규범을 지역주의를 통해 실현하는 것으로, 구체적으로는 지역무역협정을 GATT 24조에 근거하여 관세 및 그 밖의 제한적인 통상규칙을 '실질상 모든 무역'에 대해 원칙적으로 10년 이내에 폐지한다는 것이다. '실질상 모든 무역'에 대한 해석은 상이해서 GATT 24조를 요건으로 부과하는 지역무역협정은 많지 않다. ASEAN 자유무역협정이나 중국·ASEAN 자유무역협정 등은 수권조항에 의해 관세 및 비관세조치의 상호 삭감과 철폐를 규정할 뿐이다(深川 2009, 226-227).

비구속성과 회원국의 자주적 노력을 강조하는 APEC이 보고르선언에서 제시한 2010년까지 광범위한 무역 자유화를 실현하겠다는 목표가 어느 정도 달성되었는지도 엄밀한 검증이 필요하다. 또한 도하개발 어젠다 협상이 교착상태에 빠지면서 WTO 체제와의 연계를 강조하는 APEC은 아시아 · 태평양 국가들의 경제협력과 무역 자유화에 있어서 창설 당시의 기대와는 달리 그 의의는 약화되었다. 또한 아시아 외환위기는 경제협력을 위한 지역제도로서의 APEC의 유효성을 상실시키는 계기가 되었다. 당시 EVSL 프로그램을 추진하고 무역 자유화를 본격화시키려는 APEC에서 아시아 외환위기는 주요 의제가 되지 못했고, 외환위기에 봉착한 아시아 회원국들을 중심으로 EVLS에의 참여가 부진하면서 결국 EVSL도 좌초되어 경제협력에 있어서 지역적 광범위성의 한계가 노정되었기 때문이다. 9 · 11 테러 이후에는 테러문제가 APEC의 주요 의제로 다루어지게 되자 동아시아의 지역협력을 위한 새로운 지역제도를 모색하는 움직임에 대한 기대가 고조되었다(山澤 2001, 12).

바로 APT에 대한 기대이다. 아시아 외환위기를 공통의 경험으로 독자노선을 걸어오던 중국과 미국과의 양자관계를 중시하던 한국이 새로운 동아시아 지역협력을 위한 지역제도의 필요성을 인식하면서 동아시아라는 지역의 연대감과 그를 바탕으로 한 새로운 지역제도 창출의 토대가 형성된 것이다. 일본도 아시아 외환위기에 적극적으로 대응하며 1997년 아시아통화기금(AMF : Asia Monetary Fund) 구상을 주도하고, 1998년 외환위기 극복을 위해 300억 달러를 추가 지원하는 신미야자와 구상을 발표하는 등 적극적 조처에 나섰다.

그러나 이러한 조처들이 일본이 열린 지역주의 이념에서 전환한 것을 의미하는 것은 아니다. AESAN과 한 · 중 · 일의 동아시아라는 지역적 범위의 협력과 통합을 전제한 것은 아니기 때문이다. 일본의 아시아 외환위기 대응은 플라자 합의 이후 엔고에 대처하기 위해 전략적으로 동남아시아 국가들에 생산 거점을 이전하여 생산 · 공급 네트워크를 구축하고 기능적 협력을 추진해 온 일본에의 외환위기 영향을 최소화하려는 의의가 크다. 일본의 당초 관심은 1997년 1월 하시모토(橋本) 수상이 싱가포르에서 행한 연설에서도 잘 나타나듯이 APT가 아니라 일본과 ASEAN의 정상회의, 즉 ASEAN+1이었다.[13)]

APT가 정례화되고 한국의 김대중 대통령이 EAVG를, 중국은 ASEAN과의 자유무역협정을 제안하는 등 동아시아 지역협력과 통합에 적극적인 태도를 나타낸 것과 달리 일본은 열린 지역주의 이념을 유지해 갔다. 2000년의 싱가포르 회의에서 보다 긴밀한 지역협력을 위해 EAS가 제안되었으나 일본의 모리(森) 수상은 동아시아 협력추진 3원칙으로 파트너십 구축, 열린 지역협력, 정치 · 안정보장을 포함한 포괄적인 대화와 협력을 발표하여 열린 지역주의는 견지되었다.

3. 열린 지역주의와 ARF

협조적 안전보장 개념과 지역적 개방성을 중시한 안보협의체의 창설 제안은 1991년 ASEAN-PMG에서 나카야마 타로(中山太郎) 외무장관에 의해 이루어졌다. 나카야마의 제안이 직접적으로 ARF 창설로 이어진 것은 아니어서 그런 의미에서 ARF 창설과정을 일본이 주도했다고 보기는 어려울 것이다.

그러나 일본은 마하티르 수상을 중심으로 한 배타적 지역주의 형성에 대해 정부 차원과 민간 차원의 외교적 노력을 기울이며 협조적 안전보장과 지역적 개방성을 관철시켰다. 정부 차원에서는 냉전직후 안보보다 경제성장을 우선시하며 안보에 있어 아시아로부터 일정 정도 거리를 두려는 미국에 대해 국무부, 국방부, 백악관 담당자와 의견교환을 거듭하며 협조적 안전보장 개념과 미국 참여의 중요성을 인식시켰다(佐藤 1994, 15). 한편, 민간 차원에서는 다자간 지역안보협의체에 관한 연구활동과 ASEAN-PMC에 정책 제언을 하는 '아시아 · 태평양안보협력'을 통해 이루어졌다. 아시아 · 태평양안보협력은 역내 주요 4개 연구기관인 ASEAN-ISIS와 미국의 전략국제문제연구소, 태평양포럼, 한국의 서울국제포럼, 일본의 국제문제연구소로 구성되어 있다. 일본국제문제연구소가 미국의 참여에 반대하는 중국 등에 대해 6개월 간에 걸친 대화를 통해 설득, 미국의 참여가 결정됨으로써 지역적 개방성이 관철되었다(星野 2001, 40-41).

4. 열린 지역주의와 EAS

EAS는 EAVG의 보고서에서 동아시아공동체 구축을 위한 현안문제로 언급되었다. 이 보고서는 동아시아공동체의 원칙을 제시하면서 글로벌 시스템과의 조화를 중시하면서도 동아시아라는 지역단위를 강조하여 지역 정체성이 회원국 국민에게 활력을 부여하며, 신뢰관계를 조성하고 공통의 이익을 촉진함으로써 지역공동체의 새로운 이념을 창출한다고 명시하고 있다. 또한 현행의 APT 정상회의는 장래에 EAS로 발전시켜 가야 한다고 밝히고 있다. EASG는 EAVG의 성과를 바탕으로 상세한 정책 제언을 하고 있는데, EASG 보고서에서는 지역 정체성에 대해 지역협력의 기초이며 지역통합을 촉진하는 강력한 요소라고 시사하는 한편 EAS의 중요성을 강조하고 있다. EAVG도 EASG도 지역 정체성의 근원과 EAS의 범위로는 동아시아를 상정하고 있는 것이다(大賀 2009, 140).

그러나 2002년 1월 고이즈미(小泉) 수상이 ASEAN 방문 마지막 날 싱가포르에서 행한 연설에서 밝힌 '동아시아공동체' 구상은 열린 지역주의에 근거하고 있다. 고이즈미 수상은 "동아시아공동체 구축이라는 목표는 일조일석에 달성되는 것이 아니라 우선 APT를 최대한 활용해야 한다. 나는 이 지역의 국가들이 역사, 문화, 민족, 전통 등의 다양성을 인정하면서 협력을 통해 일본, ASEAN, 중국, 한국, 호주, 뉴질랜드가 이 공동체의 중심 회원국이 되기를 기대하고 있다. 이 공동체는 결코 배타적인 것이 되어서는 안 되며, 특히 이 지역 안전보장에의 공헌과 경제 분야의 상호 의존관계를 고려한다면 미국의 역할은 필요불가결한 것이다"[14)]라고 제언하고 있다. APT에 대해 언급하면서도 APT의 동아시아공동체 구상의 배타성을 경계하며 동아시아의 지역적 범위를 호주, 뉴질랜드, 미국으로 확대시키고 있다.

일본의 이러한 열린 지역주의는 EAS 개최에 관한 APT에서의 논의에 영향을 미친다. 2003년 10월의 APT 정상회의에서 APT를 EAS로 발전시킨다는 것에 합의가 이루어졌으나 EAS에 참가하는 회원국 범위와 운영을 둘러싸고 견해차가 노정되었다. 일본은 호주, 뉴질랜드, 인도의 참가를 요청했으나 동아시아공동체와 EAS의 지역적 범위를 동아시아로 인식하고 있는 ASEAN 그리고 중국이 이에 반대한 것이다. 그러나 ASEAN 회원국 중 중국과 갈등관계에 있던 인도네시아가 APT에서의 중국의 영향력 강화를 견제하기 위해 일본의 요구를 수용함으로써 EAS가 아시아 · 태평양으로 확대되는 길이 열렸다. 또한 ASEAN은 EAS 개최를 둘러싼 대립을 조정하기 위해 EAS 참가국 조건으로 ASEAN 우호

협력협정을 체결한 국가일 것, ASEAN이 참여하는 지역제도의 회원국일 것, ASEAN과 실질적인 협력관계를 맺을 것 등 3가지를 제시했는데 일본이 이를 적극 지지한 것이다(Terada 2006, 8−9).

EAS 개최의 직접적인 계기는 2003년 12월 일본이 주최한 '일 · ASEAN 특별정상회의'이다. 이 회의는 APT가 아닌 ASEAN+1의 틀에서 ASEAN에 있어서의 일본의 존재감과 역할을 재확인하기 위한 일본의 의도가 크게 작용한 것으로 해석할 수 있다. APT 정상회의가 열린 지 2개월 만에 일본의 초청으로 ASEAN 정상들이 ASEAN 역외에서 최초로 한자리에 모인 특별한 회의이기 때문이다.

이 회의는 일 · ASEAN 관계에 대해 '경제적 보완성'과 '사회적 · 문화적 친밀성'을 강조하고, '공정하고 민주적이며 조화로운 환경 속에서 평화리에 생존하는 동아시아 지역의 창설'을 제창한 도쿄선언을 발표하였다. 도쿄선언은 동아시아 지역에 대한 명시적 언급은 하고 있지 않지만 ASEN Way의 존중과 더불어 법치, 기본적 인권, 자유주의 시장경제 등 글로벌한 규범과의 조화를 강조하여(大賀 2009, 143), EAVG나 EASG의 보고서에서 그 중요성이 인식되었던 동아시아의 지역 정체성은 약화되고 열린 지역주의 이념의 원칙이 반영되어 있다.

일본의 이러한 열린 지역주의 이념에 기초한 동아시아공동체나 EAS 구상은 호주의 존재감과 의의를 증대시켰다. APEC과는 달리 동아시아 지역 정체성을 강조하는 APT는 국가의 이익을 추진할 지역제도로서 간주하고 있지 않았으나 EAS를 APT에서 아시아 · 태평양 지역으로 확대시키는 데는 호주의 협력이 필요하다고 인식한 일본은 EAS에 호주가 참여할 것을 촉구했다. EAS의 참가 조건인 ASEAN 우호협력협정 조인에 그다지 관심을 표명하지 않던 호주의 하워드 정부는 APT 국가들이 자유무역협정을 체결하는 가운데 고립되어 기회를 상실하는 것을 우려하는 경제계로부터의 요구도 있었지만 2005년 3월에 호주 다우나 외무장관과 일본의 마치무라(町村) 외무장관과의 회담에서 일본 측의 ASEAN우호협력협정 조인 촉구를 받아들인 것이다(Terada 2006, 13).

이로써 APT에서 호주, 뉴질랜드, 인도로 확대된 EAS가 2005년 11월에 제1차 회의를 개최하게 되었다. 쿠알라룸푸르 선언에서 EAS는 동아시아공동체 형성에 중요한 역할을 한다고 명기되었으나 EAS가 '개방적이고 포괄적인, 투명한 외부 지향의 포럼' 임이 확인되었다.그리고 EAS 회의기간 중에 발표된 일 · ASEAN 공동성명에서는 쿠알라룸푸르 선언과 마찬가지로 동아시아 지역통합은 '세계적인 규범 및 보편적 가치' 에 의거한다고 명시됨으로써 EAS가 지향하는 동아시아공동체는 APT의 동아시아공동체 구상과는 달리 일본의 열린 지역주의에 기반을 두고 있음을 알 수 있다. 2006년 11월 일본은 동아시아공동체에 관한 다음 3가지 기본 입장을 밝혔다. 첫째는 열린 지역주의 원칙에 근거한 개방성, 투명성, 포괄성을 확보할 것, 둘째는 지역의 다양성을 배려한 기능적 협력, 셋째는 보편적 가치의 존중과 글로벌 규범의 준수이다(大賀 2009, 145).

2007년 1월의 제2차 회의에서 EAS는 에너지 안전보장에 관한 공동성명을 채택, 지역통합 추진에 있어서의 EAS의 역할 및 ASEAN, APEC, ARF, APT 등 기존의 지역제도와의 보완관계를 확인하고 있다. 2008년 6월 미국을 진원지로 하는 세계 금융위기 대응을 위해 발표한 공동 언론성명에서는 WTO의 도하개발 어젠다 협상을 크게 평가하고 보호주의에 대한 경종을 울리며 CEPEA 구상을 제시하여 세계에 열린 성장 센터로서의 아시아의 역할을 강조했다.

2009년 일본 정치사상 총선거에 의한 최초의 정권교체가 이루어져 민주당 정부가 발족되었으나 열린 지역주의 이념은 유지되었다. 하토야마 수상은 9월에 '우애'에 근거한 동아시아공동체 구상을 제시하였으나 그의 동아시아공동체 구상 또한 ASEAN에 한 · 중 · 일, 인도, 호주, 뉴질랜드를 포함한 열린 지역주의에 근거한 것이었다. 하토야마 수상은 10월 베이징에서 열린 일 · 중 정상회의에서 한 · 중 · 일 3국이 개방성, 투명성, 포괄성의 원칙 하에 3국을 핵으로 지역협력을 추진하고 장차 동아시아공동체를 구상해 나간다는 취지를 밝힌 것이다.[15)]

Ⅳ. 맺는 말

이상으로 이 글은 동아시아 지역제도에 있어서 다층구조의 특징을 고찰하고 그 원인을 일본의 열린 지역주의 이념에 천착하여 설명하였다. 폐쇄적 지역성의 지양, 상호 의존관계의 보완, 기존의 양자 · 다자간 지역제도와의 연계를 원칙으로 하는 일본의 열린 지역주의는 미키 외무장관의 아시아 · 태평양구상, 오히라 수상의 환태평양연대강화구상에서 형성되어 2009년의 하시모토 수상의 동아시아공동체 구상에 이르기까지 유지되어 오면서 아시아 지역제도의 지역적 범위, 협력 분야와 협력 수단, 가치 · 규범, 지향하는 지역통합의 단계에 다층구조를 초래하며 지역공동체 구축의 원심력으로 작용하고 있다.

현재 아시아에는 동남아시아, 동아시아, 아시아 · 태평양 등 지역 개념이 중층적으로 존재하고, 그를 바탕으로 ASEAN정치안보공동체, 동아시아공동체, APEC공동체 구상과 그 실현수단으로 각각 자유무역지대의 구축과 자유무역협정에 관한 논의가 병존하고 있다. 때로는 아시아적 가치와 글로벌한 가치가 상충하기도 한다. 일견 동아시아에서 긴밀한 지역통합이 추진되고 있는 듯이 보이지만 열린 지역주의 이념이 반영된 결과 동아시아 지역제도는 실천력이 떨어지는 '말잔치' (talk shop)에 그친다는 비판적 견해도 있다. 아시아 지역에서의 지역협력은 열린 지역주의가 강조하는 기능적 협력단계에 있으며, 이러한 기능적 협력은 일 · ASEAN, 일 · 말레이시아, 일 · 싱가포르, 일 · 인도네시아, 한 · 미, 한 · EU, 중 · ASEAN, 호주 · 말레이시아, 호주 · 인도네시아 등 양자간 자유무역협정이나 EPA를 중심으로 추진되고 있다. 그러나 양자간의 경제 분야에서의 기능적 협력이 추진된다고 해서 지역협력과 통합이 실현되는 것은 아니다. 더구나 무역 · 투자 자유화의 제도화 정도가 상이한 양자간 자유무역협정이나 EPA는 지역통합의 실현을 저해하는 측면도 있다.

최근에는 APEC으로의 회귀라고도 볼 수 있는 경향이 나타나고 있다. 아시아 · 태평양 21개 국가, 지역이 참가하고 있는 APEC은 현재 다시 주목받고 있다. APEC공동체 구상을 제시하고 FTAAP를 적극적으로 검토하고 있는 데다 아시아의 착종하는 자유무역협정 협상결과 APEC의 환태평양경제연대협정 논의로의 수렴을 나타내고 있기 때문이다. 아시아 · 태평양을 포괄하는 광역 자유무역지대의 실현을 위해서는 관세철폐 등 구속적 조치를 검토할 필요가 있다. 그러나 중국 등 신중한 회원국도 있어 1989년 설립 이래 관철되어 온 비구속성 원칙과 전회일치의 원칙이 변화할지는 현 단계에서는 미지수이다. 열린 지역주의를 계승하고 있는 APEC이 과거의 한계를 극복하고 지역의 공통의 이익을 추구하며 긴밀한 지역경제 통합을 추진할 수 있을지는 지켜봐야 할 것이다.

■ 주석 ■

*_이 글은 『일본연구논총』 제34권(현대일본학회, 2011)에 게재된 "동아시아 지역제도의 다층구조와 일본의 '열린 지역주의 이념'을 수정한 것이다.

1_지역통합의 발전단계에 대한 논의는 1950년대 중엽 칼 도이치(Karl Deutsch)에 의해 전개되었다. 도이치는 지역통합의 필요조건으로 고도의 경제발전과 자유민주주의를 제시하였다. 그러나 1990년대 말 아들러와 바넷은 도이치가 제시한 지역통합의 필요조건은 사실상 지역통합을 서구에만 특화시키는 결과를 초래했다는 비판과 함께 지역통합 논의에 단계적 발전론을 도입했다. 즉 지역통합은 경제, 정치, 사회 · 문화 영역의 기능적 협력을 단서로 시작하는 맹아형에서 제도 · 기구의 공유, 가치 · 규범의 공유가 이루어지는 발전형을 거쳐 지역 정체성이 형성되는 성숙형 단계로 발전하여 이상적으로는 주권의 이양이라는 융합형 지역통합에 이른다는 것이다(Adler and Barnett 1998).

2_이 글에서 지역제도는 '일정 지역의 구성국 간 협조, 경쟁에 있어서 행동의 지침이 되는 규칙, 습관의 집합'으로 정의한다.

3_이 글에서 공동체는 공통의 이익이나 위협, 공통의 필요를 기초로 구성국이 연대감을 갖고 정체성을 공유하는 집합체로 정의한다.

4_이 글에서 지역제도의 다층구조란 EU와 같은 지역 통합을 위한 하나의 포괄적인 지역제도가 존재하지 않고 정부 및 비정부 간 다양한 지역제도가 중층적으로 병존하고 있는 것을 의미한다.

5_石川 · 淸水 · 助川 2009 ; 일본외무성(http//www.mofa.go.jp/mofaj/area/asean/index.html 검색일 : 2010년 11월 10일).

6_김기석 2009 ; 일본외무성(http//www.mofa.go.jp/mofaj/area/asean/apt/index.html 검색일 : 2010년 11월 10일).

7_大賀 2009, 141－142 ; 일본외무성(http//www.mofa.go.jp/mofaj/area/eas. 검색일 : 2010년 11월 10일).

8_星野 2001, 34－47 ; 일본외무성(http//www.mofa.go.jp/mofaj/area/asean/arf/index.html 검색일 : 2010년 11월 10일).

9_일본외무성(http//www.mofa.go.jp/mofaj/gaiko/apec_o.html 검색일 : 2011년 2월

20일).

10_ 호주, 브루나이, 캐나다, 칠레, 중국, 홍콩, 인도네시아, 일본, 한국, 말레이시아, 멕시코, 몽골, 뉴질랜드, 태평양도서국, 페루, 필리핀, 싱가포르, 대만, 태국, 미국, 콜롬비아, 에쿠아도르, 베트남이 참가했다.

11_ 열린 지역주의라는 용어 자체는 1955년 싱가포르에서 개최된 콜롬보계획평의회 각료회의에서 일본 대표가 최초로 사용했다고 한다(寺田 2002, 89).

12_ 1991년 배타적인 경제 블록의 이미지를 불식시키고 협의 중심의 완만한 지역제도를 지향한다는 의미에서 동아시아협의체(East Asia Economic Caucus)로 명칭이 바뀌었다.

13_ 橋本龍太郎. 1997. "日・ASEAN 新時代への改革－より廣く、より深いパートナーシップ." 1997年 1月4日 シンガポール.

14_ 일본내각부(http//www.kantei.go.jp/jp/koizumispeech/2002/01/14speech.html. 검색일 : 2011년 2월 20일).

15_ www.mofa.go.jp/mofaj/area/jck/jck_sum_gai.html

참고문헌

김기석. 2007. "일본의 동아시아 지역주의전략–ASEAN+3, EAS, 그리고 동아시아 공동체." 『국가전략』. 제13권 1호.

________. 2009. "동아시아 협력의 현황과 한국의 전략." 『국제문제연구』. 겨울호.

손열. 2008. "일본의 동아시아 전략과 공동체론–중국정책으로서 일본의 지역주의." 하영선 외. 『동아시아공동체 신화와 현실』. 서울 : 동아시아연구원.

이숙종 외. 2009. 『동아시아공동체 논의의 현황과 전망』. 서울 : 동북아역사재단.

진창수. 2008. "일본의 동아시아 정책변화–아시아주의로의 복귀." 『일본연구논총』. 제27호.

최희식. 2008. "60년대 일본의 아시아지역 정책–미일동맹과 자주외교 사이의 협곡." 『일본연구논총』. 제28호.

Emanuel Barnet, Michael Barnett. 1998. *Security Communities*. Cambridge : Cambridge University Press.

Judith Goldstein, Robert O. Kohane. 1993. "Ideas and Foreign Policy : An Analytical Framwork." *Ideas And Foreign Policy : Beliefs, Institutions and Political Changes*. Cornell University Press.

Kai He. 2008. "International Balancing and International Ralations Theory : Economic Interdependence and Balance of Power Strategies in Southeast Asia." *European Journal of International relations*, Vol. 14, No. 3.

Peter J. Katzenstein. 1997. "Introduction : Asian Regionalism in Comparative Respective, "Peter J. Katzenstein and Takashi Shiraishi eds. *Network Power : Japan and Asia*. Ithaca : Cornell University Press.

Takashi Terada. 2006. "Forming an East Asian Communiy : A Site for Japan–China Power Struggles." *Japanese Studies*, Vol. 26, No. 1.

Victor Koschmann. 1997. "Asianism's Ambivalent Legacy." Peter J. Katzenstein and Takashi Shiraishi eds. *Network Power : Japan and Asia*. Ithaca : Cornell University Press.

天兒彗. 2005. "新國際秩序構想と東アジア共同体論－地位語句の視点と日本の役割."『國際問題』. 1月号.
石川幸一・清水一史・助川成也. 2009.『ASEAN経濟共同体』. JETRO.
伊藤剛・ジョエルラサス. 2009. "東アジア地域主義に向けてのオーストラリアの外交戰略."『國際政治』. 158号
大賀哲. 2009. "「開かれた地域主義」と東アジア共同体構想－東アジアサミットをめぐる日本の視座."『國際政治』. 第158号.
大矢吉之・古賀敬太・瀧田豪. 2006.『EUと東アジア共同体』. 萌書房.
菊池努. 2001. "「アジア」地域主義の可能性－ASEAN+3(日韓中)の経緯と展望."『國際問題』. 5月号.
________. 2005. "「地域」を模索するアジア－東アジア共同体論の背景と展望."『國際問題』. 1月号.
________. 2010. "相互依存, 力の構造, 地域制度－東アジア共同体と地域制度の動態."『海外事情』. 4月号.
佐藤考一. 2010. "ASEAN政治安全共同体構想をめぐる諸問題."『海外事情』. 4月号.
佐藤行雄. 1994. "1995年の節目に向かって－アジア太平洋地域の安全保障."『外交フオーラム情』. 1月号.
水本達也. 2005. "東アジア共同体は實現するか."『世界週報』. 3月 29日号.
寺田貴. 2002. "日本のAPEC政策の起源－外相三木武夫のアジア太平洋構想と今日的意義."『アジア太平洋研究』. 23号.
________. 2005. "開かれた地域主義の系譜－三木武夫の政治外交言説を事例として."『國際政治経濟學研究』. 16号.
橋本龍太郎. 1997. "日・ASEAN 新時代への改革－より廣く、より深いパートナーシップ." 1997年 1月4日 シンガポール.
深川由紀子. 2009. "東アジア自由貿易協定の可能性." 廣田功.『歐州統合の半世紀と東アジア共同体』. 日本経濟新聞社.
星野俊也. 2001. "アジア太平洋地域安全保障の展開－ARFとCSCAPを中心として."『國際問題』. 5月号.
山澤逸平. 2001. "アジア太平洋の地域主義と日本の戰略."『國際問題』. 5月号.
湯澤武. 2009. "東アジアの多國間制度と地域秩序の展望－現狀維持裝置としての地域制度の役割."『國際政治』. 158号.
吉野文雄. 2010. "東アジア共同体の政治経濟學."『海外事情』. 4月号.

渡部昭夫. 2005.『アジア太平洋連帯構想』. NTT出版.

http//www.mofa.go.jp/mofaj/area/eas

http//www.mofa.go.jp/mofaj/area/eas/asean/index.html

http//www.mofa.go.jp/mofaj/area/eas/asean/arf/index.html

http//www.mofa.go.jp/mofaj/area/eas/asean/apt/index.html

http//www.mofa.go.jp/mofaj/gaiko/apec_o.html

http//www.kantei.go.jp/jp/koizumispeech/2002/01/14speech.html.

동아시아 협력의 이론적 지평 : 동아시아적 적실성을 찾아

김기석(강원대학교)

I. 들어가는 말

이 책의 여러 장들에서 제시된 바와 같이 특히 탈냉전 이후 지역통합의 움직임은 전 세계적인 현상이 되었다. 비록 정도와 양상의 차이는 있지만 유럽, 아메리카, 아시아, 아프리카 등 전 대륙에 통합 내지 협력을 향한 움직임들이 진행되고 있다. 하지만 이같이 보편화된 지역통합의 움직임에 대한 이론적 설명은 아직 미흡하며, 이는 특히 동아시아 지역주의의 경우 보다 심각하다. 1990년대 중반 이후 활성화된 동아시아 지역주의는 2000년대에 접어들면서 경제영역을 중심으로 매우 활발해졌고, 이제 경제는 물론 정치안보, 사회, 문화 등 다양한 영역으로 확산되어 나가고 있다. 많은 연구자들이 지적하듯이 지역협력의 불모지로 간주되었던 동아시아 지역은 이제 글로벌한 차원에서도 가장 활발하게 협력에 대한 논의와 실질적 노력들이 이루어지고 있는 지역으로 변모한 것이다(제8장 및 제9장 참조). 더욱 흥미로운 사실은 이런 변화들이 탈냉전 이후 아시아(혹은 아시아 · 태평양) 지역에 대립과 갈등이 만연하리라(ripe with rivalry)는 국제정치학자들의 비관적 전망에도 불구하고 이루어졌다는 점이다(Friedberg 1993 ; Kang 2003 참조).

그럼에도 불구하고 동아시아에서 진행되고 있는 지역주의에 대한 이론적 설명의 성과는 연구의 분량에 걸맞는 수준으로 축적되지 못한 것이 사실이다. 물론 동아시아 지역주의에 대한 학문적 연구의 성과는 수도 없을 만큼 많다. 특히 지역주의라는 테마가 가진 광범위성, 말하자면 정치외교, 안보, 금융, 무역, 투자 등을 포함하는 경제, 사회문화 등의 전통적인 이슈들은 물론이고 최근에는 비전통적 안보 혹은 인간안보라는 새로운 개념의 등장과 기후변화 같은 새로운 현상들의 발생으로 테러, 인신매매, 이민, 마약, 재난관리, 에너지, 식량안보 등 새로운 이슈들이 등장하는 등 지역협력 혹은 지역주의라는 테마 속에 포함될 수 있는 현상은 광범위하며, 따라서 그에 대한 연구가 막대한 것은 그리 놀라운 일이 아니다.

예컨대 1999년에 지역주의의 초기 논의들에 대한 중요 문헌들을 리뷰하여 지역주의 연구에 중요한 공헌한 맨스필드와 밀러의 논문은 국내정치 변인의 중요성을 강조하면서 다루는 문헌의 범위를 대체적으로 경제영역, 특히 무역영역에 초점을 맞추고 있으며, 금융 분야에 대해서는 간략하게 언급하는 정도였다(Mansfield and Milner 1999 참조). 이는 전통적으로 지역주의에 대한 연구는 무역 분야에 치우쳐 있었음을 보여주며,

실제로 무역 분야는 지역주의 연구의 유일한 대상은 아니었지만 가장 핵심적인 영역이었음에 틀림없다. 하지만 2000년 중반 이후 여전히 지역연구에 대한 문헌 리뷰를 무역 분야에 초점을 맞추어 진행하는 것으로 충분한 이론적 함의를 제공할 수 있을지는 알 수 없다. 특히 지역화(regionalization)가 아닌 지역주의(regionalism)라는 차원에서 무역보다 금융 분야의 다자협력이 먼저 제도화된 동아시아 지역에서는 더욱 그러하다. 아울러 향후에도 전통적인 안보 분야나 무역 분야보다는 비전통적 안보나 금융 분야에서 보다 지역주의적 협력이 활발해질 가능성이 높다는 점을 감안하면 최소한 무역분야에 초점을 맞추어 지역주의를 발전시켜 온 유럽의 사례로부터 발전된 이론들이 동아시아에 그대로 적용되는 것이 타당한 것인지에 대한 근본적인 고민이 필요하다는 점을 확인하는 것은 그리 어렵지 않다. 기본적으로 수많은 동아시아 지역주의에 대한 연구들 중 적실성 있는 이론적 분석틀을 가지고 현상에 접근하는 경우는 많지 않을 뿐만 아니라 있다고 하더라도 그다지 성공적이지 못했다. 대부분의 연구들은 유럽 및 북아메리카 사례와의 명시적 혹은 암묵적 비교의 시각에서 동아시아의 독특성을 강조하거나 아니면 동아시아 사례만을 염두에 둔(ad hoc) 분석을 수행해 온 것이다.

이 글은 그 원인이 동아시아 지역협력에 대한 연구들이 유럽적 편향성과 국제정치학적 편향성 및 동아시아의 지역적 특성을 반영한 현실주의적 편향성을 공유하면서 동아시아 사례에 적용되는 데 본질적인 한계를 가졌기 때문이라고 본다. 여기에 탈냉전 이후 가시화되고 있는 동아시아 자체의 변화도 새로운 이론적 설명의 과제를 제시함으로써 심각한 분석적 도전을 제기하고 있다고 본다. 그것은 글로벌 경제권력의 동진 현상, 미국 헤게모니 권력의 약화, 중국의 부상과 아시아 국가들의 성장

등 변화된 글로벌 혹은 역내의 변화된 권력지형 하에서 이루어지는 협력의 동태적 움직임들을 설명해야 하는 버거운 과제이기 때문이다.

이는 분석적으로 두 가지 중요한 이론적 과제와 연관된다. 즉 지역협력의 동아시아적 적실성을 확보하기 위해서 현실주의, 자유주의, 제도주의 등으로 정형화되어 대부분 국제정치현상의 설명에 적용되어 왔던 기존 패러다임 간 경쟁을 뛰어넘는 보다 적실성 있는 이론틀을 찾아내야 한다는 과제이고, 다른 하나는 지역협력 이론의 동아시아적 적실성이 담보되기 위해서는 그와 같은 이론적 작업들이 동아시아 사례를 통해 정립될 이론들의 보편화 가능성에 대한 보다 심도 있는 고민과 밀접히 연계되어 추구될 필요가 있다는 과제이다.

이 글은 1990년대 이후 관심을 끌기 시작한 지역협력에 대한 신지역주의 이론들이 어떠한 배경에서 생겨났으며 어떠한 내용과 특성을 가지고 있는지 살펴본다. 그리고 나서 이러한 신지역주의 이론들이 동아시아의 사례를 설명하기 위해 어떻게 적용되었는지를 살펴보고 그 과정에서 부각된 문제점들을 분석해 본다. 그 다음에는 동아시아 지역주의에 대한 이론적 설명의 적실성과 관련해 진행된 대표적인 논쟁으로서 데이비드 강과 아차리아 사이의 논쟁을 살펴본다. 이는 이들의 논쟁이 기존 국제정치 이론의 동아시아적 적실성과 관련하여 여러 가지 중요한 문제들을 지적하고 있으며, 그것이 궁극적으로는 동아시아 지역주의 이론이 지향할 방향성에 대한 적지 않은 함의를 제공해 주기 때문이다. 그리고 나서 동아시아에서 활발하게 진행되고 있는 지역협력에 대해 동아시아적 적실성을 담보할 수 있는 방안이 있는지에 대해 간략히 살펴보고 이 글을 마무리한다.

Ⅱ. 지역협력 이론의 추이와 쟁점

1. 신지역주의 이론의 초점

1950년대와 1960년대 유럽의 경험을 통해서 발전되기 시작한 지역주의 이론은 기능적 협력의 낙수효과(trickle down effect)를 강조한 소위 1세대 지역주의 이론으로 지칭되는 기능주의, 그리고 정부과 엘리트들의 정치적 노력을 강조하는 2세대 이론으로 지칭되는 신기능주의 이론으로 발전되었지만 1970년대의 정체기를 겪은 후 1980년대 이후 소위 신지역주의(new regionalism) 이론으로 새로운 관심을 끌게 되었다. 그러한 신지역주의 이론의 발전은 몇 가지 중요한 배경을 가지고 있다.

우선 구조적으로 탈냉전 이후 나타나기 시작한 지구적 정치경제지형의 변화들, 예컨대 ① 새로운 권력분배 혹은 노동분업에 따라 양극체제로부터 다극체제 혹은 삼극체제로의 이전, ② 미국의 헤게모니 권력의 약화와 그에 따른 지역주의 움직임에 대한 완화된 태도, ③ 웨스트팔리아 체제의 약화와 상호 의존 및 지구화의 진전, ④ 개발도상국들 및 탈공산주의 국가들에서 신자유주의적 경제발전 및 그와 연관된 정치제체의 발전에 대한 태도변화 등과 연계된 글로벌 시스템의 구조적 변화와 관련이 있는 것으로 분석되었다(Hettne and Söderbaum 2000, 457).

물론 지역주의적 움직임과 관련된 현실적 진전도 중요한 배경이다. 예를 들면 1980년대 후반부터 ASEAN, APEC, 서아프리카경제공동체(ECOWAS : Economic Community of West African States), EU, NAFTA,

Mercosur, 남아프리카발전공동체(SADC : Southern African Development Community) 등 전 세계적으로 지역주의적 움직임이 활성화되면서 그를 이론적으로 설명하기 위한 학문적 관심 역시 활성화된 것이다. 또한 신지역주의는 의심의 여지없이 국제정치학 이론의 발전과도 밀접히 연관되어 있다. 주로 냉전기의 정치적 현실을 반영한 구지역주의 이론들은 현실주의적 편향성을 강하게 보였던 데 반해 신지역주의 이론들은 자유주의나 구성주의 이론들의 영향으로 보다 다양한 모습을 보이게 된 것이다.

초창기 연구자들에 따르면, 1990년대 신지역주의 이론이 활성화되면서 모습을 나타낸 지역주의 이론들은 크게 네 가지 버전으로 구분되며 각 이론들은 현재도 각기의 전통에 입각한 연구성과들을 생산해내고 있다. 우선 과거의 기능주의 및 신기능주의는 물론 오늘날 국제정치 이론의 제도주의 이론들의 영향을 받은 지역주의에 대한 제도적 접근법이 있다. 두 번째는 지역화나 지역주의를 특히 미국의 헤게모니 권력 약화나 냉전의 종결 같은 글로벌 지구질서의 변화의 일부라고 보는 (비판적) 국제정치경제학 접근법이 있다. 세 번째는 맨스필드와 밀러처럼 국내정치적 요소에 초점을 맞추면서 예컨대 전략적 무역 이론 등을 활용하여 정책결정자들이 지역주의적 프로젝트들에 관심을 갖게 된 원인을 설명하는 이론들이다. 네번째는 1990년대를 통해서 헤트니(Bjorn Hettne)와 헬싱키 소재 유엔대학(United Nations University)의 세계발전경제학연구소(World Institute for Development Economics Research) 및 괴테버그대학의 평화발전연구학과(Department of Peace and Development Research) 동료 연구자들에 의해 발전된 신지역주의 접근법/이론이다(Marchand et. al 1999, 902).

이런 배경을 가진 신지역주의 이론은 과거의 구지역주의 이론과 유사한 측면도 가지지만 몇 가지 중요한 측면에서 차별성을 보였다. 우선 구지역주의와 신지역주의는 지역의 정의 혹은 이해에 있어 차별성을 보인다. 말하자면 구지역주의는 대체적으로 지리적 근접성에 입각한 정치경제적 군집체를 지역으로 본데 반해 신지역주의는 그처럼 지리적으로 정의되는 지역 못지않게 경제적 · 기능적 혹은 이념적 지역을 상정한다. 말하자면 교통수단과 정보유통 그리고 수송능력의 발달로 과거 지리적 한계 속에서 규정되던 지역의 지평이 훨씬 넓어지게 되었고, 따라서 기능적 측면에서의 지역에 대한 정의가 가능하게 되었다는 것이다 (Väyrynen 2003, 26-27).

또한 신지역주의는 지역을 구성하는 요인이나 행위자에 대해 보다 다양화된 인식을 보인다. 즉 신지역주의는 주로 물질적 힘의 역할에 초점을 맞춘 구지역주의와 달리 이데올로기, 아이디어 혹은 정체성 같은 정신적 요인들을 보다 강조한다. 또한 지역주의적 프로젝트들에 참여하는 행위자에 대해서도 사실상 국가만을 유일한 행위자로 간주하는 현실주의적 편향성을 보였던 구지역주의와 달리 신지역주의는 지방정부, NGO, 기업 네트워크 등 보다 다양한 행위자들을 지역주의의 참여자로 본다.

또한 신지역주의 이론들은 지역의 차원에 대해서도 보다 융통성 있는 접근을 강조한다. 예컨대 구지역주의 이론은 주로 국가 간 관계에 입각한 연구를 중시했다면 신지역주의 이론들은 국가 차원의 관계뿐만 아니라 지방을 포함한 하위 지역주의(sub-regionalism) 혹은 지역과 지역 간의 관계에 주목하는 지역간주의(inter-regionalism) 등 보다 다양한 유형의 지역 수준에서 일어나는 상호작용들에 관심을 기울이며, 나아가 각 수준들 사이의 상호작용에 대한 관심도 기울인다. 그런 성향은 한편으로는 냉전체제 하에서 강고하게 유지되던 강대국들의 파워블록이 깨진 데 대한 반응의 성격도 가지면서 다른 한편으로는 경제적 지구화에 대해 하위 지역을 포함하는 보다 다양한 차원의 대응이 필요하다는 인식을 반영한 것이기도 했다(Väyrynen 2003, 26). 또 구지역주의 이론은 경제적 변인들에 초점을 맞추어 관세동맹이나 자유무역지대 같은 경제적 통합을 가장 중요한 지역주의 프로젝트의 목표로, 그리고 그러한 정책결과에 대한 경제적 이익집단들의 정책 요구들을 중요시한 반면 신지역주의는 정치변인들의 중요성을 상대적으로 더욱 강조하는 경향을 보인다(Mansfield and Milner 1999).

2. 동아시아 사례에의 적용과 적실성 문제

1990년대를 통하여 주로 유럽, 미주, 동남아시아, 아프리카 등 활성화되기 시작한 세계 각지의 지역주의화 현상들에 대한 관심으로부터 제기된 이론들은 1990년대에 접어들 때까지 지역주의적 움직임이 가장 더딘 것으로 평가되던 동아시아 지역에 그러한 움직임이 활발해지면서 자연스럽게 적용되기 시작했다. 하지만 1990년대 중반 이전, 아시아의 지역주의에 주목한 초기 문헌들은 아시아는 지역의 범위 자체가 명료하지 못한 데다 아시아에서 지역의 형성과 발전은 정치적 제도화보다 시장의 필요에 대한 기능적 적응의 형태에 더 가까웠으며, 제도화된 지역주의의 진전이 더딘 것은 유럽 혹은 북미에 비해 지역주의를 가능하게 하는 조건들이 취약하기 때문이라는 점을 강조하였다(Stubbs 1995, 786 ; Haggard

1997). 말하자면 동아시아는 여타 지역에 비해 국토면적과 인구규모, 경제발전 정도, 종교와 언어를 비롯한 문화적 다양성, 정치체제의 다양성 등 지역주의 발전에 걸림돌이 될 요소로 가득하다는 것이었다(Lincoln 2004 참조). 게다가 냉전기 동안 첨예했고 탈냉전 이후에도 여전히 한반도와 대만에 남아 있는 높은 정치군사적 긴장과 대립구도는 전후 이 지역의 질서에 큰 영향을 미쳤던 미국의 허브 앤 스포크(hub-and-spokes) 정책과 결합하여 장기간 역내 국가들 상호간 협력을 어렵게 했다는 것이다(Katzenstein 1996 ; Beeson 2002 ; Grieco 2002 등 참조).

그와 같은 현상은 경제영역에도 영향을 미쳐서 대부분 경제성장을 위해 수출 주도 정책을 선택하고 미국이나 일본 시장에 의존하던 아시아 국가들은 1980년대까지 밀접한 역내 국가 간 경제관계를 발전시키지 못했다는 것이다. 보다 커다란 규모의 시장과 강력한 구매력을 갖춘 미국이나 일본과의 양자적 교역관계가 역내 국가들 간의 교역관계보다 중요할 수밖에 없었고, 따라서 이들 국가들은 미국이나 일본의 시장에 대한 접근이나 원활한 무역관계의 유지에 보다 관심을 가질 수밖에 없었던 것이다. 이런 현실적 조건 하에서 아시아 지역주에 대한 초기 연구는 대개 지역주의(regionalism)와 지역화(regionalization)의 개념적 구분에 기초하여 1980년대 후반 이후 실질적으로 성장하고 있던 역내무역, 일본 및 동아시아 신흥공업국(NIEs)들의 동남아시아에 대한 생산 및 투자 네트워크 확대, 그리고 화교의 역할 및 중국 경제의 개방 등 주로 지역화의 양상들에 주목했다(Bowles 2002, 245-249).

하지만 1997년의 아시아 경제위기 및 ASEAN+3(APT)의 출현을 계기로 지역화를 넘어선 지역주의 연구가 활성화되기 시작했다. 이 연구들은 대개 1980년대 말 출범한 APEC과 기존의 ASEAN 등 양 기구가

1997년의 아시아 경제위기에 효과적으로 대응하는 데 실패함으로써 동아시아 지역주의가 태동했다는 인식을 토대로 1990년대까지 진행된 역내의 지역화, EU나 NAFTA의 형성이 가져온 '전시효과' (demonstration effect), 아시아 경제위기로 인한 위기관리 시스템의 필요성 부각, 미국 및 IMF에 의해 주도되는 세계 경제질서에 대한 불만, 중국의 부상 및 지구화에 대한 집단적인 대응의 필요성 등을 동아시아 지역주의 진전의 요인으로 제시했다(Stubbs 2001 ; Webber 2001 ; Higgot 1998 ; Bowles 2002). 하지만 이 연구들은 대개 지역주의를 추동한 주요 변인들을 병렬적으로 나열하거나 혹은 단일 사례에 국한된(ad hoc) 설명에 그쳤으며, 체계화된 이론적 설명을 시도하고 이를 통해 동아시아의 지역주의 이론화를 시도한 것은 아니었다.

본격적인 형태는 아니었지만 동아시아 지역주의가 버그스텐(Bergsten)이 제시한 "세 개의 블록화된 세계"(the three bloc world)라는 명제를 실현할 만큼 잠재력이 있는가를 검증하고자 했던 레이븐힐(Ravenhill)의 연구는 동아시아 지역주의의 이론적 설명이 가능한가에 대한 의미 있는 초기 성과였다(Ravenhill 2003 참조). 그는 일단 기존 국제정치학 이론들 중 권력구조 이론, 자유주의적 정부간주의, 그리고 구성주의 등이 APT를 중심으로 한 동아시아 사례를 설명하는 데 어느 정도의 설득력을 갖는지를 검증한다. 그리고 나서 위기의 역할, 여타 지역의 지역주의 진전이 주는 전시효과, 기존 제도의 효율성 등 동아시아 지역에 보다 적실성을 갖는 여타 요인들을 제시한 후 무역 및 금융 분야에서 당시까지 진행된 동아시아 지역주의 현실을 토대로 각각의 변인들이 갖는 설명력을 검증해 보았다.

레이븐힐에 따르면 일단 기존 이론들은 동아시아에 적용하는 데 한계가 있다는 것이다. 예컨대 국제 권력구조의 변화에 주목하며 특히 지역주의 형성에 헤게모니 국가의 존재와 역할을 전제하는 신현실주의 이론들은 동아시아의 지역주의가 미국의 헤게모니 권력이 쇠퇴하는 조짐을 보였던 1990년대 후반에 활발해졌다는 시점을 설명할 수 없을 뿐만 아니라, 기본적으로 동아시아에는 헤게모니 국가가 부재함에도 불구하고 지역주의가 생성되었다는 점 때문에 설명력이 낮았다(Crone 1993 참조). 비교의 시각에서 보다 세련된 분석을 시도하는 다른 신현실주의 연구[1]들은 미국의 대유럽 및 대아시아 정책이 달랐다는 역사적 사실과, 아시아가 비교대상이 되는 유럽이나 북미에 비해 지역주의 잠재력이 상대적으로 낮다는 점 때문에 동아시아 지역주의의 발전보다 저발전의 설명에 초점을 맞추었다(Grieco 1999 참조).

기능주의 이론이나 자유주의적 제도론 역시 적실성의 문제로부터 자유롭지 못했다. 동아시아에 지역화의 조류가 강해졌던 것은 1980년대, 특히 플라자 합의 이후 일본이 적극적으로 아시아 지역과의 무역 및 투자관계를 강화함으로써였다. 아울러 동아시아 지역의 여타 국가들이 NICs 혹은 후발 NICs의 형태로 경제발전을 이루어 나가면서 역내 국가들 사이의 경제교류와 통합현상이 활발해졌고, 이것이 1990년대 동아시아 지역주의 진전에 토대가 되었다는 측면에서 이 이론들의 적실성을 부인할 수는 없다. 하지만 이 이론들이 옳다면 역내 무역 및 투자관계가 급증한 1990년대에 들어서면서부터는 동아시아에 지역주의 제도화를 향한 적극적 움직임이 있었어야 하지만 현실은 달랐다. 일본과 호주가 주도해 APEC을 창설했으나 이는 미국이 참여한 1993년 이후에야 가시적인 진전을 이루었다. 경제적 거래의 활성화보다 미국의 지배적 권력에 입각한 권력관계가 더욱 중요한 역할을 한 것이다. 동아시아에 초점을 맞춘 마하티르 수상의 EAEG 제안에 대해 미국의 눈치를 살펴야 했던 한국과 일본은 물론 중국과 싱가포르를 제외한 대부분의 역내 국가들은 오히려 소극적이었다. 미국에 대한 정치경제적 의존은 단순한 시장의 요구보다 더욱 강력한 요소로 작용한 것이다. 따라서 동아시아에서 지역화는 지역주의 발전의 필요조건이었을 수는 있으나 충분조건은 아니었던 것이다.

국내정치 동학에 초점을 맞추는 정부간주의(inter–governmentalism) 역시 중국을 비롯한 동아시아의 상당수 국가가 아직도 권위주의적 경성국가 체제를 유지하고 있어 유럽이 가졌던 "두터운" NGO 및 시민사회 네트워크를 결여하고 있으며, 역내 네트워크 건설이 활발하지 못하다는 점 때문에 국내세력들의 정치적 영향력이 충분하지 못한 동아시아에 적용하는 데 원초적 한계가 있었다. 말하자면 아직 정치적 민주주의가 취약한 국가를 다수 포함하고 있는 동아시아의 특성상 국내정치적 역학관계와 지역주의 발전의 상관관계를 찾기는 어려울 수밖에 없었다.

지역 정체성과 문화 등을 강조하는 구성주의 이론들은 미국과 서구에 대한 반감이 동아시아의 지역주의에 대한 역내 국가들의 관심을 불러일으켰다는 점을 부각시킴으로써 어느 정도 적실성 있는 설명을 제시하는 것으로 보였다(Stubbs 2002 ; Beeson 2003 ; Higgot 1998 ; Webber 2001). 그것은 구성주의가 국제정치학자들 사이에 점차 인기 있는 접근법으로 성장해 나간 시기와 동아시아 지역주의 활성화 시기가 일치했다는 배경적 요소와 구성주의가 동아시아 지역주의의 특징의 설명이라는 이론적 과제 해결에 효과적인 측면을 내포하고 있었다는 이론적 측면이 맞아떨어진 결과였다. 말하자면 지역의 정의가 불분명하고 지역 정체성도 저발전 상태였던 동아시아의 특성상 구성주의와 새로운 지역주의적 움직임은 이론적 친화력을 가질 수 있었던 것이다. APT의 토대였던 동남아시아와 동북아시아를 결합한 동아시아 개념은 말레이시아의 마하티르 수상이 1990년 EAEG를 주장함으로써 맹아를 틔웠고, 1990년대 중반 ASEM 형성과정과 APEC 내의 분파작용을 통해 타자에 대한 우리(weness)의 모습으로 진전되었으며, APT를 통해서 비로소 실현되었다. 말하자면 일련의 정치경제적 상호과정을 통해 기존에 없던 새로운 유형의 지역의식과 정체성이 생성되었다는 것은 "지역 개념은 사회적 구성체이며 정치적으로 경쟁된다"는 구성주의의 기본 명제를 지지하는 것이었다(Hurrell 1995 참조).

게다가 태국에서 시작된 외환위기가 홍콩, 인도네시아, 말레이시아를 거쳐 한국으로까지 파급되는 경험을 공유하면서 동남아 및 동북아 국가들은 미국 및 IMF 주도의 세계 경제질서에 대한 불신감과 서로 한 배를 탄 운명공동체라는 인식을 공유하게 되어 아이디어로만 존재했던 양 지역을 결합한 새로운 형태의 정체성을 형성한 사실은 물론, 1997년 일회성 행사로 시작된 APT가 모임을 지속해 나가면서 금융위기 재발 방지라는 목표를 공유하고 치앙마이이니셔티브(CMI)라는 구체적 성과를 이루어낸은 물론 공통의 관심사와 이해에 기초해 새로운 협력의 테마들을 생성해내고 분화시켜 다양한 회의체들을 창출하고 협력사업들을 진행해 가는 과정은 비공식적 상호 접촉과 언어를 통한 의사소통 과정, 그리고 그로부터 형성되는 정체성과 공통의 이해(interests) 등을 핵심 요소로 간주하는 구성주의의 적실성을 증명하는 것으로 보였다(Higgot 1998 ; Harris 2000 ; Terada 2003 ; Nabers 2003 등 참조).

하지만 과연 동아시아 국가들 사이에 "새로운 집단적 정체성이 어느 정도나 형성되어 정부 정책에 얼마나 영향을 미쳤는가"라는 본질적인 이론적 질문에 대한 실증적 해답은 제시되지 못했다(Ravenhill 2002, 175). 오히려 대부분의 구성주의적 연구는 아이덴티티나 의사소통 과정과 지역주의 제도화의 연계 메커니즘을 설득력 있게 보여주기보다 동아시아 개념의 형성(Terada 2003), 매개변인으로서의 비공식적 과정(Yoshimatsu 2005) 등 구성주의적 변인들의 부수적 역할에 초점을 맞추는 정도였던 것이다.

3. 본격적 적실성 논쟁 : 강과 아차리아의 논쟁

지역주의 이론의 동아시아적 적실성에 대한 본격적인 이론적 문제 제기는 데이비드 강(David Kang)이 국제안보지(*International Security*)에 지역주의 이론들이 동아시아에 대한 이해를 제대로 이끌어내지 못하는 심각한 문제가 있다는 취지의 논문을 게재함으로써 이루어졌다. 그리고 이에 대해 동남아시아 전문가인 아차리아(Amitav Acharya)가 부분적인 반론을 제기함으로써 동아시아 지역협력 이론의 적실성 문제가 가지는 본질적 양상이 확연히 부각되었다(Kang 2003 ; Acharya 2003).

강의 문제의식은 국제관계 이론의 유럽 중심적 사고, 강대국 중심적 편향성 등이 변화하는 국제 정치경제 구도 속에서 새롭게 등장하고 있는 아시아에 대한 설명을 어렵게 하는 핵심 요소라는 것이다. 예컨대 1990년대 초반 탈냉전의 와중에서 많은 서구의 이론가들은 동아시아에 갈등적 요소가 가득하며 그 장래가 매우 유동적이라는 주장을 하였다. 예컨대 잘 알려진 프리드버그의 주장은 아시아에는 유럽처럼 평화를 담보하는 안전보장 장치(stability-enhancing mechanism), 즉 고도의 경제통합이나 지역기구가 발달해 있지 못한 반면 중국의 부상, 한반도, 대만문제, 일본의 재무장, 영토문제 등 너무나 많은 갈등요소가 잠재되어 있어 대립으로 충만된(ripe for rivalry) 상태라는 것이다. 특히 중국의 급부상에 대한 동아시아 국가들의 균형전략은 지역의 불안정을 야기할 가능성이 높다는 것이다(Friedberg 1993). 또 중국의 부상에 대해 서구 이론가들은 동아시아 국가들이 현실주의적 시각에 입각해 세력균형(balance of power) 전략을 취하게 될 것이며, 이는 역내에 불안정한 갈등상황을 초래할 가능성이 높다는 것이다.

반면 동아시아의 이론가들은 지역의 장래에 대해 긍정적인 전망을 내놓는 경우가 많았다. 이후 동아시아에서의 상황전개는 서구 이론가들의 예측보다는 아시아 이론가들의 예측에 가까운 것으로 봐야 한다. 전쟁이나 갈등 그리고 군비경쟁보다는 협력과 지역주의가 진전된 것이다. 중국이라는 새로운 강대국의 등장에 대해서도 세력균형 전략보다는 편승전략(bandwagoning)을 취함으로써 역내의 안정은 높아졌다는 것이다. 왜냐하면 동아시아 국가들은 전통적으로 중국을 중심으로 한 위계적(hierarchical) 국제질서에 익숙해 있고, 따라서 중국의 부상을 자연스럽게 받아들였다는 것이다. 말하자면 전혀 다른 역사적 경험과 지역질서의 전통을 가진 서구의 경험에 입각해 만들어진 이론체계로는 아시아에 대해 적절한 이론적 설명도 향후에 대한 예측도 할 수 없었다는 것이다. 유럽의 과거는 아시아의 미래가 될 수 없기 때문이다(Acharya 2003, 150).

강에 따르면 이는 유럽 중심적 이론 자체의 문제라기보다는 유럽의 경험에 입각하여 귀납적으로 개발한 이론들을 부주의하게 동아시아에 적용함으로써 발생한 문제이다. 이는 동아시아는 유럽과 다르므로 동아시아를 위한 새로운 이론이 필요하다는 의미보다 동아시아의 사례들에서 나타나는 기존 이론에 맞지 않는 변인이나 증거들을 잘 활용함으로써 기존 이론들의 동아시아에 대한 설명력이나 동아시아적 적실성을 높일 필요가 있다고 보는 것이다. 그리고 비교정치학과의 건전한 비판적 논쟁 등을 통해 아시아의 사례를 국제정치 연구의 중심적 위치에 놓을 경우, 현재 국제정치학 이론들이 빠져 있는 유럽적 경험에 입각해 정형화된 현실주의, 자유주의, 구성주의 간의 소위 패러다임 전쟁(paradigm war)을 뛰어넘을 수 있는 기회를 제공받게 될 것이라는 점을 강조했다.

이 같은 강의 주장에 대해 아차리아는 강의 문제의식은 서구 이론가들의 동아시아 장래에 대한 비관주의적 전망의 실패를 지적하는 데는 성공했지만 왜 실패했는지에 대해서는 올바른 지적을 하지 못하고 있다고 주장한다. 말하자면 유럽의 과거가 동아시아의 미래가 될 수 없다는 강의 지적은 옳지만, 그렇다고 해서 동아시아의 과거가 동아시아의 미래가 될 수 없다는 점도 명확하다고 본다. 말하자면 아시아가 전통적인 위계질서나 무질서 상태로 복귀하는 것이 아니라 지역규범의 공유, 경제적 상호 의존의 증가, 제도적 연계의 증가 등 프리드버그의 "대립으로 충만한" 아시아 명제가 이 지역에는 부족하다고 평가한 그 요소들을 증진시킴으로써 역내의 불안정을 관리해 나갈 수 있다는 것이다.

분석적으로 아차리아는 아시아 국가들이 중국에 균형전략보다는 편승전략을 취한다거나 아시아 지역에 전통적인 위계질서를 반영하는 지역질서가 생겨나고 그것이 지역적 불안정을 완화할 수 있다는 강의 주장을 개념적 모호성, 경험적 증거에 대한 잘못된 해석, 그리고 동남아시아 및 남아시아를 분석에서 제외시킨다는 의미에서의 동북아시아 편향성, 그리고 국제정치적 변인이 아닌 문화적 역사주의의 취약성 등을 근거로 비판한다. 나아가 양 연구자는 동아시아적 적실성을 가지는 이론을 건설하는 방법론에 있어서도 차이를 보인다. 말하자면 강은 동아시아의 사례를 기존 국제정치학 이론의 가설들을 검증하고 세련화함으로써 보다 일반화가 가능한 이론들로 발전시키는 것이 중요하다고 판단했다. 반면에 아차리아는 유럽의 경험에 입각해서 오늘날의 국제정치 이론이 만들어졌듯이 동아시아의 경험을 통해서 새로운 이론체계를 건설해 나갈 필요가 있다고 본다. 그럼에도 불구하고 양 연구자들은 암묵적으로 유럽중심적 국제정치 이론의 동아시아에 대한 설명력의 문제에 대한 인식을 공유하며 동아시아적 적실성을 가지는 지역주의 이론이 필요하다는 점에는 공감한다. 말하자면 이것은 동아시아 지역주의에 대한 이론적 분석이 왜 취약한가의 문제나 향후 이론 건설이 어떠한 방향성을 가져야 하는가에 대한 중요한 함의를 제공하는 것이다.

예컨대 동아시아는 물론 지구상의 광범위한 지역에서 지역주의 현상이 발생했음에도 불구하고 그에 대한 이론적 설명이 취약한 중요한 원인 중 하나는 대부분의 지역주의 이론이 유럽의 경험에 기초한 EU의 사례를 하나의 패러다임 혹은 모델로 간주하고 있기 때문이다. 예컨대 헤트니는 "유럽은 세계에서 제일 발전된 지역제도를 대표하며, 따라서 신제도주의를 위한 우리의 패러다임이 될 것"이라고 공언했을 정도이다 (Hettne, Inotai and Sunkel 1999 ; Marchand 1999, 901에서 재인용).

그러나 이런 유럽 중심적 사고는 부작용을 낳았다. 예컨대 EU처럼 제도화 수준이 높은 유럽을 비교의 모델로 삼을 경우 제도화의 중요성을 지나치게 강조하게 된다(Breslin and Higgot 2000, 343). 하지만 각 지역의 정치경제적 특성에 따라 지역주의 협력의 제도화 수준은 달라질 수 있다. 예컨대 동아시아처럼 전통적으로 사회적 관계에 있어 계약과 제도화의 관행이 상대적으로 약한 곳에서는 제도화의 필요성에 대한 인식이 낮을 수 있다. 오히려 중요한 것은 유럽처럼 유사한 역사적 배경, 문화적 유사성, 비슷한 수준의 민주주의 체제와 경제발전 수준을 가지고 있는 지역은 지구상에 거의 존재하지 않는다는 점이다. 말하자면 유럽의 사례는 예외에 불과하므로 같은 유형의 제도화가 다른 지역에서 실현되기 쉽지 않다. 따라서 연구자들은 결과적으로 여타의 지역주의에 대한 비관주의 혹은 비판적 시각을 가지게 된다.

이와 관련하여 하나의 지역주의를 유럽과 비교할 경우 비교의 시점으로부터 오는 문제도 발생할 수 있다. 말하자면 많은 연구자들이 이미 상당한 지역통합의 진전을 이룬 오늘날의 유럽과 아직 발전의 초기 단계에 있는 현재의 자기 지역을 비교함으로써 너무나 큰 격차를 보게 되는 것이다. 하지만 의미 있는 비교가 되기 위해서는 현재 지역주의 현상이 일어나고 있는 지역의 상황과 과거 유럽이 유사한 지역주의 발전단계에 있을 때를 비교해야 한다(Breslin and Higgot 2000, 342). 30여 년 전에 하스(Ernst Haas)가 강조했듯이 유럽을 모델로 하는 접근법은 지역화에 대한 잘못된 인식과 이해를 낳게 될 가능성이 있다는 점이 다시 한 번 상기될 필요가 있으며, 그러한 문제는 동아시아적 적실성의 문제가 제기되는 가장 중요한 요인 중 하나였다(Haas 1975 ; Marchand 1999, 903에서 재인용).

Ⅲ. 적실성 있는 이론적 설명을 위한 대안은 있는가?

이상에 살펴본 바와 같이 동아시아 지역주의에 대한 이론적 설명 및 이론화에 대해서는 다양한 논의가 이루어지고 있으며, 그것은 단순히 동아시아 지역주의를 가져온 요인들을 나열적으로 제시하는 연구들로부터 국제정치 이론을 토대로 동아시아 사례에 대한 설명력을 검증하는 연구, 나아가 기존 이론들의 동아시아적 적실성을 높이기 위해 동아시아 사례들로부터 새로운 검증 가능한 가설들을 찾아내는 연구, 그리고 궁극적으로는 동아시아의 경험을 토대로 새로운 이론체계를 개발해야 한다는 인식을 가진 연구 등 다양한 방식으로 진화되고 있다. 최소한 이제까지 진행된 연구들을 통해서 연구자들 사이에 동아시아 사례가 유럽의 경험을 토대로 만들어진 기존의 국제정치 이론들만으로는 적실성 있는 설명도 보다 일반화 가능한 이론체계의 발굴도 쉽지 않을 것이라는 공감대는 형성된 상태인 것으로 보인다.

이러한 이론적 문제점들의 기저에는 결국 유럽의 경험에 입각한 국제정치 이론들의 동아시아에 대한 적용이라는 문제 이외에도 국제정치 이론과 비교정치 이론, 순수한 과학적 설명과 연역적 검증의 논리 및 보다 지역밀착적이고 문제중심적인 접근법, 귀납적 이론과 연역적 이론, 엄밀성과 설명력, 구조와 대리인의 문제 등 실(Rudra Sil)이 지적하고 있는 사회과학 연구 이론의 기본적인 문제점들이 복합적으로 내재해 있다(Sil 2000 ; Sil and Katzentein 2005 참조). 게다가 강과 아차리아의 논쟁에서 보듯 지역의 단위, 예컨대 동북아시아의 사례에 초점을 맞출 것인가 동남아시아와 남아시아 혹은 아시아 태평양 등 보다 광범위한 범위까지 포함하여 연구할 것인가 등 아시아적 특성을 반영한 문제들도 결부된다.

물론 현재까지 이런 문제들을 총체적으로 해결할 수 있는 이론체계는 만들어지지 못했으며, 그것이 가까운 미래에 가능할 것으로 기대하기도 어렵다. 무엇보다 어려운 문제는 그러한 여러 가지 문제들을 낳는 요인들이 계속 변화하고 있다는 것이다. 예컨대 역내의 권력지형은 지속적으로 변모하고 있으며, 경제적 상호 의존도 역시 계속 증가하는 추세다. 이는 동아시아 지역주의가 진행되는 기본틀을 지속적으로 변화시키고 있다. 중국은 이제 2020년대 중반이면 미국을 따라잡을지도 모른다는 예상이 나오고 있으며, 일본은 과거의 힘을 잃고 점차 약화되는 추세인 것으로 간주된다. 여기에 인도의 부상 역시 역내 권력구도의 변화에 심대한 영향을 미칠 것이며, 한국, ASEAN 및 호주 등 중간 수준의 힘(middle power)을 가진 국가들 역시 지속적으로 역내에서의 목소리를 높이기 위해 노력하고 있다. 2005년 EAS 출범 당시 인도, 호주, 뉴질랜드가 가입했고 2010년에는 미국과 러시아마저 EAS에 가입함으로써 동아시아의 외연은 지속적으로 확장되고 있다. 말하자면 연구의 대상인 동아시아 지역주의는 그것이 전개되고 있는 구조적 조건뿐만 아니라, 그 자체가 하나의 고정된 실체라기보다 끊임없이 진화하고 변화하는 유기적 존재임이 확인되는 것이다.

게다가 제도화를 진전시키고 있는 동아시아의 지역주의적 협력체들 역시 끊임없이 발전되고 있다. 탈냉전 초기 프리드버그에 의해서 멀건 미음(thin gruel)으로 표현되었던 동아시아의 지역협력 체제는 이제 진한 알파벳 국(thick alphabet soup)으로 발전했다(Friedberg 1993, 22 ; 김기석 2011 참조). 1990년대 초반까지도 왜 동아시아에는 지역주의가 발전되지 못하는가라는 문제의식이 연구자들의 핵심 테마였다면, 이제는 왜 동아시아는 가장 신속하고 광범위하게 지역주의 협력을 발전시킬 수 있었는가로 문제의식이 바뀌어야 할 정도가 되었다. 이제까지의 발전과정을 되돌아볼 때 최소한 유럽 방식의 지역협력체가 동아시아의 장래가 되기를 기대할 수 없거나 혹은 기대할 필요가 없다는 것은 명확해졌다고 생각된다. 유럽이 다양하게 존재하던 수많은 협력체들을 EU라는 단일한 협력체로 통합해 나가고 있는 데 반해 동아시아는 여러 이슈 영역과 수준에서 수많은 협력체들이 다층적이고 복합적으로 존재하면서 서로 긴밀히 협력해 가는 새로운 유형의 지역협력체제를 발전시키고 있어 어차피 상당히 차별성 있는 발전경로를 걷고 있기 때문이다. 과연 동아시아 지역주의가 유럽식의 단일한 협력체를 만들어 나가는 수준의 제도화를 지향할 것인가, 그것이 바람직한 발전방향인가 같은 보다 근본적인 문제들에 대해 더욱 진지한 학문적 논의가 있어야 한다.

이런 측면에서 본다면 실과 카첸스타인이 제시하고 펨펠 등이 동조하고 있는 분석적 절충주의(analytical eclecticism)는 동아시아 지역주의에 대한 적실성 있는 연구를 위한 하나의 대안이 될 수 있을 것이다(Sil and Katzenstein 2003 ; Pempel 2010 참조). 분석적 절충주의가 하나의 일관성 있는 분석틀을 제공하는 이론이 아니라는 점에서 아직까지 여러 가지 논란의 가능성은 열려 있다. 하지만 분석적 절충주의가 지향하듯이 보다 실용적이고 문제 중심적인 시각을 가지고 동아시아적 특성을 반영한 연구가설을 만들어낸 후 이를 토대로 유럽과의 본격적인 비교나 여타 지역들과의 포괄적 비교 연구를 수행한다면 동아시아 사례의 일반화 가능성은 물론 여타 지역의 사례들에도 함의를 갖는 의미 있는 이론적 공헌이 가능할 것이다. 그리고 보다 본질적으로는 하나의 문제영역으로서 동아시아 지역주의의 사례를 유럽과의 연장선상에 놓는 것이 어떤 의미를 갖는 것인지부터 고민할 필요가 있다.

> 절충주의의 중요성은 연구자들로 하여금 경험적으로 적확하고 정치적으로 적실성을 갖는 작업을 지향하도록 함으로써 연구의 성과를

거두는 능력에 있는 것이지, 자신들의 작업을 방법론 및 인식론적 근거에 입각하여 정당화하는 데 있지 않다(Sil and Katzenstein 2005, 7).

그러한 맥락에서 현재까지 동아시아 지역주의 내지 지역협력체의 복합적인 발전양상을 볼 때 기존의 현실주의, 자유주의적 제도주의, 그리고 구성주의 연구전통이 가져다 주는 제한적인 이슈나 사례들에 대한 보다 엄밀한 설명, 그리고 그런 이론적 지식들의 장기적 축적으로는 그 전체적인 발전양상이 포괄적으로 설명될 수 없다는 점은 분명하다고 생각된다.

현실은 언제나 이론보다 복합적이며, 복잡한 사회적 현실과 제한된 이론적 설명 사이에 존재하는 갭은 정도와 양상의 차이는 있을지언정 어디에나 존재한다. 하지만 동아시아 지역주의의 사례가 갖는 특성을 이론적 차원으로 전환시키고자 한다면 분명 그에 맞는 보다 적실성 있는 이론체계가 필요한 것이 사실이다. 동아시아가 EU 방식의 통합을 추진하는 것이 불가능하고 그럴 필요조차 없다면 유럽의 경험을 통해서 구축된 이론체계에 기반하여 연역적 방법으로 검증되는 것 역시 적실성의 문제를 낳을 것이 분명하기 때문이다.

물론 성급한 기대는 금물이다. 아직 갈 길이 멀기 때문이다. 현재 동아시아 지역주의에 대한 독자적인 이론화의 상태는 매우 초보적인 단계에 머물러 있다. 그러나 지금 같은 지역주의 협력의 추세가 지속된다면 그것은 연구자들에 의해서 반드시 이루어야 할 목표이다. 왜냐하면 지구상의 다른 지역들 혹은 지역주의 추진자들에게 그 실현 가능성이나 방법론적 함의를 보다 강하게 갖는 것은 예외적 통합의 정도와 지역적 유사성을 공유한 유럽보다는 광범위한 차별성과 갈등요소를 포함하면서도 지역주의적 공동체 건설을 추진해 나가고 있는 동아시아일 가능성이 높기 때문이다.

■ 주석 ■

1_ Hemmer and Katzenstein(2002)은 유럽의 NATO와 아시아의 ASEAN을 대비시킴으로써 Grieco와 유사한 논리적 틀을 채택하면서도 집단적 정체성(collective identity)이라는 구성주의 변인을 사용하여 동아시아 지역주의의 저발전을 설명하였다.

참고문헌

Acharya, Amitav. 2003. "Will Asia's Past Be Its Future?" *International Security*, Vol. 28, No. 3.

Bowles, Paul. 2002. "Asia's Post-Crisis Regionalism : Bringing the State Back In, Keeping the (United) States Out." *Review of International Political Economy*, Vol. 9, No. 2.

Breslin, Shaun, and Richard Higgott. 2000. "Studying Regions : Learning from the Old, Constructing the New." *New Political Economy*, Vol. 5, No. 3.

Crone, Donald. 1993. "Does Hegemony Matter? The Reorganization of the Pacific Political Economy." *World Politics*, Vol. 45, No. 4.

Grieco, Joseph. 1999. "Realism and Regionalism : American Power and German and Japanese Institutional Strategies During and After the Cold War." in Ethan B. Kapstein and Michael Mastanduno (eds.). *Unipolar Politics : Realism and State Strategies After the Cold War*. N.Y. : Columbia University Press.

Haggard, Stephen. 1997. "Regionalism in Asia and the Americas." in Edward Mansfield and Helen Milner, eds., *The Political Economy of Regionalism*. N.Y. : Columbia University Press.

Harris, Stuart. 2000. "Asian Multilateral Institutions and Their Response to the Asian Economic Crisis : The Regional and Global Implication." *The Pacific Review*, Vol. 13, No. 3.

Hemmer, Christopher, and Peter J. Katzenstein. 2002. "Why There Is No NATO in Asia? Collective Identity, Regionalism, and the Origins of Multilateralism." *International Organization*, Vol. 56, No. 3.

Hettene, Björn, and Fredrick Söderbaum. 2000. "Theorizing the Rise of Regionness." *New Political Economy*, Vol. 5, No. 3.

Higgot, Richard. 1998. "The Asian Economic Crisis : A Study in the Politics of Resentment." *New Political Economy*, Vol. 3, No. 3.

Kang, David C. 2003. "Getting Asia Wrong : The Need for New Analytical Frameworks." *International Security*, Vol. 27, No. 4.

Katzenstein, Peter J., and Takashi Shiraishi (eds.). 1997. *Network Power : Japan and Asia*. Ithaca and London : Cornell University Press.

Lincoln, Edward J. 2004. *East Asian Economic Regionalism*. Washington D.C. : Brookings Institution.

Marchand, Marianne H., and Morten BÅØs, and Timothy M. Shaw. 1999. "The Political Economy of New Regionalism." *Third World Quarterly*, Vol. 20, No. 5.

Maswood, Javed S. 2001. *Japan and East Asian Regionalism*. N. Y. : Routledge.

Nabers, Dirk. 2003. "The Social Construction of International Institutions : The Case of ASEAN+3." *International Relations of the Asia–Pacific*, Vol. 3.

Ravenhill, John. 2002a. "A Three Bloc World? The New East Asian Regionalism." *International Relations of the Asia–Pacific*, No. 2.

Sil, Rudra. 2000. "The Foundations of Eclecticism : The Epistemological Status of Agency, Culture, and Structure in Social Theory." *Journal of Theoretical Politics*, Vol. 12, No. 3.

Sil, Rudra, and Peter J. Katzenstein. 2005. "What Is Analytical Eclecticism and Why Do We Need It? Pragnatist Perspective on Problems and Mechanisms in the Study of World Politics." Paper Prepared for the Annual Meeting of the American Political Science Association, September 1–4, 2005, Washington D.C.

Stubbs, Richard. 2002. "ASEAN Plus Three : Emerging East Asian Regionalism." *Asian Survey*, Vol. 42, No. 3.

Tanaka, Hiroshi. 2006. "The ASEAN+3 and East Asia Summit : A Two–Tiered Approach to Community Building." *East Asia Insights*, No. 1.

Terata, Takeshi. 2003. "Constructing an 'East Asian' Concept and Growing Regional Identity : From EAEC to ASEAN+3." *The Pacific Review*, Vol. 16, No. 2.

Terata, Takashi. 2004. "Thorny Progress in the Institutionalization of ASEAN+3 : Deficient China–Japan Leadership and the ASEAN Divide for Regional Governance." Typescript.

Väyrynen, Raimo. 2003. "Regionalism : Old and New." *International Studies Review*, Vol. 5

Webber, Douglas. 2001. "Two Funerals and a Wedding? The Ups and Downs of Regionalism in East Asia and Asia–Pacific After the Asian Crisis." *The Pacific Review*, Vol. 14, No. 3.

Yoshimatsu, Hidetaka. 2005. "Political Leadership, Informality, and Regional Integration in East Asia : The Evolution of ASEAN Plus Three." *English Journal of East Asian Studies*, Vol. 4, No. 2.

유호근 청주대학교 교수

양오석 한동대학교 교수

강경희 제주대학교 교수

하상섭 한국외국어대학교 중남미연구소 연구교수

정상률 명지대학교 중동문제연구소 연구교수

금상문 한국외국어대학교 아프리카연구소 연구교수

황규득 한국외국어대학교 교수

설규상 (재)극동문제연구소 연구위원

이지영 국민대학교 일본연구소 전임 연구원

김기석 강원대학교 교수

지역통합의 국제정치경제

발행일 초판 1쇄 2012년 2월 29일
엮은이 미네르바정치학회 편 유호근 외 **펴낸이** 여국동

펴낸곳 도서출판 인간사랑
출판등록 1983. 1. 26. 제일-3호
주소 경기도 고양시 일산동구 백석동 1178-1번지 2층
전화 031)901-8144(대표) | 977-3073(영업부) | 031)907-2003(편집부)
팩스 031)905-5815
전자우편 igsr@naver.com | igsr@yahoo.co.kr
블러그 http://blog.naver.com/igsr
인쇄 인성인쇄 **출력** 현대미디어 **종이** 세원지업사

값 20,000원
ISBN 978-89-7418-053-9 93340